M. SCOTT PECK

•

EL CAMINO PERSONAL

Traducción de Carmen Bordeu de Smith Estrada

M. SCOTT PECK

EL CAMINO PERSONAL

(Road less traveled and beyond)

EMECÉ EDITORES

Diseño de tapa: *Eduardo Ruiz*
Fotocromía: *Moon Patrol S.R.L.*
Título original: *The Road Less Traveled and Beyond*
Copyright © 1997 by M. Scott Peck
Alsina 2062 - Buenos Aires, Argentina
Primera edición: 5.000 ejemplares
Impreso en Imprenta de los Buenos Ayres S.A.I.yC.,
Carlos Berg 3449, Buenos Aires, octubre de 1997

E-mail: editorial@emece.com.ar
http: // www: emece.com.ar

IMPRESO EN LA ARGENTINA / PRINTED IN ARGENTINA
Queda hecho el depósito que previene la ley 11.723
I.S.B.N.: 950-04-1786-3
23.530

A mis compañeros de viaje.

Introducción

Tengo sesenta años. Esa estadística significa distintas cosas para distintas personas. Para mí, que no gozo de muy buena salud y que siento que he vivido tres veces más de lo debido, tener sesenta años significa que es hora de empezar a poner en orden mis cosas, como comúnmente se dice. En esta etapa, siento que debo dedicarme a atar los cabos sueltos de mi vida en la medida en que esté en mi poder hacerlo. Escribo este libro con ese fin.

Escribí *La nueva psicología del amor* a la vigorosa edad de cuarenta años. Fue como si hubiera abierto una canilla, y otros libros han fluido a partir de entonces: nueve para ser exacto, sin contar éste. En cada oportunidad, la gente me ha preguntado qué esperaba lograr con cada libro en particular, como si yo soliera tener una gran estrategia en mente. La verdad es que no los escribí impulsado por una estrategia sino simplemente porque cada libro me ha dicho: "Escríbeme". Por más difícil que sea definirla, existe lo que se llama una musa y siempre he operado sólo bajo su mandato.

Ahora también lo hago, aunque creo que la ocasión permite una explicación más compleja. Uno de esos libros, una compilación de mis conferencias editadas, se titula *El crecimiento espiritual: Más allá de la nueva psicología del amor*, puesto que constituye una colección de las cintas a partir de las cuales fue elaborado. El título de este libro lo hace parecer

9

algo así como "La nueva psicología del amor III". Me preocupa que esto resulte engañoso. Lo cierto es que mi musa no me permitiría reescribir el mismo libro una y otra vez por más ventajoso que pudiera ser desde el punto de vista comercial. Todos mis libros difieren bastante entre sí. Aunque no totalmente. Con la perspectiva de la edad, me he dado cuenta de que, a su manera, cada uno de ellos ha sido un intento de desarrollar el mismo conjunto complejo de temas ocultos. Al mirar hacia atrás, hace poco advertí que he estado lidiando con estos temas desde siempre. En su momento, pareció que *La nueva psicología del amor* surgió de nuevo cuando yo tenía cuarenta años. Ahora comprendo que ya había empezado a trabajar en ése y mis otros libros aun antes de entrar en la adolescencia. Quizá nací dedicándome a estos temas. O tal vez nací para dedicarme a ellos. No lo sé.

Lo que sí sé es que la tarea ya estaba en marcha dos décadas antes de la publicación de *La nueva psicología del amor*. A fines de 1957 y principios de 1958, a los veintiún años, escribí una tesis universitaria con el extraordinario título de "La ansiedad, la ciencia moderna y el problema epistemológico". La epistemología es esa rama de la filosofía que aborda la pregunta: "¿Cómo sabemos lo que creemos que sabemos? ¿Cómo sabemos?". El problema epistemológico es que los filósofos nunca han podido responder a esa pregunta. Muchos en el siglo XIX pensaban que la respuesta estaba en la ciencia. Podíamos saber cosas con certeza a través del método científico. Sin embargo, como señalaba mi tesis, el descubrimiento tal vez más importante de la ciencia moderna ha sido el de la existencia de límites a la investigación científica. Con unas pocas hipótesis, agregados y objeciones, no encontramos una certidumbre más real en la ciencia que en la teología. No obstante, la falta de certeza engendra ansiedad. Es atemorizante que nuestros mejores cerebros sean aquellos que saben que no saben. Por esto es que W. H. Auden se refirió a nuestro siglo como la Era de la Ansiedad: un tiempo en que la Era de la Razón ha demostrado ser un período tan perturbador como la Era de la Fe.

Mi tesis universitaria no proporcionaba respuestas, sólo

preguntas, y de una u otra forma, esas mismas preguntas se repiten en cada uno de mis libros. Una de las ideas centrales en todos ellos es la de fomentar la mayor amplitud de pensamiento posible en la búsqueda de esas respuestas. Así, la tercera de las cuatro secciones de *La nueva psicología del amor* concluye: "Pero así como es esencial que nuestra visión no quede reducida por la visión científica del túnel, también es esencial que nuestras facultades críticas y nuestra capacidad de escepticismo no queden enceguecidas por la brillante belleza de la esfera espiritual".

Después de dejar atrás esa tesis universitaria (o eso creí) proseguí con la vida real: facultad de medicina, matrimonio, hijos, capacitación especializada en psiquiatría, servicio militar, desempeño en la administración pública y, finalmente, la práctica privada. Sin embargo, sin saber que un libro —mucho menos varios— sucedería a otro, empecé, casi en forma inconsciente, a desarrollar algunas respuestas precavidas y tentativas a mis propias preguntas. Una vez que se acumularon suficientes respuestas, veinte años después escribí *La nueva psicología del amor*. Y a medida que se acumulaban, procedí a escribir lo que creí que eran libros muy diferentes.

De hecho son muy diferentes. No obstante, ya sean para adultos o niños, se centren en el individuo o la sociedad, pertenezcan o no a la ficción, todos pueden ser considerados en parte como elaboraciones de uno o más de los conceptos clave en *La nueva psicología del amor*. Como elaboraciones, desarrollan esos conceptos, los profundizan, van *más allá*. Este libro se titula *El camino personal* porque unifica muchas de las maneras en las que he sido empujado —con frecuencia a tropezones— a avanzar más allá de mi primer libro tanto en mis obras editadas como en mi viaje personal durante los últimos veinte años.

Algunos quizá consideren este libro como una compilación, un compendio o un resumen de toda mi obra publicada, pero esos términos son inadecuados. Al escribir el libro, me di cuenta de que debía ser bastante selectivo. Una "síntesis" sería una descripción más apropiada, pero tampoco logra captar el "más allá" del libro. Puesto que además de atar cabos sueltos, también quise abrir caminos nuevos. Para ello, he sido enormemente asistido por una cita atribuida al juez Oliver Wendell Holmes, hijo, quien una vez declaró: "Me importa un comino la simplicidad de este lado de la complejidad, pero moriría por la simplicidad al otro lado".* Su profundo sentir me ha llevado a organizar este libro en tres secciones.

En la Primera Parte, "La cruzada contra el simplismo", condeno el pensamiento simplista primitivo y fácil que yace en la raíz de tanta enfermedad individual y social.

En la Segunda Parte, "La lucha contra la complejidad de la vida cotidiana", describo las complejas elecciones que continuamente debemos hacer y rehacer si es que queremos vivir bien.

Y en la Tercera Parte, "El otro lado de la complejidad", describo adónde podemos llegar cuando hemos estado dispuestos a pagar todos nuestros derechos intelectuales y emocionales.

Si bien la frase "el otro lado" resuena con posibles insinuaciones del cielo, no soy tan audaz como para sugerir que podemos alcanzar el cielo durante esta vida. Lo que sí sugiero, empero, es que de hecho podemos existir en una relación más estrecha con lo divino. Y que al otro lado de la complejidad existe una especie de sencillez en la que podemos saber con humildad que, al final, todas las cosas conducen a Dios.

---

* El origen exacto de la cita es desconocido, pero estoy agradecido a Max Dupree por transmitírmela en su libro, *The Art of Leadership* (*El arte del liderazgo*).

Prefacio del editor

Conocí a M. Scott Peck durante el verano de 1995. Le había escrito una carta para agradecerle por su libro, *In Search of Stones*, y para contarle el profundo impacto que había causado en mi vida. Había leído además dos de sus libros anteriores, *La nueva psicología del amor* y *El mal y la mentira*, los cuales, como escribí en mi carta, se habían convertido en compañeros —intelectuales y espirituales— de mi propio viaje de crecimiento personal.

Tres semanas después, recibí una carta del doctor Peck en la que me decía que estaba buscando un editor para su nuevo libro y me preguntaba si yo querría estudiar la posibilidad de asumir la tarea. Me sentí halagado y sorprendido. Hablamos por teléfono, más adelante nos reunimos, y al cabo de varias prolongadas e inquisitivas conversaciones, comenzamos el trabajo juntos. Durante los diez meses siguientes, fue un desafío y una experiencia regocijante tomar parte en la evolución de *El camino personal*.

Muchos lectores de este libro estarán familiarizados con las obras anteriores del doctor Peck, aunque esto no es necesario para alcanzar una comprensión total de *El camino personal*. Sin embargo, podría resultar útil mencionar esos libros y comentar brevemente sus principales temas.

The Road Less Traveled: A New Psychology of Love, Traditional Values and Spiritual Growth (Nueva York: Simon &

13

Schuster, 1978 - *La nueva psicología del amor*. Buenos Aires: Emecé Editores, 1986) fue el primer libro del doctor Peck. El libro, un pionero, surgió del trabajo del doctor Peck como psicoterapeuta con pacientes que luchaban por eludir o alcanzar mayores niveles de madurez. *La nueva psicología del amor*, un libro inmensamente popular e influyente, ayudó a unir la brecha entre la psicología y la religión. En él, el doctor Peck escribió que no hacía ninguna distinción entre mente y espíritu y, por lo tanto, tampoco entre el proceso de alcanzar la madurez emocional y el crecimiento espiritual.

En la edición italiana, el título de *La nueva psicología del amor* fue traducido como *Volo di Bene*, que significa "El buen sendero", ya que en Italia existe una tradición de comparar el "buen sendero" con el "mal sendero". De manera que no fue casual que después de escribir un libro acerca del buen sendero, el doctor Peck publicara otro sobre el mal sendero. En *People of the Lie: The Hope for Healing Human Evil* (Nueva York: Simon & Schuster, 1983 - *El mal y la mentira*. Buenos Aires: Emecé Editores, 1988) sondeó en profundidad la esencia de la maldad humana. Al escribir que las personas malvadas se colocan en oposición directa a la verdad y dañan a otros en vez de enfrentar sus propias debilidades y limitaciones, demostró en forma drástica cómo evitan asumir la difícil tarea del crecimiento personal. De nuevo, presentando casos con los que se topó en su práctica psiquiátrica, describió vívidos incidentes del mal en la vida cotidiana y sus ramificaciones, además de ofrecer opiniones acerca de las posibilidades de curar el mal humano.

El siguiente libro del doctor Peck, *What Return Can I Make? Dimensions of the Christian Experience* (¿Es posible regresar? Dimensiones de la experiencia cristiana) (Nueva York: Simon and Schuster, 1985) fue en coautoría con Marilyn von Waldner, del Departamento de Defensa Civil, y Patricia Kay. Acompañado de la música espiritual de von Waldner y los dibujos abstractos de Kay, el libro fue dedicado a "la gloria de Dios". En él, el doctor Peck reflexionó sobre temas relacionados con su propio viaje de crecimiento espiritual al cristianismo. Si bien es su libro más evangélico, no excluye a los individuos no identificados como cristianos. Es acerca del descubrimiento de Dios y el misterio de la fe. El libro, sin el arte y las partituras pero con la cinta de canciones de von Waldner, se publicó nuevamente con el título de *Gifts for the Journey: Treasures of the Christian Life* (Dones para la travesía: Tesoros de la vida cristiana) (San Francisco: HarperSan Francisco, 1995).

En 1983, el doctor Peck, su esposa Lily y otras nueve personas crearon la Fundación para el Fomento de la Comunidad (FCE), una organización sin fines de lucro para promover la experiencia de la comunidad como una forma de mejorar las relaciones humanas entre los individuos, los grupos pequeños y las naciones. Como consecuencia directa de su trabajo con la FCE, el doctor Peck escribió *The Different Drum: Community Making and Peace* (Nueva York: Simon & Schuster, 1987 -*La nueva comunidad humana*. Buenos Aires: Emecé Editores, 1987), en el que desafió a los lectores a emprender otro viaje de toma de conciencia personal para alcanzar un nuevo nivel de "conexión" a través de la experiencia creativa de la comunidad.

En un acercamiento a la ficción, el siguiente libro del doctor Peck fue una novela psicológica, *A Bed by the Window: A Novel of Mystery and Redemption* (Nueva York: Bantam Books, 1990 - *Una cama junto a la ventana: Novela de Misterio y Redención*. Buenos Aires: Emecé Editores, 1993). En apariencia se trata de un relato de sexo, amor y muerte en un geriátrico; sin embargo, es, como sugiere el subtítulo, más que una historia de misterio; es una exploración de la naturaleza del misterio mismo en múltiples niveles.

The Friendly Snowflake (El pinzón amistoso) (Atlanta: Turner Publishing Inc., 1992), ilustrado por el hijo de Peck, Christopher Peck, fue también una obra de ficción: la historia del viaje de una muchacha hacia la conciencia espiritual. Los principales temas del libro son la vida, el amor, la fe y la familia.

El siguiente libro del doctor Peck, *A World Waiting to Be Born: Civility Rediscovered* (Nueva York: Bantam Books, 1993 - *Un mundo por nacer*. Buenos Aires: Emecé Editores, 1996) exploró el papel del civismo en las relaciones personales y en la sociedad en su conjunto. Desafiándonos a reconocer las consecuencias culturales de la falta de civismo, el doctor Peck escribió acerca de las numerosas pautas de conducta moralmente destructivas —tanto sutiles como evidentes— que parecen inherentes a las relaciones humanas, y propuso posibles cambios para alcanzar el bienestar personal y social.

En *Further Along the Road Less Traveled: The Unending Journey Toward Spiritual Growth* (Nueva York: Simon & Schuster, 1993 - *El crecimiento espiritual: Más allá de la nueva psicología del amor.* Buenos Aires: Emecé Editores, 1995) desarrolló temas y conceptos explorados anteriormente en *La nueva psicología del amor* y constituyó una compilación revisada y editada de las conferencias del doctor Peck.

El siguiente libro del doctor Peck fue *In Search of Stones* (En busca de las piedras) (Nueva York: Hyperion Books, 1995), una integración de temas relacionados con la historia, los viajes y la autobiografía. Subtitulado *A Pilgrimage of Faith, Reason and Discovery* (Una peregrinación de fe, razón y descubrimiento), es la historia de un viaje de tres semanas a través de la campiña de Gales, Inglaterra y Escocia que se convierte en una aventura del espíritu y una exploración de las complejidades de nuestro viaje a través de la vida.

El doctor Peck retomó la ficción con *In Heaven as on Earth* (En la Tierra como en el cielo) (Nueva York: Hyperion, 1996), una historia cuyos personajes habitan una vida ulterior en la que deben enfrentarse a los conflictos y las complejidades de sus vidas en la Tierra e intentar resolverlos.

Y finalmente, el doctor Peck se encuentra ahora trabajando en un nuevo libro titulado *Denial of the Soul: Spiritual and Medical Perspectives on Euthanasia* (La negación del alma: perspectivas espirituales y médicas acerca de la eutanasia), cuya publicación está prevista para 1997 por Harmony Books.

En su conjunto, los libros del doctor Peck han sido una demostración tanto de la evolución de su conciencia como del creciente coraje de sus conceptos. Hay algo en cada uno de ellos que puede sernos útil y que podemos emular en nuestra lucha por desarrollar nuestras propias vidas espirituales. Este libro, creo, proporcionará discernimientos nuevos y profundos para guiarnos en este viaje constante. De una manera única —como el autor y cada uno de sus libros— posee un espíritu propio.

Fannie LeFlore

Los nombres y algunas de las circunstancias de los pacientes o clientes aquí mencionados han sido alterados para preservar su carácter confidencial.

La cruzada
contra el simplismo

CAPÍTULO I

Pensar

En Irlanda, Medio Oriente, Somalia, Sri Lanka y otras innumerables regiones del mundo desgarradas por la guerra, el
prejuicio, la intolerancia religiosa, la codicia y el temor han
eclosionado en violencia que se ha cobrado la vida de millones de personas. En los Estados Unidos, el daño producido
por el racismo institucionalizado es quizá más sutil pero no
menos devastador para el tejido social. Ricos contra pobres,
negros contra blancos, provida contra proaborto, heterosexuales contra homosexuales: todos son conflictos sociales, políticos y económicos disputados bajo el estandarte de
alguna ideología o creencia arraigada. Pero dados los resultados divisivos y destructivos, ¿se trata de ideologías y creencias
racionales o de meras racionalizaciones de actos de otro modo
irracionales? ¿Con qué frecuencia, de hecho, nos detenemos
a pensar en aquello que creemos? Uno de los mayores dilemas que enfrentamos como individuos y como sociedad es el
pensamiento simplista, o el hecho de no pensar en absoluto.
No es sólo *un* problema, es *el* problema.

Teniendo en cuenta las imperfecciones de nuestra sociedad y el aparente espiral descendente de los valores morales
y espirituales en los últimos años, pensar se ha convertido en
una cuestión seria. Es más urgente ahora —tal vez más urgente que ninguna otra cosa— porque es el medio a través del
cual consideramos, decidimos y actuamos con respecto a todo

21

en nuestro mundo cada vez más complejo. Si no empezamos a pensar bien, es muy probable que terminemos matándonos unos a otros.

De una forma u otra, cada uno de mis libros ha constituido —simbólica y esencialmente— una cruzada contra el pensamiento simplista. Comencé *La nueva psicología del amor* con la aseveración "La vida es dificultosa". En *El crecimiento espiritual* agregué que "La vida es compleja". Aquí, podríamos añadir que "No existen respuestas fáciles". Y aunque creo que la ruta para hallar respuestas es principalmente a través de un mejor pensar, hasta esto no es tan simple como parece.

Pensar es difícil. Pensar es complejo. Y pensar es —más que nada— un proceso con un curso o dirección, un lapso de tiempo y una serie de pasos o etapas que llevan a un resultado. Pensar bien es un proceso laborioso y a menudo concienzudo hasta que uno se acostumbra a ser "pensante". Como es un proceso, el curso o dirección no siempre es inequívoco. No todos los pasos o las etapas son lineales ni siempre en la misma secuencia. Algunos son circulares y se superponen con otros. No todas las personas desean alcanzar el mismo resultado. Considerando todo esto, si queremos pensar bien, debemos estar en guardia contra el pensamiento simplista cuando abordamos el análisis de cuestiones cruciales y la resolución de los problemas de la vida.

Aunque las personas son diferentes, un defecto muy común es que la mayoría tiende a creer que de alguna manera instintiva sabe cómo pensar y cómo comunicarse. En realidad, no hacen ninguna de las dos cosas bien, o porque son demasiado vanidosas para examinar sus supuestos acerca del pensar o porque están demasiado absortas en sí mismas para invertir el tiempo y la energía en hacerlo. En consecuencia, resulta imposible explicar por qué piensan como piensan o cómo toman sus decisiones. Y cuando son puestas a prueba, estas personas demuestran muy poca conciencia de la dinámica involucrada en el verdadero pensar y la buena comunicación o enseguida se sienten frustradas por esta dinámica.

En dos oportunidades durante mi carrera como conferencista dicté un seminario sobre el pensar, de un día de duración. Al comienzo de ambos, señalé que gran parte de las personas creen saber cómo pensar. Al concluir ambos, durante una sesión de intercambio de opiniones, alguien comentó con absoluta exasperación: "Es un tema demasiado amplio". De hecho, pensar no es un tema que cualquiera pueda asimilar por completo durante una conferencia. Se pueden escribir (y se han escrito) libros enteros al respecto. No resulta sorprendente que muchas personas se resistan a los esfuerzos arduos involucrados en la verificación y revisión continuas de su pensamiento. Y tampoco era una sorpresa que al final de los seminarios la mayoría de los participantes se sintieran tan abrumados por todo lo que entraña el pensar que quedaran aturdidos o espantados. Huelga decir que estos seminarios no eran mi actividad más popular. Sin embargo, si toda la energía requerida para pensar parece fastidiosa, no pensar causa muchos más problemas y conflictos para nosotros como individuos y para la sociedad en que vivimos.

Las palabras tan citadas de Hamlet "¿Ser o no ser?" constituyen una de las preguntas existenciales básicas de la vida. Otra pregunta ahonda en cómo interpretamos esa existencia. Yo parafrasearía a Shakespeare para preguntar: "¿Pensar o no pensar?". Ésa es la pregunta esencial en la lucha contra el simplismo. Y en esta etapa de la evolución humana, puede ser el equivalente exacto de "¿Ser o no ser?".

A través de mi práctica psiquiátrica y mis experiencias y observaciones en general, me he familiarizado con los errores comunes relacionados con la incapacidad de pensar bien. Uno, desde luego, es simplemente no pensar. Otro es hacer suposiciones utilizando una lógica unidimensional, estereotipos y rótulos. Otro problema es creer que pensar y comunicarse no requieren demasiado esfuerzo. Otro es asumir que pensar constituye una pérdida de tiempo, lo cual es un factor particular en la ira callada que experimentamos ante la incapacidad de resolver muchos problemas sociales.

Leonard Hodgson escribió: "No es por confiar en nuestra razón que nos equivocamos, sino porque debido a nuestro carácter pecaminoso, nuestra razón es imperfectamente racional. El remedio no reside en la sustitución de la comprensión racional por alguna otra forma de adquirir conocimiento, sino en la educación de nuestra razón para que sea ella misma". Aunque el lenguaje es un poco engañoso, puesto que el libro data de más de cincuenta años, las palabras de Hodgson son aplicables al dilema que hoy enfrentamos. Yo sustituiría "razón" por la palabra "pensar" y todo lo que ella implica. Por "carácter pecaminoso", creo que Hodgson se refería a nuestros pecados "originales" combinados de pereza, temor y orgullo, los cuales nos limitan o impiden que realicemos el potencial humano. Al referirse a "la educación de nuestra razón para que sea ella misma", Hodgson sugiere que debemos dejar que nuestro ser verdadero sea lo que es capaz de ser, que alcance el máximo de su capacidad. El punto no es que no debamos confiar en nuestro cerebro, en particular en nuestros lóbulos frontales. El punto es que no los usamos lo suficiente. Debido a nuestros pecados de pereza, temor y orgullo, no utilizamos la totalidad de nuestro cerebro. Nos enfrentamos a la tarea de educarnos a nosotros mismos para lograr ser totalmente humanos.

El propósito de tener un cerebro

Por más obvio que parezca, se nos ha dado un gran cerebro para poder pensar. Una característica que distingue a los seres humanos de otras criaturas es el tamaño relativamente grande de nuestro cerebro comparado con el peso total de nuestro cuerpo. Las excepciones son las ballenas y los delfines. En proporción con sus cuerpos, poseen cerebros más grandes que las personas, lo que constituye uno de los motivos por los que muchos activistas de los derechos de los animales son tan vehementes en su misión de proteger estas especies; creen que de hecho las ballenas y los delfines son tal vez más inteligentes que nosotros en algunos sentidos.

Ya sea en los humanos o en otros mamíferos, el cerebro consiste en tres componentes: el cerebro viejo, el cerebro medio y el cerebro nuevo. Cada uno posee funciones únicas en la orquesta de órganos que trabajan al unísono para mantenernos con vida.

El cerebro viejo —también llamado el cerebro reptil— no difiere mucho en los humanos y en los gusanos. En el extremo superior de nuestra médula espinal, poseemos un bulto alargado llamado la médula oblongada. En todo el cerebro, existen grupos de células nerviosas denominados centros neurales. En el cerebro viejo, estos centros cumplen el propósito de verificar necesidades fisiológicas tales como el control de la respiración, el ritmo cardíaco, el sueño, el apetito y otras funciones muy básicas pero primitivas. El área conocida como el cerebro medio es más grande y más compleja. Los centros neurales del cerebro medio están relacionados con la regulación y producción de las emociones, y los neurocirujanos han trazado un mapa de la ubicación de estos centros. Con un ser humano sobre una mesa de operaciones y bajo anestesia local, pueden insertar electrodos o agujas muy finas en el cerebro y, desde sus extremos, transmitir un milivoltio de corriente eléctrica y de hecho producir emociones específicas, como el enojo, la euforia e incluso la depresión.

En su mayor parte, el cerebro nuevo consiste en corteza cerebral, la cual está también comprometida en actividades primarias que incluyen los instintos y la locomoción. La mayor diferencia entre nosotros los humanos y los demás mamíferos es el tamaño de nuestro cerebro nuevo y, en particular, de la parte conocida como los lóbulos frontales. El curso de la evolución humana se ha basado fundamentalmente en el crecimiento de los lóbulos frontales. Estos lóbulos tienen que ver con nuestra capacidad para emitir juicios y es aquí donde ocurre principalmente el procesamiento de la información, es decir, el pensar.

De la misma manera en que nuestra capacidad para aprender depende de pensar, nuestra capacidad para pensar bien depende de aprender. De modo que otro factor central que distingue a los seres humanos de otras criaturas está relacionado con nuestra capacidad para aprender. Aunque poseemos instintos como otros animales, éstos no siempre rigen automáticamente nuestra conducta en tan alto grado. Este factor nos da libre albedrío. Hemos sido dotados de una combinación de lóbulos frontales y libertad, lo que nos permite aprender durante toda la vida.

Comparado con el de otros mamíferos, el período de nuestra dependencia infantil es mucho más largo en proporción a la duración total de nuestra vida. Dada nuestra falta relativa de instintos, necesitamos ese tiempo para aprender antes de poder emanciparnos. Aprender es crucial para nuestra facultad de adquirir mayor conciencia, pensar con independencia y dominar el conocimiento necesario para sobrevivir y prosperar en la vida. Cuando somos jóvenes, nuestra dependencia de quienes nos crían modela nuestro pensamiento y lo que aprendemos. Y considerando nuestra prolongada dependencia, corremos el riesgo de desarrollar pautas de pensamiento que pueden arraigarse profundamente en nosotros e incluso parecer irreversibles. Si hay adultos en nuestras vidas que nos ayudan a aprender a pensar bien, nos beneficiaremos de muchísimas maneras. Si hay adultos en nuestras vidas cuyos propios pensamientos son cuestionables, desordenados o de otro modo limitados, nuestro pensamiento se verá menoscabado por lo que aprendamos y dejemos de aprender de ellos. Pero sería una tontería suponer que estamos condenados. Como adultos, ya no tenemos que depender de otros para que nos digan qué pensar o hacer.

Existe una distinción entre dependencia saludable y dependencia enferma. En *La nueva psicología del amor* escribí que la dependencia en adultos físicamente sanos es patológica, es enfermiza, es siempre manifestación de enfermedad o deficiencia mental. Sin embargo, hay que distinguirla de lo que comúnmente llamamos necesidades o sentimientos de dependencia. Todos nosotros, aun cuando tratemos de ocultarlo a los demás y a nosotros mismos, tenemos necesidades y sentimientos de dependencia. Todos tenemos deseos de que nos mimen, de que nos prodiguen cuidados sin esfuerzo de nuestra parte personas más fuertes que nosotros, que toman realmente en serio nuestro bienestar. Pero en la mayoría de los casos estos deseos o sentimientos no rigen nuestras vidas; no constituyen el tema predominante de nuestra existencia.

Cuando rigen nuestra vida y dictan la calidad de nuestra existencia, padecemos un trastorno psiquiátrico conocido como trastorno de personalidad dependiente pasiva. Esta dependencia es, en el fondo, un trastorno relacionado con el pensar, específicamente, una resistencia a pensar por nosotros mismos.

Así como los innumerables trastornos que derivan de la resistencia a pensar son complejos, también lo es la relación entre estos trastornos y nuestro complejo cerebro. Un área de investigación particularmente interesante ha arrojado cierta luz sobre aspectos de esta relación. En los últimos veinte años, se llegó a un descubrimiento importante, producto de la investigación del cerebro seccionado, que examinó en mayor profundidad el hecho conocido de que el cerebro nuevo está dividido en una mitad derecha y otra izquierda. Un cuerpo de fibras o sustancia blanca, el cuerpo calloso, conecta estos dos hemisferios. Actualmente se cree que el hemisferio izquierdo es nuestro cerebro deductivo y que el hemisferio derecho está principalmente implicado en el razonamiento inductivo. Estas pautas no son absolutas pero indican tendencias.

Algunas personas con epilepsia han sido tratadas y unas pocas curadas mediante la sección de esta conexión entre las dos mitades del cerebro. Más tarde, estos pacientes con "cerebro seccionado" fueron estudiados científicamente. Un estudio contundente demostró que si se tapa el ojo de una persona cuyo cerebro ha sido seccionado de manera tal que la información visual sólo llegue al hemisferio izquierdo y se le muestra, por ejemplo, una estufa eléctrica, su descripción del objeto será muy específica y significativa. Es probable que diga: "Bueno, es una caja con un cable y filamentos calentados por electricidad". Y procederá a describir varias partes componentes con una precisión asombrosa. Pero no será capaz de llamar al artefacto por su nombre. Por otra parte, si se proporciona información sólo al lado derecho de su cerebro, podrá nombrar el artefacto pero no explicar por qué es lo que es.

El punto crucial de la investigación del cerebro seccionado ha demostrado que la mitad izquierda es el cerebro analítico, con la facultad de percibir totalidades y desmenuzarlas en fragmentos, mientras que el lado derecho es el cerebro intuitivo, con la capacidad de captar fragmentos y hacer totalidades con ellos. Como seres humanos, poseemos la capacidad de aprender estos dos tipos primarios de pensamiento: concreto y abstracto. El pensamiento concreto se ocupa de los detalles en su forma material. El pensamiento abstracto se ocupa de los detalles en general y de los términos teóricos.

Los resultados de la investigación del cerebro seccionado son una razón por la que se ha sugerido que las diferencias de género van más allá del mero condicionamiento social. Las mujeres parecen utilizar más el hemisferio derecho y los hombres, el izquierdo. Por eso es que en asuntos relacionados con el sexo y la aventura romántica, los hombres tienden a parecer más interesados en las partes, como los pechos, las piernas y los penes. Las mujeres propenden a interesarse más en la totalidad de la circunstancia, que podría incluir no sólo el estímulo sexual sino también una cena a la luz de la vela. Por lo tanto, en la batalla de los sexos, las mujeres suelen tener dificultades para entender por qué los hombres se concentran tanto en estas tontas partes físicas concretas y, a su vez, a los hombres les cuesta comprender por qué las mujeres desean perder el tiempo con toda esa tontería romántica de las velas antes de pasar a "lo que realmente importa".

La investigación de cerebros seccionados representa, en mi opinión, el progreso más formidable en el campo de la epistemología. Sugiere que contamos con al menos dos maneras de saber y que, obviamente, sabremos mejor las cosas si pensamos tanto con el hemisferio izquierdo como con el derecho. Por eso es que soy un gran defensor del pensamiento andrógino. Ser andrógino no implica la pérdida de las características sexuales. Los hombres no pierden su masculinidad y las mujeres no pierden su feminidad por ser andróginos. Al contrario, despliegan las características de ambos sexos. En ese sentido, pensar entrañaría la capacidad de utilizar ambos lados del cerebro para integrar las realidades concreta y abstracta.

En *The Friendly Snowflake*, la protagonista, Jennifer, representa a una persona andrógina. Ella utiliza los aspectos duales de su capacidad reflexiva al considerar la importancia que tiene en su vida la misteriosa presencia de un pinzón amistoso. Su hermano Dennis, por otra parte, constituye el estereotipo de la persona orientada por el hemisferio cerebral izquierdo. Está muy atrapado en hechos analíticos y concretos y tiene menos afición por el misterio, lo cual le da una visión estrecha.

Los antiguos sumerios, tengo entendido, poseían una regla básica para guiar su pensamiento, que no difería mucho de la teoría del cerebro seccionado. Cuando tomaban cualquier decisión importante (con frecuencia acerca de si declaraban o no la guerra a los babilonios), debían literalmente pensarlo dos veces. Si tomaban la primera decisión estando borrachos, ésta tenía que ser reconsiderada cuando estuvieran sobrios. Si, estando ebrios, decían: "Ataquemos a los babilonios", más tarde, a la clara y fría luz del día, podía parecer una decisión no muy inteligente. A la inversa, si estaban sobrios cuando decidían que sería estratégicamente inteligente atacar a los babilonios, se refrenaban y decían: "Primero bebamos un poco de vino". Ebrios, podían llegar a la conclusión de que "No hay necesidad de declararles la guerra. Diablos, amamos a los babilonios".

A pesar de carecer de tecnología moderna, los sumerios tenían un enfoque apropiado. Y no hay motivo para que no podamos pensar razonablemente en nuestros días. A menos que exista un daño cerebral como resultado de una cirugía, un tumor u otra enfermedad, tenemos estos maravillosos lóbulos frontales a nuestra disposición. Pero eso no significa que las personas los usarán, mucho menos que los usarán en su máxima capacidad. En realidad, el daño cerebral no es el único factor que contribuye al pensamiento irracional o a su falta total. Es el menos importante de los factores. Entre otros, existen maneras profundas en que la sociedad nos desalienta a utilizar nuestros lóbulos frontales y fomenta un pensamiento unidimensional y simplista como la manera normal de funcionamiento.

La sociedad y el simplismo

Dondequiera que miremos, los indicios son espasmosos. El pensamiento simplista se ha vuelto tan epidémico en la sociedad que es considerado normal y una sabiduría convencional en algunos segmentos de la población. Ejemplos recientes de este desenfrenado simplismo se evidenciaron en los comentarios de dos políticos de Carolina del Norte. Henry Aldridge, representante del condado de Pitt, realizó la ingenua aseveración de que las mujeres violadas no quedan embarazadas porque "los fluidos no fluyen, las funciones del cuerpo no funcionan" durante un ataque, como para encubrir este horrible delito de violación. El senador norteamericano Jesse Helms, al argumentar por qué deseaba reducir los fondos federales para la investigación del sida, dijo que no veía motivo para proporcionar recursos adecuados porque la enfermedad es causada por la "conducta deliberada, desagradable y repugnante" de los homosexuales. La realidad es que además de transmitirse por la vía sexual —tanto entre homosexuales como entre heterosexuales— el sida ha sido transmitido por transfusiones de sangre a recién nacidos a través de madres infectadas con el virus, y a trabajadores de la salud que se pincharon accidentalmente con agujas mal esterilizadas utilizadas en pacientes infectados. Por lo tanto, el comentario de Helms sabe no sólo a intolerancia sino también a simplismo.

Dada su incapacidad para enseñar o demostrar cómo pensar bien, muchas instituciones de la sociedad invitan a las personas al pensamiento simplista. Esta incapacidad es frecuente en las instituciones más influyentes de la sociedad, incluyendo a la familia, la Iglesia y los medios de comunicación. Puesto que repercuten de manera tan considerable en nuestra vida, los mensajes engañosos que nos imparten acerca de qué es importante en la vida no pueden ser tomados con ligereza. Dado que son nuestros líderes culturales a la hora de describir ciertas maneras de pensar y vivir como verdades, estas instituciones poseen el poder de embaucarnos y manipularnos. Inconscientemente, suelen fomentar verdades a medias —a veces hasta mentiras flagrantes— disfrazadas de ideas culturales que hemos dado por sentado que son "normales". Atendiendo a normas culturales, solemos asumir que si todos piensan esto o hacen aquello ha de ser normal y correcto. Tales normas incluyen no sólo nociones acerca de qué debe ser una buena vida y qué debe ser aceptable, sino también aquello que debe ser considerado malo o inadecuado. Existen normas positivas, desde luego, como las que promueven la ética del trabajo y estimulan el civismo en nuestros encuentros de unos con otros. Pero estas normas positivas no constituyen el problema. Son las normas que crean el caos cultural las que deben ser repensadas. Yo las llamo normas negativas y a menudo se las disfraza y dispone para que parezcan y suenen bonitas. Pero cuando uno hurga bajo la superficie, encuentra que son negativas precisamente porque desalientan nuestro crecimiento. Están basadas en verdades a medias y mentiras totales que sirven para manipularnos e inmovilizarnos psicológica y espiritualmente.

En *El mal y la mentira*, señalé que las mentiras crean confusión. Debido a las dificultades que tendrían las instituciones si respaldaran mentiras flagrantes, con frecuencia manipulan a las personas promoviendo verdades a medias. Es un enfoque más tentador, pero una mentira a medias, que suele parecer y sonar verdadera pero en realidad no lo es, probablemente producirá una mayor confusión. De hecho, como escribió el poeta inglés Alfred Tennyson: "Una mentira que es una verdad a medias es siempre la más infame de las mentiras".

La mayor mentira fomentada por varias de nuestras instituciones sociales —y esto de alguna manera hace el caldo gordo a nuestra naturaleza humana y nuestro pecado de pereza— es que estamos aquí para ser felices todo el tiempo. Los comercios, los medios de comunicación y la Iglesia nos bombardean con la mentira de que estamos aquí para sentirnos felices, plenos y tranquilos. Por afanes de lucro, las mentiras del materialismo y la publicidad sugieren que si no nos sentimos felices, tranquilos y plenos debemos de estar comiendo el cereal equivocado o conduciendo el auto indebido. O que estamos mal con Dios. ¡Qué maldad! La verdad es que nuestros mejores momentos suelen ocurrir precisamente cuando estamos intranquilos, cuando no nos sentimos felices ni plenos, cuando estamos luchando y buscando.

En este bombardeo de pensamiento unidimensional, se nos dice de una manera clara pero sutil qué se espera de nosotros para poder tener cabida en la sociedad. Se nos desalienta a cuestionar o discernir, sobre todo a confrontar las mentiras inherentes al materialismo. Si queremos ser normales, lo único que se espera de nosotros es que estemos de acuerdo para llevarnos bien. Pero hay algo más grave que el mero hecho de ser menospreciados. Muchas veces aceptamos de buena gana nuestras mentiras. La pereza —nuestra idolatría natural a la comodidad y el bienestar— nos convierte en conspiradores junto a los medios de comunicación.

Por supuesto, las personas son diferentes, pero muchas toman decisiones —incluso sobre temas importantes— basándose en muy escasa información, excepto lo que la sociedad les dice que es "normal". Teniendo una opción, la mayoría opta por no pensar demasiado las cosas. Toman la salida más fácil, aceptando supuestos simplistas y estereotipos como ciertos. En la búsqueda por sentir que pertenecen, caen presa de las mentiras y las manipulaciones de los medios de comunicación con el fin de creer que no son tan diferentes de los demás o sentir que tienen tanto o más que el vecino. Se sienten obligados a comprar los cereales que los anunciantes aseguran que les darán salud y un buen estado físico sin cuestionar la validez de tales aseveraciones. Basan su sentido del valor esencialmente en la compra de autos lujosos y otras comodidades que no pueden costear, aun cuando eso les signifique un apuro financiero a causa de deudas a largo plazo.

Muchos aceptan normas negativas aunque algo los corroa en su interior diciéndoles que deben sospechar. Es bastante común que aquellos que son círculos, por así decirlo, intenten forzarse para encajar en las clavijas cuadradas de las pautas culturales. No están dispuestos a desafiar las normas, en parte para evitar pagar el precio de la impopularidad, de ser considerados parias en cierta forma anormales. Por lo general, viven para lamentarlo. Sally ya tiene una sólida carrera a los treinta y cinco años, pero todavía es soltera. Se encuentra bajo una gran presión social para casarse con el primer hombre que aparezca. Dados los recelos y las críticas de la sociedad hacia las "solteronas", sucumbe sin reflexionar el asunto más radicalmente y por sí misma. Pero es probable que años más tarde, Sally termine por entender que debió haber seguido sus propias corazonadas con respecto al matrimonio. Despedido a causa de una reestructuración empresarial, a los cincuenta y cinco años, un hombre como Bill puede lamentar haber dejado pasar la oportunidad de seguir la carrera de enfermería que siempre le gustó en vez de aceptar como norma la imagen de hombre totalmente identificado con una compañía. Los hombres en nuestra sociedad experimentan la tremenda presión de tener que demostrar su masculinidad a través de sus ingresos. Pero Bill fue derrotado por no atreverse a ser diferente.

Las imágenes de los medios de comunicación abundan en conceptos rígidos acerca de nuestra humanidad. La mujer de cincuenta años que no puede renunciar a parecer de treinta se ocasionará mucha desdicha para mantener su alianza con el simplismo y, en el proceso, eludirá la posibilidad de hallar belleza en su etapa de envejecimiento. Aunque esto pueda descartarse fácilmente como un problema de *ella*, es importante reconocer que esta mujer no está sola. La norma negativa en nuestra publicidad sugiere de modo directo o indirecto que las mujeres son básicamente objetos sexuales que pierden su valor a medida que envejecen. El hombre valioso en nuestra publicidad es aquel que gana dinero. En parte debido al simplismo inherente al pensamiento sexista, muchos hombres consideran su trabajo fuera del hogar exponencialmente más importante que las habilidades domésticas de su esposa con el propósito de elevar la imagen de sí mismos, pese a las tensiones que crea el sustentar estas suposiciones equivocadas. En vez de modernizar su visión, tanto los hombres como las mujeres en nuestra sociedad aceptan el pensamiento simplista para ajustarse a las normas negativas.

Es posible que esta situación nos haga sentir como rehenes. Por un lado, estamos atrapados entre los requerimientos de la conformidad, mientras que por el otro, dado nuestro libre albedrío, podemos decidir en nuestro propio beneficio personal elevarnos por encima del pensamiento grupal convencional. Poseemos la facultad de pensar en forma independiente acerca de temas importantes antes que guiar muchos aspectos de nuestra vida de acuerdo con los principios simplistas de la sociedad. Es cierto, se requiere esfuerzo para seleccionar en qué debemos o no creer. Cuando nos negamos la autonomía, no es sorprendente que nos confundamos y nos inquietemos. Pero cuando utilizamos fórmulas simplistas basadas en lo "normal" —o lo que está de moda—, el resultado habitual es el caos interno, y a veces hasta externo.

Lo que está de moda no es necesariamente correcto

La extensa influencia de la moda en nuestra cultura suele conducir a la conformidad a través del pensamiento simplista. Somos una cultura obsesionada por la moda, ya sea que la moda del día implique qué ponerse, qué tipo de música escuchar o a qué ideología política adherirse en el momento. Nuestro increíble énfasis en la moda desalienta a la gente a pensar en forma independiente y estimula el pensamiento convencional de acuerdo con opiniones y estereotipos generalmente aceptados. Tal pensamiento puede rayar en lo irracional o cruzar el límite hacia la locura, como lo hizo para los Estados Unidos en Vietnam.

Tenemos la obligación de confrontar nuestro pensamiento simplista acerca de lo que debería significar ser "normal": la obligación de utilizar el pensamiento crítico. Pensemos, por ejemplo, en la Constitución de los Estados Unidos. Durante casi una década, consideró a un esclavo como tres quintos de una persona. Eso era fundamentalmente disparatado. No existe tal cosa como un quinto de una persona. O se es una persona o no se es. Aunque pudo haber sido un modalidad de la época —un compromiso político y social factible en su momento— esta anomalía no fue cuestionada con seriedad durante décadas.

Emplear un pensamiento crítico no sugiere que debamos convertirnos en una enciclopedia ambulante. No significa, por ejemplo, que debamos saber todo acerca del fallo *Dred Scott*. Pero tenemos la obligación de estudiar, aprender y pensar acerca de las cosas que revisten mayor importancia. Una de las capacidades más cruciales del pensamiento crítico es la de decidir qué es esencial pensar o aprender, y qué no lo es. Y debemos reconocer las carencias en nuestro conocimiento antes que sentirnos compelidos a permitir que el orgullo, el temor o la pereza nos seduzcan a asumir el papel de sabelotodos.

Suposiciones, estereotipos y rótulos

Suponer que sabemos todo y en particular algo que en realidad no sabemos es, como dice el viejo refrán, burlarse de uno mismo y de los demás. Para algunos, el simplismo de las suposiciones es una forma de vida. Hay personas que asumen que su manera de pensar —ya se trate del derecho de una mujer al aborto o a rezar en las escuelas— tiene que ser "siempre correcta", sin importar las pruebas en sentido contrario. Cuando experimentan la necesidad precaria de preservar su falso sentido de la integridad y la dignidad, encubren la imagen de sí mismas con suposiciones de rectitud. No pueden —no quieren— considerar alternativas. Tal vez desprenderse de su simplismo sería como la muerte.

Una de las suposiciones más comunes —y a menudo más destructivas— se basa en estereotipos acerca de nosotros mismos y de otras personas. Estereotipar entraña la rotulación y categorización de personas y cosas de una manera ingenua, y la emisión posterior de juicios basados en las hipótesis que vinculamos con estas categorías. Dichas suposiciones suelen ser engañosas. El héroe de mi novela, *In Heaven as on Earth* comienza suponiendo que no habrá misterio en el cielo: todo será imperturbable, franco y preciso. Para su sorpresa, descubre que el cielo —al igual que la Tierra— consiste en un complejo laberinto de sorpresas, curvas y vueltas y no en una utopía simplista.

Muchos emiten juicios acerca de otros basándose en rótulos, por ejemplo, asociar a los liberales con los subversivos y a los conservadores con los virtuosamente rígidos. Los rótulos raciales y étnicos suelen abundar en hipótesis engañosas acerca de los temperamentos de los individuos que se identifican con estos grupos. La inclinación política de una persona judía puede ser indebidamente percibida por algunos a partir de las categorías que dividen al judaísmo en los grupos ortodoxo, conservador y reformista. Los vendedores de autos usados son juzgados por algunos como ruines o inescrupulosos, socavando así la reputación de muchos vendedores muy trabajadores y con personalidades intachables. Y existe la suposición común de que cualquiera que se diga abiertamente cristiano debe ser un fundamentalista, o que cualquiera que se llame agnóstico no es espiritualmente maduro.

Mientras que algunos estereotipos tal vez posean una pizca de verdad, en general son demasiado simplistas para captar las diferencias sutiles, y también las similitudes, a la hora de realizar comparaciones y juicios. Cuando son extremos, pueden constituir la base de suposiciones utilizadas para ocasionar o justificar acciones potencialmente destructivas.

Una de las principales dinámicas de mi novela policial, *Una cama junto a la ventana*, es el pensamiento estereotipado de un joven detective. Basándose en sus numerosas hipótesis, el teniente Petri comete muchos errores de pensamiento y juicio que lo conducen peligrosamente a estar a punto de arrestar a la persona equivocada. Su primera suposición lo lleva a limitar su investigación a una joven enfermera simplemente porque ella había tenido relaciones sexuales con la víctima. Su segunda suposición es creer que esta mujer no pudo haber amado a la víctima porque él era muy deforme físicamente, a pesar de que, en realidad, ella sentía un profundo afecto por él. Y como habían muerto más personas en el geriátrico durante el turno de esta enfermera, el teniente Petri supone que ella es una asesina en serie que mata pacientes en nombre de la compasión.

Una de las suposiciones más cínicas adoptadas por el teniente Petri también termina siendo una de las más cegadoras.

Él cree que las personas seniles en los geriátricos no pueden pensar. En consecuencia, descarta indicios, pasa por alto pistas significativas y desatiende aspectos importantes de sus experiencias con otros durante la investigación.

En sus estereotipos genéricos acerca de las personas en geriátricos, el personaje se parece a mí. Al principio de mi carrera profesional, cuando trabajé con pacientes en un geriátrico, usaba anteojeras. Suponía que los geriátricos eran meros repositorios para los muertos en vida. Con el tiempo, descubrí en cambio un medio con profundidades variadas, lleno de personas interesantes, humor, amor y todos los demás aspectos del comportamiento humano. Tal como me ocurrió personalmente, al final, el teniente Petri aprende a mirar más allá de la superficie. Va descubriendo poco a poco que el pensamiento simplista suele llevarnos a callejones sin salida.

Sin duda nos internamos en callejones sin salida cuando dependemos estrictamente de suposiciones, rótulos y estereotipos, y consideramos a las personas de una manera simplista. Suponer, porque escribo acerca de la espiritualidad, que no poseo flaquezas humanas sería una conclusión simplista. Decir que alguien que se identifica a sí mismo como cristiano debe ser, en consecuencia, automáticamente más santo que todos los demás sería otra hipótesis simplista. Con la religión en particular, existe una tendencia en muchas personas a emplear rótulos y suposiciones para ratificar su espiritualidad. Algunos piensan que el grupo al que pertenecen debe ser el único camino para comprender a Dios. Eso es incorrecto. A Dios no le importan tanto las etiquetas como la esencia.

La rotulación de personas y cosas siempre implica riesgos. Por empezar, reduce y socava su profundidad. En mi opinión, la suposición de que alguien que es físicamente hermoso es también más bondadoso e inteligente que alguien físicamente deforme es sólo eso: una suposición, no una verdad. Sin embargo, estudio tras estudio realizados sobre este tema demuestran que la mayoría de las personas prefieren a aquellos que son considerados atractivos y suelen atribuirles dichas cualidades benevolentes.

Muchos de los supuestos que derivan de la rotulación

mantienen la vida en un nivel de superficialidad. No cuestionamos nuestras conclusiones. No obstante, sería igual de simplista decir que nunca existe un buen motivo para rotular. Los científicos deben categorizar las cosas para verificar las teorías y repetir los resultados. Los maestros deben reconocer que no todos los alumnos de séptimo grado son capaces de convertirse en grandes escritores. Los padres deben distinguir entre los gustos y temperamentos personales de sus hijos si quieren ser lo bastante perceptivos para responder a las necesidades específicas de cada niño. De modo que la aplicación de rótulos tiene sus propósitos: propósitos limitados. Cuando es productiva, nos ayuda a tomar decisiones rápidas y a veces vitales. Si uno está en la calle de noche y un extraño amenazador se acerca con un arma, sería una tontería decir: "Déjeme analizar esto antes de salir corriendo".

Necesitamos utilizar etiquetas para juzgar ciertas cosas con detención. Hay determinados momentos en que debemos tomar decisiones temporarias hasta adquirir más información o experiencia acerca de una situación o persona. Pero en la mayoría de los casos, tendemos a rotular por el motivo equivocado. Cuando utilizamos rótulos para realizar suposiciones y discriminar injustamente a otros —o para disculparnos a nosotros mismos— inferimos cualidades más generalizadas acerca de una persona o situación sin la información necesaria para sustentar nuestras conclusiones. En ocasiones, las consecuencias pueden resultar destructivas no sólo para los demás sino para nosotros mismos.

El pensamiento criminal común

Si somos honestos con nosotros mismos, la mayoría debemos admitir que en algún momento u otro hemos empleado el pensamiento criminal, que no es otra cosa que una forma de pensamiento desorganizado. La mayor parte de la teoría crítica sobre el pensamiento criminal ha derivado principalmente de personas encarceladas o que han infringido la ley de alguna manera. Pero la línea divisoria que separa a los criminales tras las rejas del resto de nosotros suele ser muy sutil. La investigación sobre el pensamiento criminal acentúa las pautas más comunes de pensamiento irracional que conducen a decisiones trastornadas. Muchas de las pautas del pensamiento criminal común son más bien simplistas y unidimensionales antes que complicadas. También está la tendencia entre algunos a considerarse siempre la víctima. Las personas que piensan de esta manera no se hacen responsables de sus decisiones. Para otros, existe una falta de perspectiva sobre el tiempo y, por lo tanto, viven siempre en el presente, sin invertir en el futuro ni tener en cuenta las consecuencias de sus acciones.

Un aspecto de las pautas del pensamiento criminal se destaca más debido a su ocurrencia frecuente entre segmentos no criminales de la población. Se trata de una actitud de posesión o lo que puede denominarse un sentido del derecho. Existe un engreimiento, inherente a esta actitud, que raya en el narcisismo flagrante. Aquellos con un extremo sentido del derecho son capaces de justificar la violación de otras personas o de su propiedad sin tener en cuenta los derechos de ellas. Si su pensamiento se origina en un "complejo de inferioridad", quienes sienten que tienen derecho se consideran indefensos y a menudo víctimas. Se quejan y protestan mucho acerca de la falta de oportunidades que han tenido en la vida a causa de su pertenencia étnica o su situación económica o familiar. Dejan a un lado su propio fracaso en la realización del esfuerzo necesario para mejorar sus vidas. Algunos escogerán robar, manipular o quitarles a los demás en alguna forma debido a su creencia de que el mundo está en deuda con ellos. No logran ver su propia imposibilidad de considerar formas alternativas de pensar y vivir.

En otros, el sentido del derecho surge de un "complejo de superioridad". Una persona puede creer que siempre debe ser la primera en todo, nuevamente debido a su pertenencia étnica o situación económica o familiar. Piensa que aquellos como él son también superiores y, por lo tanto, merecedores de todo lo que deseen, aun cuando obtenerlo signifique quitarles a los demás. Siente que tiene derecho a las mejores oportunidades educativas y laborales y se ofende con otros que desean lo mejor para sí mismos. Desear lo mejor en la vida no es el problema. Esta forma de pensar resulta problemática cuando las personas están dispuestas a violar a otros a través de la discriminación, la explotación y la opresión, negándoles los mismos derechos, oportunidades y accesos a recursos valiosos.

Por supuesto, todo esto es pensamiento simplista. Es tan evidente entre aquellos que son considerados inteligentes y exitosos, que han asistido a las mejores escuelas y dirigen las más importantes corporaciones, como entre las poblaciones incultas, marginadas, criminales y mentalmente enfermas. El común denominador es nuestra tendencia humana a no pensar bien.

Pensar poco es su problema

Un paciente que atendí hace años constituye un ejemplo de los problemas creados por la incapacidad de pensar bien. Su móvil predominante y la falla específica en su forma de pensar era la resistencia al cambio. Dado que vivimos en un mundo de cambios, pensar que era posible no cambiar o eludir el cambio se hallaba a medio camino entre la ilusión y el delirio. Este hombre venía a verme desde un pueblo rural que quedaba a veinte minutos de auto de mi consultorio. Se atendió conmigo dos veces por semana durante cuatro años y agotó los ahorros de su vida en estas sesiones. Esta inversión de tiempo y dinero parecería reflejar un interés en cambiar y crecer. Pero, tal como descubrí, no era el caso.

Cuando empezó, le entregué un mapa de un atajo que podía tomar cuando viniera a verme, lo cual le ahorraría tiempo y dinero. A los seis meses de comenzada la terapia, un día se quejó del tiempo que le tomaba llegar a estas citas. De modo que le dije:

—Bueno, John, pruebe con el atajo.

Él me respondió:

—Lo siento, perdí el mapa.

Le di otro.

Unos seis meses después, volvió a quejarse de lo mismo.

—¿Toma usted el atajo? —le pregunté.

—No. Estamos en invierno y no he querido arriesgarme en los caminos vecinales cubiertos de hielo —me respondió. Le pregunté si había perdido el mapa de nuevo y terminé dándole otro. Finalmente, un año después —a casi dos años de iniciada la terapia— empezó a lamentarse de nuevo, y otra vez pregunté:

—¿Ha probado con el atajo, John?

—Oh, sí. Probé. Pero no ahorré nada de tiempo —me respondió.

Entonces exclamé, y esto no es típico de la conducta de un analista:

—¡Fuera del diván, John! Fuera del diván. Haremos un experimento.

Le di la opción de ser el cronometrador o el conductor. Decidió ser el cronometrador. Nos subimos a mi auto y recorrimos la ruta que él solía tomar; luego tomamos el atajo para regresar al consultorio. El atajo le habría ahorrado cinco minutos de ida y cinco de vuelta.

—John, me gustaría señalarle algo. Ha perdido usted diez minutos en cada viaje de ida y vuelta a mi consultorio. Ha conducido de más durante dos años el equivalente de dos mil minutos, o tres días. Ha desperdiciado tres días de su vida. No sólo eso: ha manejado un total de casi veinte mil kilómetros de más para evitar tomar ese atajo. Y como si esto fuera poco, ha mentido para proteger su neurosis.

Un año más tarde —al cabo de un total de tres años de terapia—, John manifestó por fin:

—Bueno, creo, supongo, que el móvil predominante en mi vida es evitar cualquier cambio.

Por eso evitaba tomar el atajo. Habría significado pensar y hacer algo diferente de lo que se había acostumbrado a hacer. Lo mismo se aplicaba a nuestro trabajo juntos. Pero el uso de la frase "creo" y "supongo" evidenciaba que John todavía era renuente a confesar de plano la necesidad de cambiar. El poder de la neurosis puede ser increíble. Lejos de ser

41

un caso exitoso, hasta el final de nuestro trabajo, John siguió exponiéndose al fracaso al buscar eludir los riesgos involucrados en el cambio. Al igual que John, muchas personas huyen del cambio necesario para el crecimiento. No están dispuestas a enfrentar la tarea de reformular algunas de las suposiciones e ilusiones que han aceptado como verdades.

Cuando ejercía la psiquiatría, la esquizofrenia se rotulaba como un trastorno de la manera de pensar o un trastorno del pensamiento. Desde ese entonces, he llegado a creer que todos los trastornos psiquiátricos son trastornos del pensamiento. Los individuos en los extremos de la enfermedad mental, como en algunos tipos de esquizofrenia, son a las claras víctimas del pensamiento desorganizado y pueden estar tan desconectados de la realidad que no logran funcionar bien en las actividades diarias. Sin embargo, todos hemos conocido narcisistas, compulsivos obsesivos y personas dependientes pasivas en nuestra vida social y laboral. Su salud mental puede ser frágil, pero se las ingenian para parecer "normales" y pasar inadvertidos. El hecho es, sin embargo, que ellos también son pensadores desorganizados. Los narcisistas no pueden pensar en otras personas. Los compulsivos obsesivos no pueden captar la situación general. Las personas dependientes pasivas no pueden pensar por sí mismas.

En toda condición psiquiátrica con la que he trabajado a lo largo de los años existía algún trastorno del pensamiento involucrado. La mayoría de las personas que recurren a la terapia sufren de una neurosis o de un trastorno de carácter. Entre la población general que nunca acude a un psicoterapeuta, estas condiciones predominan por igual y son, nuevamente, resultado del pensamiento desorganizado. Son, en su raíz, ilusiones de responsabilidad y, como tales, reflejan estilos de pensamiento opuestos acerca del mundo y los problemas en la vida y en relación con ellos.

La persona neurótica está bajo la ilusión de que es responsable de todos o de todo y, por lo tanto, suele asumir demasiada responsabilidad. Cuando los neuróticos están en conflicto con el mundo, tienden a suponer automáticamente que están en falta. La persona con un trastorno de carácter opera bajo la ilusión de que no debería ser responsable de sí misma ni de nadie. Por lo tanto, es probable que no asuma la suficiente responsabilidad. Cuando los que sufren trastornos de carácter están en conflicto con el mundo suponen automáticamente que el mundo tiene la culpa.

Permítanme señalar que todos tenemos que vivir con algunas ilusiones. Los psicólogos las denominan ilusiones saludables: nos sostienen durante los períodos de transición en la vida y nos dan esperanza. Consideremos, por ejemplo, la ilusión del amor romántico. La gente no se casaría sin ella. La ilusión de que criar hijos será más divertido que doloroso es también saludable. De lo contrario, no tendríamos hijos. Yo creí que sería más fácil habérmelas con mis hijos cuando dejaran los pañales, y después pensé que sería más fácil cuando empezaran la escuela. Más tarde supuse que sería más fácil cuando obtuvieran su licencia de conducir. Luego cuando asistieran a la universidad. Después cuando se casaran. Ahora tengo la ilusión de que será más fácil habérmelas con mis hijos cuando tengan cuarenta años. Ilusiones de este tipo nos mantienen andando y estimulan el crecimiento.

De manera que las ilusiones no son del todo malas, a menos que nos aferremos a ellas demasiado tiempo y más allá de su utilidad. El problema sobreviene cuando nuestras ilusiones interfieren en forma constante con el crecimiento. Por ejemplo, la muchacha de dieciséis años que se torna obsesiva acerca de sus hábitos alimenticios y su apariencia puede llegar a sentir que nunca es lo bastante delgada ni lo suficientemente buena para estar a la altura de sus compañeras de escuela. Al llevar esta ilusión a un extremo, puede padecer hambre y convertirse en anoréxica. O quizá supere este dilema neurótico cuando cumpla veinte años y adquiera más confianza y seguridad en sí misma. El joven que no se destaca en los deportes puede descubrir que sus cualidades intelectuales compensan su falta de habilidades atléticas. Si aprende a valorar su intelecto, tendrá más posibilidades de superar el complejo de inferioridad neurótico que experimenta cuando se compara con los atletas de su escuela. De modo que una neurosis ligera o un leve trastorno del carácter no deben considerarse necesariamente una tendencia de por vida. Por otra parte, nuestra capacidad se verá menoscabada si no enfrentamos nuestra neurosis y los trastornos del carácter persistentes, ya que éstos pueden crecer y convertirse en rocas que bloqueen por completo nuestro camino.

Carl Jung escribió: "La neurosis es siempre un sustituto del sufrimiento legítimo". Pero el sustituto termina por convertirse en algo más penoso que el sufrimiento legítimo que estaba destinado a evitar. En última instancia, la neurosis misma se convierte en el máximo problema. Como escribí en *La nueva psicología del amor*: "Como era de esperarse, muchos intentan entonces evitar ese dolor y ese problema, colocando, a su vez, capa tras capa de neurosis. Por fortuna, sin embargo, algunos tienen el valor de hacer frente a su neurosis y comienzan a aprender —con frecuencia con la ayuda de la psicoterapia— el modo de experimentar el sufrimiento genuino. En todo caso, cuando eludimos el sufrimiento genuino que resulta de afrontar problemas, nos privamos también de la posibilidad de crecimiento que los problemas nos ofrecen. Por eso, en las enfermedades mentales crónicas, se detiene nuestro proceso de crecimiento y quedamos atascados. Y sin crecimiento, sin una cura, el espíritu humano comienza a encogerse y marchitarse".

Pensar demasiado es problema de los demás

Aunque solemos perjudicarnos a través del pensamiento simplista, en otras ocasiones las personas tal vez busquen perjudicarnos por atrevernos a pensar bien. Si pensamos mucho y a los demás no les gusta, es problema de ellos, no nuestro. Si utiliza usted su cerebro, es probable que cree un problema para quienes anhelen usarlo, abusar de usted, controlarlo o mantenerlo dependiente o temeroso. El motivo oculto puede ser el de disuadirlo de comprender el sentido de poder personal que está directamente relacionado con la capacidad de ejercitar un pensamiento bueno e independiente.

Se invierte mucho en hacernos creer todo lo que leemos en los periódicos y todo lo que nos dice el gobierno. Después de todo, si no pensamos por nosotros mismos, constituimos blancos fáciles para el control y la manipulación. Para mantenernos dependientes, se nos enseña que no es necesario pensar mucho. Mis propios padres acostumbraban decirme con frecuencia: "Piensas demasiado, Scotty". ¿Cuántos padres o maestros han dicho lo mismo a niños? "Piensas demasiado." Qué cosa terrible para decir. Se nos ha dado un cerebro para que pensemos. Pero vivimos en una cultura que asigna poco valor al intelecto y a la facultad de pensar bien porque es considerado diferente y, posiblemente, hasta peligroso. Cualquiera que ejerza el control, ya sean padres, empleadores o nuestro gobierno, puede sentirse amenazado cuando otra persona piensa en forma independiente.

La respuesta más común a todos mis libros no es que haya dicho nada particularmente nuevo. Es que escribo acerca de la clase de cosas que muchas personas han pensado siempre pero sobre las que han temido hablar. El hecho de saber que no están solas —ni locas— les ha significado un gran solaz en una cultura que desalienta el pensamiento y, a menudo, la franqueza. De hecho, se necesita coraje para ser diferente, para atreverse a ser uno mismo. Si escogemos pensar por nosotros mismos, debemos prepararnos para el contragolpe. Nos arriesgamos a ser considerados excéntricos o agitadores. Puede que nos supongan marginados de la tendencia general de la sociedad, que nos consideren diferentes o anormales en el peor sentido de la palabra. Pero si nos atrevemos a aspirar al crecimiento, debemos atrevernos a pensar.

A muchas personas puede tomarles toda una vida entenderse con la libertad que de veras tienen para pensar por sí mismas. Pero este sendero hacia la libertad está obstruido por mitos sociales, uno de los cuales quiere hacernos creer que una vez que hemos terminado la adolescencia, no podemos cambiar mucho. En realidad, podemos cambiar y crecer a lo largo de toda nuestra vida, incluso de las maneras más sutiles. Pero es una elección. Cuando llegamos a la crisis de la mitad de la vida, es frecuente que nuestro pensamiento tome rumbos nuevos e independientes. Y para algunos, el pensamiento independiente evoluciona sólo cuando están a punto de morir. Tristemente, por cierto, en algunos casos no sucede nunca.

Lo bueno, lo malo y lo intermedio

Como dice el refrán: somos lo que pensamos. Somos lo que solemos pensar. Somos lo que no pensamos. De modo que, en esencia, lo bueno, lo malo y todo lo intermedio que pensamos o no pensamos reflejan en gran medida lo que somos. Cuando pensamos de forma simplista acerca de todo, nos exponemos a esperar siempre soluciones simples, respuestas obvias y resultados ciertos incluso en situaciones complejas. Necesitamos reconciliarnos con la realidad de que muchas situaciones —tales como casarnos con una persona u otra, qué carrera elegir, cuándo comprar una casa— entrañan riesgos. Debemos aprender a vivir con "lo intermedio" de la incertidumbre.

La tolerancia de la incertidumbre, como señalé en *La nueva psicología del amor*, resulta crucial en el proceso de cuestionar nuestras suposiciones. Y en *Una cama junto a la ventana*, mi detective, en el apuro por juzgar, adopta precipitadamente —y se equivoca— un pensamiento estereotipado, en gran medida porque es renuente a esperar durante un período de incertidumbre. Pero como nunca podemos estar seguros de haber considerado todos los aspectos de una situación, la disposición a pensar en profundidad suele conducir a la indecisión. Siempre existe la posibilidad de omitir algo y debemos estar dispuestos a soportar el dolor que implica la inseguridad. Frente a esta inseguridad, todavía tenemos que ser capaces de actuar y tomar decisiones en algún punto. Al sopesar nuestros pensamientos y sentimientos, lo más importante es si estamos dispuestos a enfrentar el hecho de que no lo sabemos todo. Esto significa no sólo ser introspectivos, sino también experimentar la duda. La duda, creo, suele ser el comienzo de la sabiduría.

En mi práctica psicoterapéutica, descubrí que muchas

personas se aferran con tenacidad a la certeza de las creencias de su infancia, como si no pudieran funcionar como adultos sin esta certidumbre, que es una especie de protección. Sólo cuando se estrellaban contra el vacío abismal emergían la duda y la incertidumbre, y en la confrontación de una crisis, éstas se convertían en una bendición salvadora.

A menudo, al año o dos de iniciada la terapia, se deprimían mucho más de lo que estaban cuando vinieron a verme por primera vez. Denominé a este fenómeno "depresión terapéutica". En esta coyuntura, los pacientes se daban cuenta de que su vieja manera de pensar ya no les servía. Habían comprendido que algunas de sus pautas de pensamiento eran estúpidas o inadaptadas. Pero pensar de una manera nueva les resultaba aterradoramente riesgoso e inherentemente difícil. No podían retroceder y no podían avanzar, y en este "intermedio", se deprimían. Es entonces cuando se preguntaban: "¿Para qué tomar un rumbo? ¿Para qué esforzarme? ¿Por qué correr el riesgo de cambiar mis creencias? ¿Por qué no renunciar y suicidarme? ¿Para qué preocuparme? ¿Qué sentido tiene todo?".

No existen respuestas fáciles a estas preguntas. No existen respuestas en los libros de texto de medicina ni en los libros de psiquiatría porque estas preguntas son fundamentalmente existenciales y espirituales. Son preguntas acerca del sentido de la vida. Y aunque era difícil de tratar, llamé a este período depresión terapéutica precisamente porque en la terapia a largo plazo, esta lucha espiritual conducía en última instancia al crecimiento de estos pacientes.

En la introducción de *La nueva psicología del amor*, escribí que no hago ninguna distinción entre mente y espíritu y, por lo tanto, que no distingo entre el crecimiento espiritual y el crecimiento mental. No se puede separar el pensamiento —el intelecto— del crecimiento psicológico y espiritual. Cuando estudiaba, estaba de moda condenar la percepción intelectual. Lo *único* que se consideraba importante era la percepción emocional, como si la comprensión intelectual no valiera nada. Esto era pensamiento simplista. Si bien convengo en que debe existir en definitiva la percepción emocional, la mayoría de las veces ni siquiera podemos empezar a comprender los aspectos emocionales de un caso individual hasta haber alcanzado una percepción intelectual.

Tomemos, por ejemplo, el complejo de Edipo. Un adulto con un complejo de Edipo no resuelto no puede curarse —si es que tiene alguna posibilidad de curarse— a menos que primero sepa intelectualmente qué es el complejo de Edipo. Para convertirnos en adultos saludables primero debemos resolver el dilema edípico de renunciar a los sentimientos sexuales hacia nuestros padres. Si se trata de un varón, el padre es considerado el rival por la atención de la madre. En el caso de la niña, el deseo hacia el padre como objeto sexual o de amor significa competir con la madre. Por primera vez en su vida, los niños experimentan básicamente las tensiones de la pérdida. Se ven forzados a renunciar a algo importante para ellos que no pueden tener. En mi experiencia, las personas que no logran resolver de manera apropiada el complejo de Edipo tendrán más tarde una muy severa, incluso abrumadora dificultad para renunciar a cualquier cosa, puesto que jamás realizaron esa primera renuncia. De modo que es crucial que se reconcilien con la idea de no poder poseer al padre o a la madre en la forma en que lo han fantaseado.

Una mujer que se mudó de Florida a Connecticut para atenderse conmigo fue un ejemplo de esto. Era una vieja admiradora de *La nueva psicología del amor* y tenía el dinero para mudarse. En retrospectiva, debí haberla disuadido de empacar y mudarse tan lejos, ya que siempre hay terapeutas locales disponibles. Fue uno de los tantos errores que cometí con esta paciente, y su curación fue incompleta. Dadas las dificultades que me presentó en la terapia, lo más lejos que llegamos a penetrar en el verdadero problema fue el día en que se escuchó a sí misma pronunciar con claridad los motivos ocultos por los que acudía a la terapia conmigo. Al cabo de una sesión ese día en particular, se sentó en su auto, sollozando y temblando al volante. "Bueno, tal vez cuando supere mi complejo de Edipo", dijo, "el doctor Peck se casará conmigo". Yo me había convertido en la figura paterna en su vida, un sustituto del padre que no podía tener. Más tarde, me comentó: "Quizá tenga usted razón. Puede que yo sufra del complejo de Edipo". Pero ni siquiera hubiéramos llegado tan lejos si primero yo no le hubiera explicado intelectualmente qué era el complejo de Edipo.

Otro caso involucró a un hombre que se trató, otra vez sin éxito, por su dificultad para la renuncia. Cuando vino a verme estaba atormentado. Se lamentaba de que tenía tres novias y estaba acostándose con todas ellas. Para complicar las cosas aún más, empezaba a sentirse atraído por una cuarta.

—Doctor Peck, usted no entiende la agonía que padezco, lo terrible que es. ¿Sabe usted lo que es tratar de asistir a tres cenas distintas el Día de Acción de Gracias? —me explicó.

—Eso le complica un poco la vida, ¿verdad? —le respondí.

En ese entonces, yo no atendía pacientes para terapia sino sólo consultas. Pero como en un principio no supe qué pensar de este hombre, le pedí que regresara para una segunda visita. Entre esas dos sesiones, comencé a preguntarme si el motivo por el que no podía renunciar a ninguna de sus novias —por el que no podía escoger una— no era quizás un complejo de Edipo no resuelto. Cuando volvió para la segunda sesión, le pedí que me hablara de su madre.

La describió como una mujer increíblemente hermosa y no paró de hablar de ella. Este hombre trabajaba en asesoramiento de personal en una compañía y organizaba talleres relacionados con la psicología. Pese a sus significativos conocimientos de psicología, era emocionalmente inconsciente de su propio dilema. Cuando le dije:

—A propósito, Harry, ¿sabe usted qué es el complejo de Edipo?

—Tiene algo que ver con la gente, ¿no?

Este hombre debió de haber sabido, al menos intelectualmente, qué es el complejo de Edipo. Al parecer, no había prestado mucha atención al tema durante su capacitación. El motivo obvio, desde luego, es que rozaba su propia neurosis. Una vez hecho el diagnóstico, lo remití a otro terapeuta, pero más tarde me enteré de que las sesiones habían resultado infructuosas. Era renuente a cambiar. Es difícil progresar cuando no se puede renunciar a nada.

Algo similar sucede con el masoquista. La raíz de su neurosis es el deseo de ser desdichado. Y para curarse, debe aprender formas de ser feliz. Pero su motivo básico es no ser feliz.

Esto es terreno propicio para la frustración en la terapia en los casos de aquellos individuos que se aferran con fuerza a algo a lo que no desean o no pueden renunciar, aun cuando los haga desgraciados. Es como si tuvieran un motivo innato para el fracaso. Renunciar a algo implica realizar un cambio. Al igual que el hombre que no estaba dispuesto a renunciar a su promiscuidad, estos individuos son renuentes a efectuar los cambios que los curarán. Es el precio que muchos pagan por un trastorno del pensamiento.

Pensar y escuchar

Teniendo en cuenta nuestra confianza casi adictiva en las suposiciones —y en las ilusiones que coexisten con ellas— solemos comunicarnos mal con los demás, creando un gran caos. La polarización en términos raciales como consecuencia del veredicto en el caso de O. J. Simpson es un ejemplo. La incapacidad de cuestionar nuestras suposiciones raciales —blancas o negras— nos lleva a no escuchar bien lo que se nos está comunicando. Permanecemos ajenos a las bases de una buena comunicación. Huelga decir que no podemos comunicarnos bien si no escuchamos bien, y que no se puede escuchar bien a menos que pensemos bien.

En una ocasión, un psicólogo industrial me señaló que la cantidad de tiempo que dedicamos a enseñar ciertas materias a nuestros niños en la escuela es inversamente proporcional a la frecuencia con que esos niños harán uso de tales conocimientos cuando lleguen a adultos. No me parecería una buena idea que se enseñara en la escuela aquello exactamente proporcional a lo que será útil después de la escuela, pero creo que sería sensato proporcionar más instrucción a los niños en los procesos de pensar y escuchar bien.

En la mayoría de las escuelas públicas y privadas casi no existe una educación formal sobre estos aspectos cruciales de la comunicación. Un ejecutivo exitoso pasará al menos tres cuartos de su tiempo pensando y escuchando. Empleará una pequeña fracción hablando y otra fracción aun menor escribiendo. Sin embargo, la cantidad de educación formal que recibimos para desarrollar estas habilidades esenciales es inversamente proporcional a lo que se requiere para ser un ejecutivo eficaz. De hecho, estas habilidades son esenciales en todos los aspectos de nuestra vida. Muchas personas creen que escuchar constituye una interacción pasiva. Es justamente lo contrario. Escuchar bien es un ejercicio activo de nuestra atención y, por necesidad, cuesta trabajo. Gran parte de la gente no escucha bien porque no comprende esto o porque no está dispuesta a llevar a cabo ese trabajo. Cuando nos extendemos en el intento de escuchar y comunicarnos bien, damos un paso extra o caminamos un kilómetro extra. Lo hacemos en oposición a la inercia de la pereza o la resistencia al temor. Siempre exige un gran esfuerzo.

Escuchar bien también requiere una concentración total en el otro y es una manifestación de amor en el sentido más amplio de la palabra. Una parte esencial de escuchar bien es la disciplina de poner cosas entre paréntesis, el abandono transitorio de nuestros prejuicios, marcos de referencia y deseos para experimentar lo más posible el mundo del que nos habla, desde el interior, colocándonos en el lugar de él o ella. Esta unificación de hablante y oyente es en realidad una extensión y ampliación de nosotros mismos, y siempre reditúa conocimientos nuevos. Es más, puesto que escuchar bien implica poner cosas entre paréntesis, también entraña una aceptación temporaria y total de la otra persona. Al advertir esta aceptación, el hablante se sentirá cada vez menos vulnerable y más y más inclinado a revelar al oyente los rincones más remotos de su mente. En la medida en que esto sucede, hablante y oyente comienzan a entenderse cada vez mejor. La verdadera comunicación está en marcha y se ha iniciado la danza del amor a dúo. La energía necesaria para ejercer la disciplina de poner entre paréntesis y de concentrar toda la atención en otro es tan grande que sólo puede lograrse a través del amor, al cual yo defino como la voluntad de extenderse uno mismo con miras al crecimiento mutuo. La mayoría de las veces, carecemos de esta energía. Aun cuando nos parezca que en nuestros tratos profesionales o en nuestras relaciones sociales estamos escuchando bien, lo que solemos hacer es escuchar selectivamente. Con frecuencia, tenemos en mente una agenda preestablecida y mientras escuchamos, nos preguntamos cómo alcanzar ciertos resultados deseados para concluir la conversación lo antes posible o reencauzarla de maneras más satisfactorias para nosotros. Casi todos estamos mucho más interesados en hablar que en escuchar, o simplemente nos negamos a escuchar lo que no queremos oír.

Si bien es cierto que la capacidad de escuchar bien puede mejorar de a poco con la práctica, nunca se convierte en un proceso sin esfuerzo. No fue hasta el final de mi carrera como terapeuta que dejé de pedir de tanto en tanto a mis pacientes que repitieran algo que habían dicho porque mi mente se había extraviado. Las primeras veces que hice esto, me pregunté si se cuestionarían si había escuchado algo en absoluto y se resentirían. Por el contrario, descubrí que parecían entender de un modo intuitivo que un elemento vital de la facultad de escuchar bien es estar alerta a esos breves períodos en que no estamos escuchando de veras. Y el hecho de que yo admitiera que mi atención se había dispersado en realidad les daba la seguridad de que gran parte del tiempo yo escuchaba bien.

He descubierto que saber que uno es escuchado de verdad es de por sí y espontáneamente muy terapéutico. En casi un cuarto de los pacientes que atendí, ya fueran adultos o niños, se produjo una mejoría considerable y casi contundente durante los primeros meses de la psicoterapia, antes de que se hubieran develado las raíces de los problemas o se hubieran hecho interpretaciones significativas. Este fenómeno puede atribuirse a varias razones, pero la más importante, a mi entender, fue la sensación de los pacientes de que él o ella era escuchado de veras, a menudo por primera vez en años, y para algunos, tal vez, por primera vez en su vida.

La libertad y el pensamiento

Existe una distinción definida entre el pensamiento desordenado y el pensamiento claro. Sin embargo, según una regla en psiquiatría, no existe tal cosa como un pensamiento o sentimiento malo. En ciertos sentidos, es una regla útil. En otros, es de por sí simplista.

Sólo podemos pronunciar juicios éticos acerca de acciones. Si alguien piensa en golpearlo a usted y luego procede a romperle una lámpara en la cabeza, eso es malo. Pero el mero hecho de pensar en hacerlo no lo es. Ésta es la diferencia entre el pensamiento privado y la acción "pública". Lo segundo involucra exteriorizar nuestros pensamientos al actuar conforme a ellos. Es virtualmente imposible emitir juicios acerca de los pensamientos de una persona cuando éstos no se traducen en conducta.

De modo que nos enfrentamos a una paradoja relacionada con la libertad y el pensamiento. Por un lado, somos libres de pensar cualquier cosa. Para curarnos, debemos tener libertad para ser nosotros mismos. Pero eso no significa que seamos libres para dejar aflorar nuestra naturaleza criminal e imponer nuestros pensamientos a otros o embarcarnos en acciones destructivas sin consecuencias. Por lo tanto, la libertad de pensar y sentir cualquier cosa acarrea la responsabilidad de disciplinar nuestros pensamientos y sentimientos. Algunos necesitamos, como me pasó a mí, darnos permiso para aprender a llorar. Otros que se sienten heridos con facilidad tal vez necesiten aprender a no llorar tanto. Tenemos que ser libres para pensar y sentir, pero eso no implica que debamos expresar en voz alta cada uno de nuestros pensamientos ni tampoco hablar siempre con el corazón en la mano.

Un gran activista de la paz, defensor y líder de los derechos civiles, Pete Seeger, solía cantar una canción antifascista alemana, *Die Gedanken sind frei*, cuya traducción literal es "Los pensamientos son libres". Para poder pensar y sentir, necesitamos sentirnos libres. Pero como con todo, existen condicionantes. La libertad sin disciplina puede ocasionarnos problemas. De hecho, la libertad de pensar cualquier cosa plantea un dilema complejo. Existen reglas que limitan la libertad de pensar bien, y no toda forma de pensar implica pensar bien. Una manera de pensar deficiente suele conducir a un comportamiento deficiente. Es más, como hemos visto en los ejemplos del modo de pensar simplista de nuestra sociedad, hay muchos motivos para ser prudentes dado el predominio de pruebas de que muchos pensamientos malos y extremos han sido interpretados como buenos simplemente porque son aceptados como normales por la mayoría.

Me viene a la mente la letra de la canción de Cat Stevens, *No puedo guardármelo*, que finaliza con "Di lo que quieras dar a entender, da a entender lo que piensas, piensa cualquier cosa". Me encanta esta canción, aunque cuando dice "Piensa cualquier cosa", desconfío un poco. Permitir a las personas la libertad de pensar cualquier cosa puede ser una propuesta alarmante. Pero creo que debemos concederles esa libertad. Al mismo tiempo, tenemos que reconocer que no significa que todas las personas vayan a pensar bien. Al reconocer nuestra libertad de pensar, necesitamos ser siempre conscientes de que podemos realizar elecciones tanto buenas como malas. Y con la libertad de pensar, también debemos aprender a tolerar la libertad de sentirnos indecisos.

Respaldo la idea de un amigo mío que desea destacar estos puntos de una manera simbólica. En su opinión, deberíamos erigir una Estatua de la Responsabilidad en la costa oeste para compensar la Estatua de la Libertad que se alza en la costa este. En realidad, no podemos separar la libertad de la responsabilidad. Con la libertad que poseemos de pensar por nosotros mismos, en última instancia debemos hacernos responsables de cómo y qué pensamos y del hecho de que estemos o no empleando nuestra capacidad de pensar para sacar el máximo provecho de la vida.

El tiempo y la eficiencia

Juntamente con la creencia que muchas personas mantienen en el sentido de que saben naturalmente cómo pensar, existe un supuesto implícito y correlativo en cuanto a que pensar no requiere demasiado esfuerzo ni tiempo. Mientras que tenemos la fortuna de vivir en una sociedad que nos permite utilizar nuestro tiempo de manera eficiente en nuestra vida cotidiana —como cuando podemos recoger algo en la tintorería y una comida a lo largo de la misma ruta en nuestro camino de regreso a casa— hemos terminado por esperar que los resultados sean tan inmediatos como el servicio en un restaurante de comidas rápidas. Se nos alienta a emplear nuestro tiempo con eficacia, pero rara vez nos tomamos el tiempo para pensar con eficiencia. Frente a los problemas de la vida real, imaginamos que podremos resolverlos con la misma presteza y facilidad con que nos lo muestra una comedia de treinta minutos en la televisión.

En consecuencia, muchas personas demuestran poco interés en la contemplación. El esfuerzo que implica pensar de verdad suele ocupar una posición secundaria y muchos terminan dando vueltas en círculos en vez de enfrentar con competencia los numerosos dilemas de la vida. A estos individuos no se les ocurriría realizar un largo viaje en automóvil sin consultar un mapa y decidir qué ruta tomar. Pero en su viaje psicológico y espiritual a lo largo de la vida, rara vez se detienen a pensar en por qué están yendo adonde están yendo, adónde desean ir en realidad o la mejor forma de planificar y facilitar el viaje.

En este enfoque simplista, solemos descuidar aspectos de nuestra vida que requieren atención urgente hasta que se convierten en crisis totales. O descartamos ideas nuevas que podrían favorecer nuestro crecimiento simplemente porque no encajan en el marco general de nuestras nociones y conceptos preconcebidos. Se emplea una enorme cantidad de tiempo en reaccionar. Es como si fuéramos robots programados para responder ante una indicación a lo que sea que demande el menor tiempo y atención, y a desatender cualquier cosa que exija emplear tiempo y energía extra para pensar. Nos deslizamos con negligencia por la superficie. Pero debemos reconocer que pensar bien es un proceso que demanda tiempo. No podemos esperar resultados instantáneos. Debemos aflojar un poco el paso y tomarnos el tiempo para contemplar, meditar, incluso rezar. Es el único camino hacia una existencia más significativa y eficiente.

He dicho antes que soy un contemplativo nato. Esto significa que reservar tiempo para pensar —y rezar— me resulta tan natural como cepillarme los dientes. Mi rutina incluye un total de casi dos horas y media por día, en tres intervalos separados de cuarenta y cinco minutos. No más de un diez por ciento de ese tiempo lo dedico a conversar con Dios (lo que la mayoría consideraría una plegaria) y otro diez por ciento a estar atento a Dios (una definición de la meditación). El resto del tiempo, simplemente pienso, clasifico mis prioridades y sopeso las opciones antes de tomar decisiones. Lo denomino mi tiempo de plegaria porque si lo llamara mi tiempo de pensar la gente lo consideraría menos "sagrado" y se sentiría libre para interrumpirme. Pero no estoy siendo deshonesto. En muchos sentidos, pensar se asemeja a rezar.

Mi definición favorita de la plegaria —una que ni siquiera menciona a Dios— procede de Matthew Fox, quien describió la oración como "una respuesta radical a los misterios de la vida". Así, rezar tiene muchísimo que ver con pensar. Antes de poder responder radicalmente primero necesitamos pensar radicalmente. Pensar bien es una actividad radical.

Es importante clarificar qué quiero decir con "radical". Proviene del latín, *radix*, "raíz". De este modo, ser radical es llegar a la raíz de las cosas, penetrar su esencia y no distraerse con superficialidades. El sinónimo más exacto de "radical" es "fundamental", que significa básico o esencial. Los fundamentos son lo más importante. Curiosamente, el sustantivo "radical" se utiliza para describir a un anarquista y terrorista de izquierda, mientras que el sustantivo "fundamentalista" se emplea para describir a un extremista de derecha. En mi caso, no utilizo estas palabras para referirme a ninguna de estas mentalidades. En cambio, me refiero a que cualquiera que piense "profundamente" acerca de los fundamentos será, por definición, un radical. Y las acciones que deriven de ese tipo de pensamiento también serán radicales en el sentido de que abordarán e intentarán solucionar los problemas más importantes de la vida. Lo mismo se aplica a rezar. Rezar es inútil a menos que se traduzca en acciones significativas.

Los pensadores radicales son también pensadores independientes. Pero saben que no pueden limitarse a ellos mismos. Pensar de manera independiente no significa llegar al extremo de excluir información y el aprender de otros. Por lo tanto, si bien es apropiado que pensemos por nosotros mismos, eso no implica que actuemos como niños rebeldes, rechazando toda sabiduría convencional y descartando todas las normas sociales. Eso constituiría un derroche innecesario de energía y un desperdicio ineficiente de tiempo. Antes bien, podemos aprender mucho de los líderes y maestros buenos, formal e informalmente. A través de aquellos que piensan bien podemos hallar buenos ejemplos de lo que significa ser eficiente y vivir la vida en plenitud.

Considero que una (de entre tantas) de mis identidades es la de ser un experto en eficiencia. Tanto como psiquiatra y como escritor he trabajado para ayudar a la gente a vivir sus vidas con más eficacia, no necesariamente a ser felices o estar tranquilos todo el tiempo, sino más bien a aprender lo más posible de cada situación determinada y a aprovechar la vida al máximo.

Cuando todavía dictaba conferencias, las personas solían preguntarme cómo me las ingeniaba para hacer tantas cosas: dar conferencias, escribir, ser padre y esposo, un miembro activo de la comunidad y un lector ávido. Mi respuesta era que como empleaba al menos dos horas al día en no hacer nada —es decir, en tomarme tiempo para pensar, rezar y organizar mis prioridades— me volví más eficiente.

Cuando se es eficiente, uno puede hacer más en menos tiempo. Al pensar con eficiencia, se aprende a dar prioridad a lo importante para encarar de frente las dificultades de la vida en vez de fingir que son insignificantes. La eficiencia incluye necesariamente la disciplina. Ser disciplinado entraña la capacidad de postergar la gratificación y una disposición a considerar las alternativas. Por otra parte, pensar de manera simplista nos conduce a respuestas indisciplinadas y reflejas antes que a la consideración de las opciones que llevarán a decisiones inteligentes y productivas.

Ser eficiente no significa que debamos convertirnos en maniáticos del control. Sería ridículo intentar planificar todos los momentos de cada día de nuestra vida. La eficiencia significa no sólo planificar sino estar preparados. Cuando se presenten situaciones de emergencia, como inevitablemente ocurrirá, seremos libres de reaccionar a las necesidades más importantes del momento porque hemos hecho los deberes. La eficiencia implica estar atentos a aquellas cosas que hay que enfrentar antes de que se conviertan en problemas abrumadores que causen mucho más daño del necesario.

El simplismo es ineficiente y una escapatoria perezosa. No hay progreso posible cuando se toman atajos ilegítimos al pensar, para evitar el esfuerzo y el sufrimiento legítimos que acompañan a la disciplina de la resolución de problemas. El simplismo no es sólo un medio a través del cual albergar la ilusión de que existen respuestas fáciles, sino que es un camino seguro para convertirnos en individuos rígidos y estancados. Por eso distingo entre el simplismo que involucra respuestas ingenuas y la sencillez eficiente de ordenar las prioridades antes de tomar decisiones. La distinción es crucial si queremos pensar y actuar con integridad.

La paradoja y el pensar con integridad

Creo que quienes adhieren a la idea de que existen respuestas fáciles —una única razón para todo— promueven de hecho el simplismo y el fanatismo intelectual. En mis numerosos viajes, he descubierto que dondequiera que vaya, ese fanatismo constituye la norma antes que la excepción. Si asumimos que existe una razón para todo, es natural que busquemos *la* razón—y descartemos toda otra posibilidad que esté en conflicto potencial con *esa razón*— cuando deberíamos estar buscando *las* razones. Me asombra la cantidad de personas bien instruidas que ofrecen o buscan explicaciones ingenuas para fenómenos complicados que van desde la sedición, la homosexualidad y el aborto a la pobreza, la enfermedad, el mal y la guerra. Creo que sería bastante más saludable que nos atreviéramos a vivir sin una razón para tantas cosas antes que vivir con razones simplistas.

En *In Search of Stones*, escribí sobre una conversación que mantuve con un acaudalado corredor de Bolsa de raza blanca. Mientras comentábamos los disturbios en Los Angeles a raíz del fallo de un jurado que decidió que los policías que golpearon a Rodney King no eran culpables de un delito, el agente de Bolsa —un hombre en extremo instruido, inteligente y exitoso— aseveró que el motivo de los disturbios era "la decadencia de los valores familiares". Dedujo esto al observar que casi todos los alborotadores eran jóvenes negros. "Si hubieran estado casados y trabajando para mantener a sus familias, no habrían tenido tiempo para armar disturbios", explicó.

Casi exploté. Le repliqué que durante doscientos años, en la época de la esclavitud, no habíamos *permitido* que la mayoría de la gente negra se casara ni tuviera familias legales. Convertimos sus valores familiares en *ilegales*. Le di varias razones culturales e históricas por las que, en promedio, las mujeres negras son más instruidas y más aptas para ser empleadas que los hombres negros. Le recordé que la recesión económica en ese momento en California era la peor de todos los estados. Hablé de la decadencia de los valores *gubernamentales* en los Estados Unidos. Comenté sobre la opresión del prejuicio y la psicología de la desesperanza. "La 'decadencia' de los valores familiares pudo haber sido una de las causas de los disturbios pero sólo una de las tantas de todo un compuesto de razones", concluí. Le estaba enseñando acerca de la "sobredeterminación", el concepto de que todo lo importante posee causas múltiples. Lejos de ser simplista, la sobredeterminación exige la integración de dimensiones múltiples para captar la situación general. Es importante para comprender muchos problemas. Pensar bien significa percibir de modos multidimensionales. Es la esencia de pensar con integridad. La palabra "integridad" proviene del sustantivo *integer*, que significa totalidad, todo, consumación. Para pensar y, en definitiva, para actuar con integridad, debemos integrar las razones y dimensiones múltiples de nuestro mundo increíblemente complejo.

Los psiquiatras tenemos un término para lo opuesto de "integrar": "dividir en compartimientos". Dividir en compartimientos es tomar las cosas que están apropiadamente relacionadas entre sí y colocarlas en compartimientos separados y herméticos en nuestra mente, donde no tienen que rozarse entre sí ni provocarnos ningún estrés o dolor, fricción o tensión. Un ejemplo que cité en *La nueva comunidad humana* y en *In Search of Stones* sería el del hombre que asiste a misa el domingo por la mañana, creyendo con devoción que ama a Dios y a su creación, pero que el lunes no se inmuta por la política de su empresa de arrojar residuos tóxicos al arroyo local. Esto sucede, desde luego, porque ha situado su religión en un compartimiento y su empresa en otro. Es lo que hemos dado en llamar un cristiano del domingo por la mañana. Es una forma muy cómoda de operar, pero no es integridad.

Pensar y actuar con integridad requiere que experimentemos por completo las tensiones de pensamientos y demandas rivales. Exige que nos formulemos la pregunta crucial: ¿Hemos omitido algo? Precisa que miremos más allá de nuestras ilusiones y suposiciones habitualmente simplistas para intentar descubrir qué falta.

En los comienzos de mi práctica psiquiátrica me enseñaron que lo que el paciente *no* dice es más importante que lo que dice. Esto constituye una guía excelente para llegar a la raíz de lo que falta. Por ejemplo, durante el curso de unas pocas sesiones psicoterapéuticas, pacientes saludables hablarán de su pasado, presente y futuro de una manera bien integrada. Si uno tiene pacientes que hablan sólo acerca del presente y el futuro sin mencionar el pasado es seguro que existe al menos un punto importante en la infancia, no integrado y sin resolver, que debe ser sacado a la luz para una curación completa. O si se limitan a hablar de la infancia y el futuro, el terapeuta sabrá que tienen una importante dificultad para manejar el aquí y ahora; por lo general se trata de una dificultad vinculada con la intimidad y el riesgo. O si no mencionan jamás el futuro, es factible suponer que tengan un problema con la fantasía y la esperanza.

Si uno desea pensar con integridad y está dispuesto a soportar el dolor que esto implica, se topará de modo inevitable con la paradoja. La palabra griega *para* significa "al lado de, junto a, a lo largo de, más allá de, allende". *Doxa* significa "opinión". Por lo tanto, una paradoja es una "aserción opuesta a la común opinión, o que se presenta contradictoria, inverosímil o absurda pero que de hecho puede ser cierta". Si un concepto es paradójico, eso debería sugerir de por sí que sabe a integridad y posee un timbre de verdad. A la inversa, si un concepto no es en absoluto paradójico, es dable sospechar que no ha logrado integrar algún aspecto del todo.

La ética del individualismo crudo es un ejemplo. Muchos caen presa de esta ilusión porque no piensan o se niegan a pensar con integridad. Puesto que la realidad es que no existimos por nosotros mismos ni para nosotros mismos. Si pienso en modo alguno con integridad, debo admitir de inmediato que mi vida se nutre no sólo de la tierra y la lluvia y el Sol sino también de granjeros, editores y libreros, además de mis hijos, mi esposa, amigos y maestros, de hecho, de todo el tejido familiar, social y de la creación. No soy solamente un individuo. Soy interdependiente y gran parte del tiempo ni siquiera tengo el derecho de actuar "con crudeza".

Si todas las piezas de la realidad están allí en la visión general, si todas las dimensiones se encuentran integradas, es muy probable que uno se enfrente a una paradoja. Cuando se llega a la raíz de las cosas, virtualmente toda verdad es paradójica. Por ejemplo, la verdad es que yo soy y no soy un individuo. Por esto, buscar la verdad entraña la integración de cosas al parecer separadas y opuestas pero en realidad entrelazadas y relacionadas en ciertas maneras. La realidad en sí misma es paradójica, en el sentido de que muchas cosas en la vida y acerca de la vida parecen simples en la superficie pero suelen ser complejas, aunque no siempre complicadas. Existe una diferencia, casi tan clara como la diferencia entre simplismo y simplicidad. Existe, de hecho, una gran simplicidad en la totalidad.

61

La nueva psicología del amor abunda en paradojas. Escribí que "La vida es dificultosa porque el proceso de afrontar y resolver problemas es penoso". Pero cuando afirmo que la vida es dificultosa, no estoy sugiriendo que nunca sea fácil o gratificante. Manifestar que la vida es difícil sin restringir la aserción significaría adherir a la idea de que "La vida es difícil y luego morimos". Es una noción simplista y nihilista. Descarta toda belleza, bondad, oportunidades de crecimiento espiritual, serenidad y otros aspectos maravillosos de la vida. En efecto, una de las realidades misteriosas y paradójicas es que además del dolor que acarrea la vida, vivir puede estar acompañado de una dicha insondable una vez que dejamos atrás el dolor.

En última instancia, entender la paradoja implica ser capaces de captar dos conceptos contradictorios en nuestra mente sin volvernos locos. Como psiquiatra, no utilizo la palabra "loco" con ligereza. Las personas se vuelven locas cuando algo que han dado por sentado como una verdad —y la única verdad— es puesto en tela de juicio. Es sin duda una habilidad de acrobacia mental el ser capaces de hacer malabares con ideas opuestas en nuestra mente sin negar o rechazar en forma automática la realidad de cada una de ellas. Pero incluso cuando experimentamos el más fuerte impulso de querer negar algo que nos cuesta digerir —como el hecho de que en nuestro mundo el mal coexiste con el bien— la capacidad de comprender la paradoja es necesaria en el proceso de distinguir ilusiones, verdades a medias y mentiras flagrantes.

Casi todos poseemos la facultad de pensar de manera paradójica. El grado en que descuidamos o utilizamos esta capacidad varía mucho. No está tan determinado por nuestro coeficiente intelectual como por la profundidad con que nos dedicamos a pensar. Para alcanzar un razonamiento paradójico perspicaz, debemos, como dice el refrán, tomarlo o dejarlo. Cuanto más empleamos nuestra capacidad de pensar de modo paradójico, más probabilidades tendremos de expandir esta capacidad.

No hay duda de que se necesitan ciertos cambios en la

sociedad para fomentar una mejor manera de pensar. Pero al mismo tiempo, cada individuo es responsable de su pensamiento y de cómo enfrentar este desafío. En definitiva, si pudiéramos enseñar a las personas a pensar bien, curaríamos la mayoría de los males individuales y sociales. Al final, no obstante, los beneficios de pensar bien valen el esfuerzo y resultan mucho mejores que la alternativa. Se trata, a largo plazo, de una tarea prometedora. Hace mucho tiempo, oí decir: "Cuando una mente se extiende de veras, nunca retorna a sus dimensiones anteriores".

CAPÍTULO II

La conciencia

El propósito de pensar bien es volverse más consciente, lo cual, a su vez, es un requisito previo para solucionar bien los problemas. ¿Pero qué es la conciencia? ¿Y por qué es el propósito?

La conciencia es una de esas tantas cosas —como el amor, la plegaria, la belleza y la comunidad— que son demasiado amplias, complejas y misteriosas para ser sometidas a una única definición adecuada. En *La nueva psicología del amor* concluí la sección acerca del amor con una subsección titulada "El misterio del amor". Allí, después de haber escrito cien páginas como si supiera de qué se trataba el amor, planteé muchas cuestiones del amor que ni siquiera podía empezar a explicar.

En *In Search of Stones* escribí que el arte también es difícil de definir. Una de las características del arte es su irracionalidad. Otras creaciones humanas poseen una razón obvia. Son necesarias, útiles y desempeñan una función evidente. Pocos reflexionarían sobre el propósito de un tenedor o una cuchara, un cuchillo o un hacha, una casa o un edificio de oficinas. Pero en cuanto uno talla algo en el mango de ese tenedor, en la hoja de ese cuchillo o en la moldura de ese edificio, está participando en la práctica de la ornamentación y ha entrado en el reino no del todo racional —ni fácilmente definible— del arte. Ya sea que maquillemos nuestro rostro, pintemos lienzos, tallemos piedras, escribamos poesía o compongamos música, estamos haciendo algo muy —y únicamente— humano. Por lo tanto, el arte implica conciencia: no sólo de uno mismo, como lo demuestra la práctica de adornarse a uno mismo, sino también conciencia de las cosas —y de la belleza— externas a nosotros.

No es sorprendente que no exista una única definición apropiada de la conciencia. En general, sólo podemos definir aquellas cosas que son más pequeñas que nosotros. Creo que en definitiva, todas las cosas demasiado amplias para una definición sencilla y simplista, incluyendo la conciencia, tienen algo que ver con Dios. Por eso es que, por ejemplo, a los musulmanes les está prohibida cualquier imagen de Dios: no podría captar ni definir a Dios, sino sólo representar un segmento diminuto del todo y, en consecuencia, sería una especie de profanación.

El misterio de la conciencia

Descartes es muy famoso por su afirmación "*Cogito, ergo sum*": "Pienso, luego existo". Yo agregaría la palabra "consciente" y diría, "Soy consciente de que pienso; luego existo". ¿Esto significa que las cosas inconscientes no existen? A duras penas. Aun cuando asumimos que los árboles más allá de mi ventana carecen de conciencia, yo disfruto mucho de su presencia y soy consciente de su existencia como entidades independientes de mí. Exhiben señales de vida definitivas, sin provocación de los humanos. Vigorizados sin cesar por la tierra, la lluvia y el Sol, sus hojas cambian de color en tanto se adaptan a las estaciones. En realidad, no sabemos si los árboles o el pasto o siquiera las piedras no son conscientes. La creencia en cuanto a que no poseen ningún tipo de conocimiento de sí mismos es simplemente una hipótesis. Quizá sean conscientes de una manera diferente de como lo somos nosotros. Ojalá pudiera leer la mente de un ciervo o de una flor o de un delfín y comprender su conciencia, pero no puedo.

De manera que esta noción de conciencia, o de autoconocimiento, no es sencilla. En general, tendemos a considerar la conciencia como aquello que distingue a los seres humanos de otras criaturas. Por un lado, el mundo en su totalidad está animado con conciencia: vivo, alerta, creciendo y cambiando. Al mismo tiempo, estamos todos atascados en el fango de la inconsciencia y esto es especialmente visible entre los humanos, ya que mientras que algunas personas piensan en profundidad, muchas piensan muy poco y algunas no piensan en absoluto.

En *La nueva psicología del amor* escribí que tenemos una mente consciente y una mente inconsciente. La mente consciente toma decisiones y las traduce en acciones. La mente inconsciente reside debajo de la superficie; es la poseedora de un conocimiento extraordinario del que no somos naturalmente conscientes. Sabe más que nosotros, definiendo el "nosotros" como nuestro ser consciente. Cómo llegamos a saber aquello que está oculto e inconsciente es... un misterio. Pero poseemos algunos indicios acerca de lo que está involucrado en el desarrollo de la conciencia.

Una nueva visita a nuestros lóbulos frontales

En el capítulo anterior escribí que una de las cosas que parece distinguirnos a los seres humanos del resto de las criaturas es nuestra relativa falta de instintos. Como tenemos pocos instintos, estamos obligados a aprender. Puesto que no sabemos instintivamente muchas cosas, se nos debe enseñar cómo comportarnos y cómo resolver problemas en la vida.

Nuestros instintos limitados más primitivos se denominan reflejos. Un ejemplo de un reflejo es nuestra reacción al dolor súbito. Apoye usted accidentalmente la mano en una hornalla caliente y la retirará de inmediato, incluso antes de haber sentido el dolor. Esto es porque hay "arcos reflejos" en nuestra médula espinal. Los mensajes de dolor entrantes se arquearán hacia fibras nerviosas que van en sentido opuesto y que controlan el movimiento sin que haya participación del cerebro. Pero si el dolor es intenso, el cerebro tendrá enseguida conciencia de él y experimentaremos la agonía tanto mental como físicamente.

La conciencia no posee un sitio específico en el cerebro. No obstante, en la medida en que puede ser circunscripta, está más localizada en nuestros lóbulos frontales que en ningún otro lado. Los tumores de nuestros lóbulos frontales se manifestarán primero en una disminución de la conciencia y la agudeza mental y, por lo tanto, en una disminución de la capacidad para resolver problemas complejos.

Durante muchos años, los neuropsiquiatras realizaron lobotomías prefrontales a algunos pacientes esquizofrénicos atormentados por delirios recurrentes. El procedimiento quirúrgico es simple: se seccionan las conexiones entre los lóbulos prefrontales (la parte más evolucionada de nuestro cerebro) y el resto del cerebro. En otras palabras, con esta operación, los cirujanos convertían en disfuncional la parte más desarrollada o humana del cerebro. No lo hacían por crueldad. De hecho, he conocido en mi carrera varios pacientes con lobotomías prefrontales que me manifestaron que la operación fue lo mejor que les había pasado en la vida porque los había aliviado de años de sufrimiento extremo. Pero el precio que pagaron fue la pérdida de parte de su humanidad; estos pacientes demostraron una pérdida de su capacidad para el juicio sutil. La operación había removido su padecimiento, pero los dejó con un limitado conocimiento de sí mismos y restringió su escala de respuestas emocionales.

Lecciones del Génesis 3

Las ciencias de la antropología y la neuroanatomía sugieren con énfasis que el rumbo de toda la evolución es hacia el desarrollo de los lóbulos frontales y por lo tanto del desarrollo de la conciencia. Pero la Biblia y la mitología también tienen mucho que enseñar acerca de la evolución de la conciencia humana. El gran mito del Génesis 3, uno de los mitos más complicados y multidimensionales sobre nuestra humanidad, nos proporciona otro indicio importante. En él, Dios prohíbe a Adán y Eva comer del fruto del árbol de la ciencia del bien y del mal. En cambio —instados por un ángel caído, se nos dice— ceden a la tentación. En su desobediencia, se ocultan de Dios. Cuando Dios les pregunta por qué se esconden, explican que porque están desnudos. "¿Quién os ha dicho que estáis desnudos?", pregunta Dios. Y el secreto queda develado. En otras palabras, el primer resultado de comer del árbol de la ciencia del bien y del mal es que Adán y Eva se tornan tímidos o recatados porque ahora son *conscientes de sí mismos*. Se dan cuenta de que están desnudos. De esto podemos extrapolar también que las emociones de culpa y vergüenza son manifestaciones de la conciencia, y aunque ambas emociones pueden ser exageradas al punto de la patología, dentro de ciertos límites constituyen una parte esencial de nuestra humanidad y son necesarias para nuestro desarrollo y funcionamiento psicológico. De modo que el Génesis 3 es un mito de la evolución y, específicamente, de la evolución humana hacia la conciencia. Como otros mitos, es un símbolo de la verdad. Y entre las tantas cosas veraces que nos revela el mito del Jardín del Edén es que es humano ser tímido.

He tenido oportunidad de conocer a muchos individuos maravillosos y analíticos y jamás he conocido a alguien así que no fuera básicamente tímido. Un par de ellos no se consideraban tímidos, pero a medida que hablábamos al respecto, acabaron por comprender que de hecho lo eran. Y las pocas personas que conocí que no eran tímidas eran personas que habían sido heridas en algún sentido, que habían perdido parte de su humanidad.

Cuando los humanos nos volvimos tímidos, adquirimos conciencia de nosotros mismos como entidades separadas. Perdimos esa sensación de unidad con la naturaleza y el resto de la creación. Esta pérdida está simbolizada en nuestra expulsión del Paraíso. E inevitablemente, en tanto Adán y Eva desarrollaron un nivel superior de autoconocimiento, llegaron a comprender que las consecuencias suceden a las acciones y que sus elecciones serían por siempre gravosas en virtud de la responsabilidad que acarrea una elección. La humanidad toda ha heredado esta situación difícil. Todos hemos sido arrojados al desierto de la madurez. Así, nuestra evolución hacia la conciencia posee una implicación mucho más profunda que la mera culpa y la vergüenza. Es cuando somos conscientes de que tenemos libre albedrío. Más que nada, creo que el hecho de que Dios nos haya creado a su imagen significa que a través del proceso evolutivo, nos concedió el libre albedrío. No hay libre albedrío cuando operamos a un nivel puramente reflejo o instintivo. Pero permítanme enfatizar la palabra "libre". Uno puede no ser libre también cuando alguien nos apunta con una pistola por detrás. Dios o la evolución nos dieron la libertad de escoger qué pensar o hacer.

El Génesis 3 dilucida nuestra necesidad de continuar evolucionando hacia una mayor conciencia. Puesto que la evolución humana es un fenómeno que progresa y dado que somos criaturas con conciencia, nunca podremos regresar a la inocencia de no saber, por más esfuerzos que hagamos. La puerta del Edén nos está vedada para siempre por querubines con una espada llameante. De manera que en muchos sentidos, poseemos la bendición y la maldición de la conciencia. Ella conlleva un conocimiento de la realidad del bien y del mal.

El bien y el mal

Los tres primeros capítulos del Génesis nos dicen mucho acerca del génesis del bien y del mal. Muy al principio sugieren que el impulso de hacer el bien está relacionado con la creatividad. Dios creó primero el firmamento y vio que era bueno; luego creó la tierra y las aguas, las plantas, los animales y a los humanos, y vio que ellos también eran buenas creaciones. En contraste, el impulso de hacer el mal es destructivo antes que creativo. La elección entre el bien y el mal, la creatividad y la destrucción, es nuestra. Y en última instancia, debemos asumir esa responsabilidad y aceptar sus consecuencias.

No bien Dios (o la evolución) nos concedió el libre albedrío, liberó de inmediato el potencial para la maldad humana

69

en el mundo. No puede haber mal a menos que haya elección. Si uno ha de tener libre albedrío, entonces ha de tener el poder para escoger entre el bien y el mal. Y uno es tan libre para elegir el mal como el bien.

De modo que no resulta casual que lo siguiente que acontece en la historia sea un ejemplo del mal: en el Génesis 4, Caín asesina a Abel. ¿Es nada más que una cuestión de libre albedrío el que escoja hacerlo? Cuando Dios pregunta a Caín dónde está Abel, éste responde con una pregunta: "¿Acaso soy el guardián de mi hermano?". Podemos reconocer esto como una racionalización burda; y, como racionalización, representa una clase de pensamiento: un pensamiento defensivo. Es un pensamiento en extremo superficial, casi reflejo. Esto nos proporciona un indicio de que Caín asesinó a Abel porque eligió no pensar más profundamente. Con el libre albedrío tenemos la alternativa de pensar o no pensar, o de pensar profunda o superficialmente.

¿Pero por qué escogería alguien no pensar profundamente? ¿Por qué elegiría alguien pensar sólo de un modo simplista, superficial y reflejo? La respuesta, de nuevo, es que a pesar de nuestra conciencia, lo que tenemos en común con otras criaturas es la preferencia por evitar el dolor. Pensar con profundidad suele ser más doloroso que pensar superficialmente. Cuando pensamos con integridad debemos soportar la tensión de todo tipo de causas y factores debatiéndose en nuestra mente. Así como la integridad jamás es indolora, la conciencia se asocia de manera inevitable con el dolor.

Antes de ahondar en el tema del mal, permítanme reiterar que no estamos aquí simplemente para experimentar una vida exenta de dolor, para sentirnos tranquilos, felices o plenos todo el tiempo. La realidad es que la resolución de problemas suele estar acompañada de sentimientos penosos y que el proceso de tornarnos cada vez más conscientes es, como la vida en general, dificultoso. Pero posee muchos beneficios, el mayor de los cuales es que nos volveremos más efectivos en la vida. Seremos conscientes de una variedad más amplia de alternativas al reaccionar a diferentes situaciones y a los dilemas cotidianos de la vida. Percibiremos mejor los juegos a los que juega la gente y, por ende, estaremos menos dispuestos a ser manipulados por otros para hacer cosas que consideramos contrarias a nuestros intereses. Estaremos en condiciones de determinar por nosotros mismos qué pensar y creer antes que caer presa de los dictados de los medios de comunicación, las influencias familiares o de nuestros pares. Por desgracia, el dolor es un efecto secundario inevitable de la conciencia. También seremos más conscientes de las necesidades, cargas y penas de nosotros mismos y de los demás. Percibiremos mejor las realidades de nuestra mortalidad y del proceso de envejecimiento operantes en cada célula de nuestro cuerpo. Seremos conscientes de nuestros propios pecados e imperfecciones, e inevitablemente más conscientes de los pecados y los males de la sociedad.

La elección de pensar o no pensar profundamente entraña, por consiguiente, la elección de aceptar o no aceptar que el dolor está asociado a la conciencia. Esta elección es tan crucial que el primer capítulo de *La nueva psicología del amor* se centra en cómo los problemas nos ocasionan dolor y cómo, dado que somos criaturas que eludimos el dolor, intentamos huir de nuestros problemas en vez de enfrentarlos y habérnoslas con el dolor. En forma similar, el primer capítulo de *El crecimiento espiritual* se titula "La conciencia y el problema del dolor".

El dolor involucrado puede hacer parecer que la conciencia no es buena o no vale la pena, hasta que uno considera algunos de los precios que pagamos por nuestra incapacidad de desarrollar la conciencia o de pensar con integridad. Hay mucho mal en el mundo —sufrimiento individual innecesario, un daño tremendo a las relaciones humanas y caos social— debido a nuestra incapacidad para pensar y acrecentar nuestra conciencia.

El mal, el pecado y otras distinciones

Mientras que es necesario establecer distinciones importantes entre el mal y la demencia, la enfermedad y el pecado, escribí en *El mal y la mentira* que dar a las cosas el nombre que corresponde nos otorga un cierto poder sobre ellas. Creo que el mal puede definirse como una forma específica de enfermedad mental y que debería estar sujeto a por lo menos la misma intensidad de investigación científica que dedicaríamos a cualquier otra enfermedad psiquiátrica importante. Sin embargo, el mal sigue siendo el mal. Auschwitz y My Lai y Jonestown y la bomba de Oklahoma son hechos. El mal no es producto de la imaginación de alguna mente religiosa primitiva que intenta explicar lo desconocido. Y es más que una mera "enfermedad".

Teniendo en cuenta los problemas mundiales, es imposible pasar por alto la realidad del mal si uno piensa con integridad. Pero en nuestro país, existe una negativa generalizada. Muchos minimizan el mal o vacilan en verlo tal cual es, en parte porque no quieren parecer arrogantes o más papistas que el papa. De hecho, es bastante común leer artículos periodísticos que describen a individuos que cometen una serie de atrocidades humanas como simples "enfermos". Como psiquiatra, creo que la palabra "enfermo" se aplica con más propiedad a aquellas personas afligidas por algo para lo cual un tratamiento o una cura es posible, y también *deseada*. Aunque los malos operan desde una perspectiva "enferma", la diferencia es que muchos de los individuos "enfermos" que escogen no buscar ayuda manejan su veneno internamente y lo vuelven dolorosamente sobre sí mismos. Las personas malas eligen otro camino. No sufren. Como atacan ferozmente a los demás y los utilizan como chivos expiatorios, la gente en torno de ellos es la que tiene que sufrir. Piense usted en los efectos malsanos ocasionados por aquellos individuos adictos a una elevada opinión de sí mismos, a la complacencia y el fariseísmo o algo mucho peor.

Como es tan destructivo, el mal es la enfermedad suprema. Pero un trastorno mental no absuelve a alguien de la responsabilidad de sus acciones. Tenemos la opción de pensar o no pensar, y aunque el mal tendría que ser considerado un diagnóstico psiquiátrico, eso no significa que las personas no deberían ir a la cárcel cuando han cometido un crimen. Estoy de total acuerdo con la ley, la cual muy rara vez absuelve a individuos de un crimen por razones de demencia. La realidad es que siempre que tenemos una alternativa, deberíamos responder por ella. En *El mal y la mentira* aseveré con audacia que ciertas personas son malas. ¿Quiénes son? Es importante establecer distinciones entre las personas malas y los delincuentes comunes y entre las personas malas y los pecadores comunes. Durante mi carrera como psiquiatra, trabajé algún tiempo en cárceles con delincuentes condenados. Aunque muchos creen que el problema del mal se limita a los individuos encarcelados, rara vez he experimentado a los reclusos como personas en verdad malas. Obviamente son destructivas, y por lo general en forma reiterada. Pero hay algo azaroso en su capacidad de destrucción. Es más, aunque suelen negar toda responsabilidad por sus actos malvados, todavía hay una cierta franqueza en su maldad. Ellos mismos se apresuran a señalarlo, alegando que los han atrapado porque son "criminales honestos". Los malos de verdad, nos dirán, están fuera de las cárceles. Por supuesto, estas proclamas son para autojustificarse. Y a mi entender, también son bastante correctas.

En efecto, gran parte de las personas que hacen el mal suelen ser consideradas ciudadanos comunes. Viven en nuestra misma calle o en cualquier otra. Pueden ser ricos o pobres, instruidos o ignorantes. No tienen título de "criminales". Muy a menudo son "ciudadanos sólidos", bien adaptados a la sociedad, que dicen y hacen casi todas las cosas correctas en la superficie. Tal vez sean líderes activos en la comunidad, maestros de escuelas dominicales, policías o banqueros, estudiantes o padres.

El caso de Bobby y sus padres, descripto en *El mal y la mentira*, constituye un ejemplo apremiante del tipo de mal supremo que puede ser cometido por las llamadas personas normales en la vida cotidiana. Después de que su hermano mayor, Stuart, se suicidó pegándose un tiro en la cabeza con un rifle calibre 22, Bobby, de quince años, recordó toda clase de pequeños incidentes y empezó a sentirse culpable por ha-

73

ber insultado a su hermano o por haberlo golpeado o pateado durante una pelea. En cierta medida, se sentía responsable de la muerte de Stuart. En consecuencia, empezó a juzgarse *a sí mismo* como malo. Esto no resulta sorprendente. Si alguien cercano a nosotros se suicida, nuestra primera reacción después del shock inicial será —si somos seres humanos normales, con una conciencia humana normal— preguntarnos en qué nos equivocamos.

Si Bobby hubiera vivido en un entorno familiar sano, sus padres, una pareja estable perteneciente a la clase obrera, le habrían hablado acerca de la muerte de su hermano y habrían tratado de tranquilizarlo explicándole que Stuart debía de haber estado mentalmente enfermo y que no era culpa de Bobby. Pero no lo hicieron. Y sin este reaseguro, Bobby se deprimió. Sus calificaciones se fueron a pique y la escuela aconsejó a los padres que lo hicieran ver por un terapeuta. Tampoco hicieron esto.

Lo que sí hicieron para Navidad, aunque Bobby no lo había pedido, fue regalarle un rifle calibre 22 —*el* rifle— como "el gran regalo". El mensaje era escalofriante. Dadas la evidente depresión de Bobby y su falta de madurez suficiente para comprender los motivos de los padres para hacerle este "regalo", el mensaje que recibió fue, en esencia: "Toma el arma que tu hermano utilizó para matarse y haz lo mismo que él. Mereces morir". Cuando se los confrontó con la tremebunda naturaleza de este gesto, los padres reaccionaron con la típica modalidad negadora y autoengañosa inherente al mal. "Era el mejor regalo que le podíamos hacer", me explicaron. "Somos *trabajadores*, no personas sofisticadas, inteligentes e instruidas como usted. No puede esperarse que pensemos en ese tipo de cosas."

Por supuesto, las malas acciones no producen malas personas. De lo contrario, todos seríamos malos, porque todos hacemos cosas malas. Pero creo que sería un error considerar el pecado o el mal como una mera cuestión de graduación. Pecar es definido de una manera general como "errar el tiro", lo cual significa que pecamos cada vez que no damos en el centro del blanco. El pecado es nada más y nada menos que la imposibilidad de ser siempre perfectos. Y como es imposible que seamos todo el tiempo perfectos, somos todos pecadores. Habitualmente no hacemos lo mejor que podemos, y con cada fracaso cometemos una especie de delito, contra nosotros mismos o contra los demás.

Desde luego, hay delitos de mayor y menor magnitud. Tal vez parezca menos odioso estafar al rico que al pobre, pero sigue siendo una estafa. La ley establece diferencias entre una defraudación comercial, la evasión de impuestos, decirle a la esposa que uno debe trabajar hasta tarde cuando le está siendo infiel o decirle al esposo que una no tuvo tiempo de ir a buscar su ropa al lavadero cuando se pasó una hora hablando por teléfono con una amiga. Por supuesto, algunos de estos actos son más excusables que otros —y tal vez mucho más según las circunstancias—, pero eso no quita que todas sean mentiras y engaños.

La realidad es que nos traicionamos a nosotros mismos y a los demás todos los días. Los peores lo hacemos de manera flagrante, incluso compulsiva. Los más nobles lo hacemos con sutileza y egoísmo, aun cuando creamos que estamos intentando no hacerlo. Que sea consciente o inconsciente no importa: la traición ocurre. Si usted supone que es lo bastante escrupuloso para no haber hecho nunca nada semejante, entonces pregúntese si no se ha mentido a sí mismo de alguna manera. O engañado a sí mismo. Sea honesto con usted mismo y se dará cuenta de su pecado. Si no se da cuenta, entonces no está siendo del todo honesto consigo mismo, lo cual, de por sí, es un pecado.

Así, en un grado u otro, todos somos pecadores. Pero las personas malas no pueden ser definidas estrictamente por la magnitud de sus pecados o la ilegalidad de sus actos. No son sus pecados per se lo que los caracteriza sino la sutileza, persistencia y consistencia de éstos. E implícita en esta consistencia, lo que distingue a los individuos malos, como los padres de Bobby, son los extremos a los que llegarán para eludir la conciencia de su propia maldad.

La Sombra

Carl Jung atribuyó la raíz de la maldad humana a "la negación a conocer la Sombra". Por "la Sombra", Jung se refería a la parte de nuestra mente que contiene esas cosas que preferiríamos no confesar de plano, que tratamos continuamente de ocultar de nosotros mismos y los demás y barrer bajo la alfombra de nuestra conciencia.

La mayoría de nosotros, cuando la evidencia de nuestros propios pecados, faltas o defectos nos pone contra la pared, reconocemos nuestras Sombras. Pero al utilizar la palabra "negación", Jung implicaba algo mucho más activo. Las personas que han cruzado la línea que separa el pecado del mal se caracterizan sobre todo por su total negativa a tolerar un sentido de su propio carácter pecaminoso. Esto sucede porque su defecto central no es que no tengan conciencia sino que se niegan a soportar su dolor. En otras palabras, no es tanto el pecado en sí mismo sino la negativa a admitirlo lo que lo convierte en malo.

De hecho, los individuos malos suelen ser personas muy inteligentes, con bastante conciencia en muchos respectos pero con una renuencia muy precisa a reconocer su Sombra. La definición más breve del mal que conozco es que es una "ignorancia combativa". Pero el mal no es una ignorancia general; más específicamente, es una ignorancia combativa de la Sombra. Las personas malas se niegan a tolerar el dolor de la culpa o a permitir que la Sombra entre en la conciencia y "conocerla". En cambio, se abocarán combativamente —a menudo a costo de un gran esfuerzo— a tratar de destruir la evidencia de su pecado o a cualquiera que hable de él o lo represente. Y en este acto de destrucción, cometen el mal.

He escrito que la culpa —si bien se la suele considerar un "depresor"— es en muchos sentidos una bendición. Poseer una conciencia genuina de nuestras deficiencias es lo que denomino un sentido de pecado personal. No es agradable ser consciente de que uno es un ser por naturaleza perezoso y egoísta que traiciona de manera constante a su Creador, sus semejantes, e incluso a sus propios intereses. No obstante, esta ingrata sensación de fracaso e insuficiencia personal constituye, paradójicamente, la mayor bendición que un ser humano puede poseer. Por más desagradable que parezca, el don de la culpa apropiada es precisamente lo que evita que nuestros pecados se nos escapen de las manos. Constituye nuestro salvaguardia más efectivo contra nuestra propia inclinación al mal. Uno de los motivos para adquirir más conciencia es evitar convertirnos en malos. Por suerte, los verdaderamente malos representan apenas una minoría de la población humana. Sin embargo, abundan formas menores de enfermedad psicológica. Y si bien no son malas, también pueden reflejar una renuencia a conocer nuestra Sombra. Sigmund Freud y su hija Anna demostraron de manera imperiosa que suele haber algo "siniestro" acechando en las honduras de la mente inconsciente. La psicología freudiana tradicional nos ha enseñado que las causas de casi todos los trastornos psicológicos derivan de sentimientos ocultos: enojo, deseo sexual reprimido, etcétera. Por esto, la mayoría de los pensadores ha localizado la enfermedad psicológica en el reino inconsciente, como si el inconsciente fuera el asiento de la psicopatología y los síntomas fueran demonios subterráneos que emergen a la superficie para atormentar al individuo. Yo opino lo contrario.

Como escribí en *La nueva psicología del amor*, creo que todos los trastornos psicológicos son básicamente desórdenes de la conciencia. No están arraigados en el inconsciente sino en una mente consciente que se niega a pensar y es renuente a enfrentarse a ciertos problemas, a soportar determinados sentimientos o tolerar el dolor. Estos problemas, sentimientos o deseos están en el inconsciente sólo porque una mente consciente que evita el dolor los ha arrojado allí.

Desde luego, nadie es tan enfermo para no tener un mínimo de conciencia. Y nadie es tan saludable para ser *totalmente* consciente. Existen innumerables grados de conciencia, considerando que algunas personas se esfuerzan más o menos que otras. Pero el grado de conciencia es inherentemente difícil de medir. Aun con las herramientas para evaluar la salud mental a través de pruebas psicológicas estándar, resulta difícil determinar el verdadero nivel de conciencia de una persona. Podemos especular a partir de su comportamiento. Pero quizá la mejor medida del nivel de conciencia de alguien pueda encontrarse en la consistencia de su modo general de pensar. Por ejemplo, una persona con tendencia a pensar de una manera simplista posee un nivel menor de conciencia que una persona que piensa con integridad. De esta forma, el pensar y la conciencia están enlazados de modo inextricable en una relación paralela. La conciencia es el fundamento de todo pensamiento y el pensamiento es el fundamento de toda conciencia. Cada vez que se produce una falla en el pensar, hay un déficit correspondiente en el nivel de conciencia de una persona. Así, todo comportamiento humano —el bueno, el malo y el indiferente— está determinado por el grado, o la falta, de la calidad de pensamiento y conciencia involucrados.

Las personas me han preguntado con asiduidad: "Doctor Peck, si todos padecemos algún tipo de neurosis, ya que nadie puede ser por completo consciente, ¿cómo sabemos cuándo comenzar una terapia?".

Mi respuesta es: "Cuando están *estancados*. No hay necesidad de terapia cuando uno está creciendo bien sin ella. Pero cuando no crecemos, cuando estamos atascados y girando en falso, es obvio que nos encontramos en una condición de ineficiencia. Y siempre que hay falta de eficiencia hay una falta de competencia potencialmente innecesaria". Así que existe otro motivo para desarrollar más la conciencia. Es el fundamento del crecimiento mental y espiritual. Y es a través de este crecimiento que nos volvemos más competentes.

La conciencia y la competencia

Aunque podemos precisar varias aptitudes y talentos que nos permiten responder a las demandas de la vida o adquirir destreza en la solución de los problemas, la competencia general es una capacidad mucho más compleja. En relación con el desarrollo de la conciencia, va más allá del mero hecho de alcanzar suficiencia en capacidades básicas de supervivencia, aprender a organizar o tener una excelente memoria. La verdadera competencia está más relacionada con ser más sabios que con acumular conocimientos. Entraña una lucha por lograr una madurez psicológica y espiritual que resulta en un poder personal real. Muchas personas pueden cocinar sin recetas, arreglar motores de autos sin un manual o tener una memoria brillante que les permite recordar maneras rápidas y formularias de reaccionar a situaciones. Pero debido a una incapacidad para pensar o a una renuencia a hacerlo con más amplitud o a manejar diferentes relaciones con creatividad, tal vez fallen al afrontar situaciones que no encajan dentro de las pautas esperadas. El hombre que arregla con facilidad un evacuador de basura sin la ayuda de un manual puede sentirse por completo incompetente al enfrentar situaciones más complejas o detalladas vinculadas con la disciplina de sus hijos o la comunicación con su esposa.

La realidad es que aun cuando las personas son competentes en algunos aspectos de su vida, su competencia en otras áreas varía. Heather, uno de los protagonistas de *Una cama junto a la ventana*, es muy hábil y concienzuda en su trabajo como enfermera, tan competente y equilibrada en su tarea que es uno de los miembros más apreciados del personal del geriátrico. Su vida personal es una historia completamente distinta. Es menos competente a la hora de tomar decisiones sobre sus parejas y suele encontrarse en situaciones comprometidas —hasta ofensivas— como consecuencia de su deficiente apreciación de los hombres. Heather, una enfermera excelente por un lado pero una novia desastrosa por el otro, constituye un ejemplo notorio de lo que los psicólogos denominan una persona con una combinación tanto de "áreas del yo libres de conflicto" como de otras en extremo conflictivas, alguien que es completamente consciente en ciertas áreas pero que, debido a un conflicto neurótico, es absolutamente inconsciente en otras.

Muchas personas se sienten confundidas por la naturaleza cambiante de su conciencia. Como Heather, quizá comiencen una terapia para poner fin a su tormento. Si bien logran un alivio bastante inmediato al comprender que no están locas, y un crecimiento de mayor importancia tarda un poco más en sucederse, descubrirán que ni siquiera la terapia ofrece una panacea para el dolor de desarrollar la conciencia. En mi práctica como psicoterapeuta, siempre decía a mis pacientes: "La psicoterapia no tiene que ver con la felicidad; tiene que ver con el poder. Si usted recorre todo el camino aquí, no puedo garantizarle que se irá siendo una pizca más feliz. Lo que sí puedo garantizarle es que se irá siendo más competente". Luego añadía: "Pero existe un vacío de competencia en el mundo, de manera que no bien las personas se tornan más competentes, Dios o la vida les dará cosas más importantes que hacer. Por ende, es posible que usted salga de aquí preocupado por problemas mucho más importantes que cuando llegó por primera vez. Sin embargo, saber que uno está preocupado por cosas importantes y ya no doblegado por las pequeñas produce una cierta clase de dicha y paz mental".

En una ocasión, cuando le preguntaron cuál era el propósito de la psicoterapia, Freud comentó: "Volver consciente lo inconsciente". Esto, por supuesto, es lo que se ha dicho desde un principio. El objetivo de la terapia es ayudar a la gente a ser más consciente para que pueda pensar con más claridad y vivir su vida con más eficacia y eficiencia.

Otra manera de hablar acerca de esta progresión de la conciencia es en términos de lo que se conoce como desarrollo del yo, lo cual tiene mucho que ver con el desarrollo de la conciencia. En *Un mundo por nacer*, escribí que el yo es la parte gobernante de nuestra personalidad y que su desarrollo —la maduración de este gobernador— puede delinearse en tres etapas generales. La primera etapa, la de la infancia temprana, es una etapa de absoluta o casi absoluta falta de conciencia de uno mismo. Aquí, el yo se encuentra al nivel de las emociones y completamente entrelazado con ellas. Esta falta de conciencia de uno mismo hace que los niños sean con tanta frecuencia encantadores y al parecer inofensivos. Cuando están contentos, están ciento por ciento contentos. Son increíblemente espontáneos e inocentes. Pero esta misma falta de conciencia de uno mismo los torna tan a menudo difíciles. Puesto que cuando los niños están tristes, también están ciento por ciento tristes, a veces al punto de ser inconsolables. Y cuando se enojan, su enojo se manifestará en rabietas y en ocasiones en comportamiento violento y malvado. A los nueve meses de edad, hay vislumbres de conciencia de uno mismo, y la capacidad de ser consciente se incrementa de modo muy gradual durante la infancia. En la adolescencia, sin embargo, experimenta un crecimiento importante. Por primera vez, las personas jóvenes poseen un "yo observador" bastante obvio. Ahora se pueden observar a sí mismas cuando se sienten contentas o tristes o enojadas. Esto significa que el yo ya no se encuentra del todo confinado al nivel de las emociones. Ahora, una parte de él —el yo observador— está separado de las emociones, observando por encima de ellas. Se produce una cierta pérdida resultante de espontaneidad.

En la adolescencia, el yo observador todavía no está desarrollado del todo. Por esto, los adolescentes suelen ser espontáneos, a veces peligrosamente. En otras ocasiones, sin embargo, no parecen más que una masa de afectación en tanto prueban una identidad nueva tras otra usando peinados y ropa excéntricos y comportándose de modo escandaloso. En constante comparación con sus semejantes y sus padres, estas criaturas al parecer extravagantes suelen ser dolorosamente tímidas y sufren innumerables ataques de vergüenza y autodesaprobación extremas.

Puesto que en esta etapa de desarrollo psicosocial y espiritual la conciencia se torna a menudo dolorosa, muchas personas pasan a la adultez abandonando antes que continuando su desarrollo. Como no siguen desarrollando sus yoes observadores una vez que ingresan en la edad adulta, su capacidad de autoobservación se vuelve más moderada (y menos dolorosa), pero esto suele ocurrir sólo como consecuencia de una reducción real de la conciencia. Cuando, sin darse cuenta, la mayoría se contenta con una conciencia limitada —incluso disminuida— de sus propios sentimientos y defectos, se han detenido con brusquedad en el viaje de crecimiento personal, sin realizar así su potencial humano ni adquirir un verdadero poder psicoespiritual.

Pero una minoría afortunada, por razones misteriosas y benditas, prosigue el viaje, fortaleciendo sus yoes observadores antes que permitiendo que se atrofien. Uno de los motivos por los que la psicoterapia de orientación psicoanalítica puede resultar muy efectiva es que constituye un vehículo para el ejercicio del yo observador. Lo que el paciente está haciendo cuando yace en el diván del analista no es simplemente hablar de sí mismo sino observarse a sí mismo hablando de sí mismo y observando sus sentimientos en el proceso.

El ejercicio del yo observador es crucial porque si se vuelve lo bastante fuerte, el individuo estará en condiciones de proceder a la próxima etapa y desarrollar lo que denomino un yo trascendente. Con un yo trascendente, tomamos mayor conciencia de nuestras dimensiones más amplias y estamos mejor preparados para decidir de una manera realista cuándo, dónde y por qué expresar la esencia de lo que somos. Al adquirir más conciencia del alcance total de nuestros pensamientos y sentimientos, nos sentimos inevitablemente menos amenazados por el conocimiento de nuestros defectos y podemos integrar y apreciar con más presteza la totalidad de lo que somos: lo bueno y lo malo. Podemos desarrollar la capacidad de convivir con nuestras limitaciones e incluso hasta reírnos de ellas. Cuando somos capaces de reconocer nuestras imperfecciones, estamos en condiciones de trabajar en esas áreas que está en nuestro poder cambiar y de aceptar aquellas cosas que no podemos modificar.

Se toma como un hecho que la misma existencia de un yo observador significativo implica una cierta pérdida de espontaneidad. Como el desarrollo de un yo trascendente se basa en la consolidación previa de un yo observador, una persona totalmente consciente sabe que no siempre es libre de hacer lo que tenga ganas. Por otro lado, posee la flexibilidad psicológica para decidir conscientemente cuándo ser espontáneo y para saber cuándo las circunstancias requieren precaución.

Una tarde, intentaba explicar a un paciente el concepto del yo trascendente. Este paciente en particular venía a verme por una dificultad para expresar su enojo. Unos años antes, había ocupado un alto cargo directivo en una universidad durante una época de disturbios estudiantiles. "¡Ah!", exclamó de pronto. "Ahora entiendo de qué está hablando." Y pasó a narrar cómo en plenos disturbios, el presidente de la universidad renunció y fue reemplazado de inmediato.

Íbamos de reunión en reunión. Con frecuencia, las discusiones eran muy acaloradas. El presidente nuevo se limitaba a escuchar. A veces comentaba con gran calma que la política universitaria era probablemente tal y tal, pero que no estaba seguro porque todavía estaba aprendiendo las reglas. Yo admiraba su serenidad. Pero también empecé a preguntarme si no estaría siendo demasiado pasivo, hasta ineficiente. Por fin, nos encontramos en una reunión multitudinaria en el anfiteatro, abierta a toda la facultad. El tema era en particular crítico. Un joven miembro de la facultad se embarcó en una larga diatriba acerca de cómo la totalidad del cuerpo directivo no era más que una colección de cerdos fascistas insensibles e indiferentes. Cuando hubo terminado, el presidente nuevo se puso de pie y se acercó al estrado. "He estado con ustedes tres semanas", afirmó con su habitual voz tranquila e inalterable, "y hasta el momento no han tenido oportunidad de ver enojarse a su nuevo presidente. Hoy tendrán esa oportunidad." Luego procedió a denostar al joven arrogante. Fue muy impresionante. Tal vez eso sea un ejemplo de lo que usted llama un yo trascendente en acción.

Si bien hay una pequeña pérdida de libertad asociada con la conciencia y la autoexaminación constante, las personas que se han acostumbrado a ello han descubierto que, en última instancia, contribuye a una forma de vida que puede ser muy liberadora. Esto sucede porque implícito en un alto grado de conciencia hay un grado de autocontrol, en otras palabras, de competencia psicológica.

Poseer un yo trascendente es como ser un director de orquesta. Al igual que el presidente de la universidad, un individuo con un yo trascendente ha tomado tanta conciencia de sus emociones que de hecho puede orquestarlas. Tal vez sienta cierta tristeza, pero tiene control de sí mismo, de manera que puede decir en esencia: "Éste no es momento de tristeza ni violines; es tiempo de dicha. De modo que chito, violines. Y adelante trompetas, suenen fuerte". Lo que define su competencia —su poder personal— es que no reprime ni niega su tristeza de la misma forma en que un director de orquesta no destrozaría los violines. Simplemente hace a un lado su tristeza, la pone entre paréntesis. Asimismo, con la competencia emocional e intelectual de un yo trascendente, será capaz de dirigirse a la parte dichosa de sí mismo: "Las amo, trompetas, pero éste no es momento de expresión dichosa. Es un momento que requiere enojo. Así que hagan sonar los tambores".

Sin embargo, nuevamente, en beneficio del realismo, debemos recordar que todas las bendiciones constituyen maldiciones potenciales y que tanto la conciencia como la competencia se encuentran enlazadas de modo inextricable con el dolor. Como escribí en *La nueva psicología del amor*: "Quizá la mejor medida de la grandeza de una persona es su capacidad de sufrimiento". Este punto está recalcado en el apropiadamente titulado libro *The Price of Greatness* (El precio de la grandeza) de Arnold Ludwig, un profesor de psiquiatría de la facultad de medicina de la Universidad de Kentucky. El libro de Ludwig se basa en diez años de investigación en los que examinó las vidas de 1.004 figuras eminentes del siglo xx, quienes representaban varias disciplinas, incluyendo artistas, escritores, inventores y otros individuos creativos. Al explorar la relación entre genio y salud mental, Ludwig escribió que entre los grandes genios de nuestro tiempo, todos demostraron una disposición a descartar las opiniones generalizadas, una irreverencia hacia la autoridad establecida, una fuerte capacidad para la soledad y un "desasosiego psicológico", capaces de ocasionar problemas mentales tales como la depresión, la ansiedad o el alcoholismo. Pero si estas cualidades no eran demasiado discapacitantes, contribuían de hecho a la capacidad del individuo para alcanzar una creatividad significativa, abrir nuevos caminos, proponer soluciones radicales y promover nuevas escuelas de pensamiento.

Otro aspecto del dolor de ser dotados y altamente conscientes tiene que ver con la lucha por reconciliarnos con nuestra superioridad. Como escribí en *Un mundo por nacer*, muchos que son de veras superiores lucharán contra su vocación genuina de poder personal y civil porque temen ejercitar la autoridad. Por lo general, son renuentes a considerarse "mejores que" o "por encima de" los demás, en gran medida debido a un sentimiento de humildad que acompaña a su poder personal y espiritual.

Una mujer llamada Jane era un ejemplo de esto. Una estudiante joven, brillante y hermosa, que cursaba segundo año de administración de empresas, había venido a verme a causa de su irritabilidad. Sus citas eran aburridas. Sus profesores le parecían pomposos. Sus compañeros de estudio, incluso las mujeres, le resultaban increíblemente limitados y poco imaginativos. No tenía idea de cuál era el problema, pero era lo bastante inteligente para saber que vivir en un estado de irritación constante no era bueno.

Al cabo de varias sesiones de examinar el mismo tema, exclamó con exasperación:

—Siento que lo único que hago aquí es gimotear. No quiero ser una quejosa.

—Entonces tendrá que aprender a aceptar su superioridad —repliqué.

—¿Mi qué? ¿A qué se refiere? —Jane estaba estupefacta. —Yo no soy superior.

—Todas sus quejas, su gimoteo, si lo prefiere, se centran en torno de su evaluación probablemente acertada de que los hombres con los que sale no son tan inteligentes como usted, sus profesores no son tan humildes como usted y sus compañeros de estudio no son tan interesantes como usted —señalé—. En otras palabras, su desdicha está relacionada con el hecho de que usted se siente, y probablemente sea, superior a la mayoría de las personas.

—Pero no me siento superior —exclamó con un dejo de desesperación—. Ése es el problema. No debería sentirme superior. Todos somos iguales.

85

—¿Lo somos? —Enarqué las cejas. —Si cree que todos son tan inteligentes como usted, entonces está destinada a experimentar un fastidio crónico cuando las personas demuestren no ser tan inteligentes. Se desilusionará de ellas con frecuencia cuando no cumplan sus expectativas.

Las semanas siguientes fueron un tiempo de trabajo duro y penoso para Jane, aunque teñido de la excitación de percibir de mala gana que estaba en el camino correcto. Era tanto más fácil ser una persona común. Era tan seguro. ¿Cómo podía aceptar su superioridad sin sucumbir a la arrogancia? ¿Sin caer en el fariseísmo? Si de verdad era superior, ¿estaba condenada a una vida de soledad? Y si no era común —si era, de hecho, extraordinaria—, ¿por qué? ¿Por qué ella? ¿Por qué había sido seleccionada, escogida o maldecida? Desde luego, nunca pude contestarle estas preguntas. Pero el hecho de que yo reconociera que eran preguntas muy reales y muy importantes la tranquilizaba. Poco a poco, acabó por aceptar que no era una persona ordinaria, que había sido elegida y maldecida, bendecida y agobiada con esa carga.

Sin embargo, un peso más doloroso que conllevan la conciencia y la competencia crecientes es la soledad de trascender la cultura tradicional. A través de los siglos, sólo unos pocos entre millones —un Sócrates, un Jesús— se han obviamente elevado por sobre la cultura rígida y el pensamiento simplista de su tiempo. Hoy en día, como consecuencia de los medios de comunicación, la psicoterapia y la gracia, estimaría que existen cientos de miles de adultos en nuestro país que están en esa vanguardia. Estos individuos piensan lo bastante bien para desafiar el pensamiento convencional e irracional. Cuestionan las lealtades ciegas nacionales y tribales —y las limitaciones impuestas por su cultura— con el propósito de crecer. Ya no creen todo lo que leen en los periódicos. Buscan la verdad y ponen en tela de juicio las ilusiones de "normalidad" promovidas por la sociedad y los medios de comunicación. Demuestran el coraje de no dejarse absorber más por el pensamiento simplista en torno de ellos. Han redefinido "la familia" para incluir no sólo a los parientes consanguíneos sino a las relaciones significativas que establecen con otras personas que comparten intereses comunes y un enfoque de la vida común y orientado hacia el crecimiento.

En el proceso de tornarse cada vez más conscientes, muchos experimentan un sentimiento de libertad y liberación en el esfuerzo por ser fieles y leales a sí mismos. El conocimiento de sí mismos se va arraigando en lo eterno y la evolución de la conciencia es la esencia de su crecimiento espiritual. Pero también pagan un precio, porque el de ellos puede ser un viaje solitario. Los pensadores profundos suelen ser interpretados erróneamente por las masas que continúan considerando la vida y el mundo de un modo simplista. Puesto que muchos que son conscientes no están dispuestos a aceptar la mentalidad de "estar de acuerdo para llevarse bien" que predomina en la sociedad, les cuesta amoldarse a la corriente general. Descubren que otros tienen dificultad para comprenderlos y comunicarse con ellos. Pagan el precio de sentirse al menos en parte alienados de las familias y aislados de las viejas amistades y los rituales culturales.

Esta "elite" intelectual y espiritual proviene de una variedad de ambientes. Pueden ser ricos o pobres, de cualquier raza, género o nivel de instrucción. Pero dado que la conciencia exige una gran fuerza interna para luchar, muchos con el potencial para elevarse por encima de la mayoría —una cierta mentalidad con la que fueron criados— escogen en cambio lo que parece un camino más fácil, el del estancamiento antes que el crecimiento.

Por ejemplo, un número de militares negros a quienes evalué cuando trabajé como psiquiatra en el ejército durante la era Vietnam escogieron hacerse los "tontos" aunque resultaba evidente que eran lo bastante inteligentes para contestar preguntas complejas. Muchos no querían agitar las aguas; otros deseaban evitar la responsabilidad que entraña el ser competente y las demandas que esto les impondría. Por el mismo motivo, gran cantidad de personas rehúyen de la conciencia en mayor o menor medida porque les resulta una manera más cómoda de vivir. Aun cuando finjan estar de acuerdo con la importancia de la conciencia y de crecer, sus acciones no siempre se corresponden con sus palabras.

En realidad, es muy común que la conciencia sea tratada como si fuera un resfrío ordinario, contagioso o potencialmente mortal si uno disemina demasiado el pensamiento profundo entre las personas a su alrededor. Como escribí en el capítulo uno, es muy habitual que la gente diga a los individuos contemplativos que "piensan demasiado". El ser consciente suele ser acogido con recelo y ansiedad, como si pensar con profundidad y bien pudiera equipararse a una droga mala capaz de convertirnos en adictos y conducirnos a una sobredosis.

La conciencia de la muerte

Existe todavía otro dolor de la conciencia tan grande y tan importante que justifica una consideración aún más honda. Me refiero a nuestra conciencia de la muerte y el morir. Si asumimos que somos más conscientes que otros animales, una de las cosas que se dice con frecuencia sobre la condición humana es que "el hombre es la única criatura que tiene conciencia de su mortalidad". Algunos han rotulado esto no sólo como la condición humana sino como el dilema humano, porque las personas tienden a experimentar esta conciencia de un modo dolorosísimo.

Por lo tanto, la mayoría de la gente intenta huir de una forma u otra de un enfrentamiento directo con su mortalidad. En vez de encarar de frente nuestra mortalidad —de hacerlo lo antes posible y con regularidad— muchos dejan de prepararse en el más mínimo sentido. En nuestra cultura negadora de la muerte y adoradora de la juventud, hacemos todo lo posible por no enfrentar siquiera la más pequeña señal de la muerte. Como precisó Ernest Becker en su obra ahora clásica, *The Denial of Death* (La negación de la muerte), esto también puede conducirnos al mal en una variedad de formas sutiles (como cuando buscamos chivos expiatorios o recurrimos al sacrificio humano real para aplacar a los dioses y evitar que se venguen de nosotros).

Asociada de manera natural a nuestra renuencia a enfrentar la muerte está nuestra renuencia a enfrentar la vejez. Escribí en *In Search of Stones* que sería antinatural acoger la vejez de buen grado puesto que se trata de un proceso de despojamiento, en definitiva, un despojamiento de todo. En los últimos tiempos de mi práctica, fui consultado por cuatro mujeres increíblemente similares, de entre sesenta y cinco y setenta y cinco años de edad, que acudieron a mí con la misma queja: depresión por la vejez. Todas eran de mentalidad secular. Todas habían hecho dinero o se habían casado con hombres adinerados. Todos sus hijos habían resultado perfectos. Era como si la vida hubiera seguido un libreto.

Pero ahora padecían de cataratas, necesitaban audífonos o dentaduras postizas y reemplazos de caderas. Ésta no era la forma en que ellas habrían escrito el libreto y estaban enojadas y deprimidas. No se me ocurrió otra manera de ayudarlas que convertirlas al concepto de la vejez como algo más que una época sin sentido en la que se observaban consumirse a sí mismas. Intenté "vendérselo" como un período espiritual en sus vidas, un tiempo de preparación. No fue una venta fácil. En el intento, les repetía sin cesar: "Mire, usted no es el libretista, el espectáculo no le pertenece por completo". Dos de ellas se marcharon enseguida; prefirieron deprimirse antes que reconciliarse con el hecho de que la vida no era un espectáculo solamente de ellas.

Aunque estaba todavía más deprimida, las cosas me resultaron más fáciles con una mujer entrada en años que tenía una mentalidad muy religiosa y cristiana. Cuando tenía más de sesenta años, sufrió desprendimiento de retina en ambos ojos. Ciega en un noventa por ciento, estaba encolerizada con su destino y furiosa con el oftalmólogo que no había logrado curar su mal con un tratamiento láser de avanzada. Pronto emergió un tema durante nuestras sesiones.

—Odio cuando me tienen que tomar del brazo para ayudarme a levantarme del banco de la iglesia o para bajar los escalones a la salida de la misa —despotricaba—. Odio estar varada en casa. Sé que muchas personas se ofrecen a sacarme, pero no puedo estar pidiendo a mis amigos que me lleven de un lado a otro todo el tiempo.

Era evidente, le respondí, que había estado muy orgullosa de su independencia.

—Usted ha sido una persona muy exitosa y creo que necesitaba ese orgullo para sus numerosos logros. Pero, sabe, hay un viaje de aquí al cielo, y una buena regla es viajar ligero de equipaje. No estoy muy seguro de que vaya a tener usted mucho éxito en llegar al cielo acarreando todo este orgullo —comenté—. Considera su ceguera como una maldición, y no la culpo. Sin embargo, podría tomarla como una bendición destinada a aliviarla de su ahora innecesaria carga de orgullo. Excepto por sus ojos, goza usted de buena salud. Es probable que viva por lo menos doce años más. Es decisión suya vivir esos años con una maldición o con una bendición.

El hecho de que alguien pueda realizar la transición y aprender a discernir una bendición donde antes sólo veía una maldición parece estar relacionado con la capacidad de considerar la vejez como un tiempo de preparación. ¿Preparación para qué? Obviamente, para la vida después de la muerte. En mi libro *In Heaven as on Earth,* uno de los temas principales es el del purgatorio, que yo describo —creo que con bastante propiedad— como un hospital psiquiátrico muy elegante y equipado con las técnicas más modernas para el aprendizaje indoloro y posible. No obstante, dejo bien en claro que la cantidad de tiempo que en última instancia debemos pasar en el purgatorio, si es que debemos hacerlo, es directamente proporcional al esfuerzo que hemos hecho para evitar enfrentar las cuestiones importantes en nuestra vida (incluyendo nuestra Sombra y nuestra vejez) y a nuestra incapacidad de prepararnos para la muerte. Ya sea en una vida ulterior o en la Tierra, debemos hacer el trabajo del purgatorio o permanecer para siempre en el limbo, separados de Dios. ¿Por qué no hacerlo?

Algunas personas lo logran con más coraje que otras. La mujer entrada en años que mencioné previamente comenzó a abrirse camino a través de su confusión. Su depresión de cuatro años empezó a disiparse en nuestra tercera sesión. Pero la mayoría de las situaciones no se modifican con tanta facilidad ni se resuelven en forma permanente. En la lucha por enfrentar la vejez y la muerte, algunos llegan a suicidarse porque no desean ahondar en lo que perciben como la indignidad de morir; muchos no pueden soportar las pérdidas que acarrea el proceso de despojamiento.

El despojamiento de la salud y de la agilidad física no me resulta tan doloroso, y supongo que a otros les sucede lo mismo, como el despojamiento psicológico. La pérdida de héroes, mentores e incluso intereses puede dejarnos con una sensación de vacío. El despojamiento de las ilusiones —cientos de ellas— puede ser positivo, pero duele, y tornará a muchos recelosos, cínicos y amargados. No estoy seguro de que yo vaya a tener la misma gracia que la mujer ciega que describí. Pero no dudo de que seré incapaz de enfrentar con propiedad mi vejez sin atenerme a mi relación con Dios. No se trata de una mera cuestión de fe en una vida después de la muerte ni de creer que la vejez constituye un proceso de preparación para ella. Necesito algo más personal, incluyendo a mi esposa Lily y a Dios, para quejarme acerca de la indignidad del proceso de despojamiento. Y necesito que de tanto en tanto Dios me conteste a su modo peculiar, en ocasiones aparentemente a través de espíritus y ángeles de algún tipo, para ayudarme a seguir adelante. He llegado a comprender que el proceso de despojamiento de la vejez no es parcial. No es sólo físico; es total. La realidad es que Dios no desea una parte de nosotros. Dios desea nuestra totalidad.

El camino de la salud y la curación se opone al camino de la negación de la muerte. El mejor libro que he leído sobre el tema es *Living Our Dying* (Vivir nuestra muerte) de Joseph Sharp. Él cree, como yo, que la muerte no es una arrebatadora de sentido sino una dadora de sentido. No importa que seamos jóvenes o ancianos, una conciencia profunda de la muerte nos conduce por un sendero en busca del sentido. Es posible que la gente, impulsada por el temor, se aferre a una fe simplista y de segunda mano para evitar pensar acerca de su muerte. Pero aunque estas religiones pueden abrigarnos por un tiempo, al igual que la ropa de segunda mano, siguen siendo simples atavíos. Una religión madura, por otra parte, comienza con una lucha activa con el misterio de la muerte y con una búsqueda personal de sentido en presencia de ella. Nadie puede luchar por nosotros. En este argumento se basa el dicho: "Dios no tiene nietos". No podemos relacionarnos con Dios a través de nuestros padres. Debemos encontrar nuestro sentido como "hijos de Dios" en una relación directa con el ciclo del nacimiento, la muerte y el renacimiento. Teniendo en cuenta esto es que debemos reconciliarnos con la realidad del cambio, lo cual exige ajustes continuos en la forma en que pensamos y actuamos, y en particular cuando nos sentimos muy cómodos con lo que somos. Y el cambio suele experimentarse como morir, como la muerte. En *La nueva psicología del amor*, cité a Séneca, quien dijo hace dos mil años: "Durante toda la vida uno debe continuar aprendiendo a vivir, y lo que más os asombrará es que durante toda la vida uno debe aprender a morir". Entre otras cosas, esto incluye el temible aprendizaje de cómo renunciar conscientemente al control de nuestras vidas cuando es apropiado hacerlo y, en última instancia, entregarnos a Dios.

Viajar con Dios

He sugerido muchas razones para desarrollar la conciencia, pero siempre podemos hacer preguntas más radicales. Si un motivo es hallar el sentido, ¿qué sentido estamos buscando? Necesitamos tomar conciencia para ser buenos y salvarnos del mal, ¿pero por qué? ¿Por qué ser buenos? Cuanto más conscientes nos volvamos, más poder y competencia tendremos, ¿pero con qué fin? Dado que el impulso de la evolución es en dirección de la conciencia, ¿hacia dónde evolucionamos?

Nunca nada eliminará todo el misterio. Pero creo que al menos parte de la respuesta a estas preguntas yace en el origen latino de la mismísima palabra "consciente", *con-scire*, que literalmente significa "conocer con". ¡Qué extraño origen! ¿Conocer con? ¿Conocer con qué? Sugiero que la respuesta es conocer con Dios. He manifestado que los trastornos psicológicos tienen su raíz fundamental en la conciencia antes que en el inconsciente, que nuestro inconsciente contiene material "desagradable" sólo porque nuestra mente consciente se niega a enfrentarse a él. Pero si logramos afrontar este material moles-to, entonces nuestra mente inconsciente ofrecerá un absoluto jardín de delicias a través del cual nos conectaremos con Dios. En otras palabras, creo que Dios se nos revela a sí mismo a tra-vés de nuestro inconsciente siempre que estemos dispuestos a estar abiertos a ello y a tomar conciencia de su sabiduría.

En *Gifts for the Journey*, una de las canciones "sabias" de la hermana Marilyn comienza con "La sabiduría es un espíritu". El estribillo es: "Y yo digo: pide y recibirás. Busca y encontra-rás. Golpea y se abrirá para ti. Y yo digo: el Señor te dará su mente, el Señor te mostrará el camino, el Señor te convertirá en su luz". El Señor nos dará de hecho su mente. Si nos volve-mos lo bastante conscientes, podremos empezar a pensar con la mente de Dios. De este modo, el desarrollo de la concien-cia constituye, entre otras cosas, un proceso de la mente cons-ciente desplegándose al inconsciente con el fin de ser con-gruente con la mente de Dios. Cuando adquirimos concien-cia de una nueva verdad es porque conscientemente la *re-conocemos* como cierta; volvemos a saber aquello que siem-pre supimos en nuestra mente inconsciente. Llegamos a com-prender la sabiduría que Dios comparte con nosotros.

En *La nueva psicología del amor* sugerí que Dios nos ha-bla en toda una variedad de formas y di algunos ejemplos. Una es a través de su "voz queda y suave". De esta voz suave y queda ofrecí otro ejemplo en *Gifts for the Journey*, donde ha-blé de una mujer de casi cuarenta años que había llegado in-creíblemente lejos en su viaje espiritual pero que todavía esta-ba muy atareada haciendo frente a su temor y falta de fe gene-rales.

Esta mujer, una amiga mía, recordó una experiencia que había tenido unas mañanas atrás mientras se pintaba los la-bios antes de salir para ir a trabajar. Una "voz queda y suave" en su mente le dijo: "Ve a correr". La mujer sacudió la cabeza como para deshacerse de la voz, pero ésta regresó con más intensidad. "Es ridículo", contestó medio a sí misma y medio a la voz. "Nunca corro de mañana. Sólo corro al atardecer. Además, tengo que ir a trabajar."

"De todos modos, ve a correr ahora", insistió la voz, y cuando la mujer reflexionó al respecto, decidió que no pasaría nada si llegaba a su oficina a las diez en vez de a las nueve. Así que obedeciendo a la voz, se desvistió y se puso su atuendo para correr. Después de que hubo corrido dos kilómetros y medio en un parque cercano, empezó a sentirse extraña; no lo estaba disfrutando y ni siquiera sabía por qué estaba corriendo. En ese punto, la voz habló de nuevo. "Cierra los ojos", le ordenó. "Qué disparate", replicó ella. "Nadie cierra los ojos cuando está corriendo." Por fin, obedeciendo de nuevo, cerró los ojos. Después de dar dos pasos, los abrió aterrada. Pero todavía estaba en el sendero. Los árboles no se habían movido y el cielo no se había caído. La voz le dijo que cerrara los ojos otra vez. Finalmente, pudo dar veinte pasos con los ojos cerrados sin salirse nunca del camino ni tener ningún problema. Entonces la voz concluyó: "Es suficiente por hoy. Puedes irte a casa ahora".

Mientras terminaba de contarme la historia, los ojos de mi amiga se llenaron de lágrimas. "Pensar", exclamó con júbilo, "que el Creador de todo el universo se tomaría el tiempo de salir a correr conmigo".

Como lo demuestra la experiencia de mi amiga, el Espíritu Santo suele hablarnos cuando menos lo esperamos. Pero puede ser oído y obedecido sólo cuando su voz desciende sobre un alma abierta a él y preparada para escuchar. Pero eso tampoco implica que sea algo fácil ni sencillo. También sugerí en *La nueva psicología del amor* que Dios puede revelársenos a través de nuestros sueños. Son dones del inconsciente. Pero tal vez no deseemos tomar conciencia de nuestros sueños ni tengamos demasiada afición por discernir las revelaciones.

Yo mismo tuve un sueño que resultó ser una revelación. Fue en una época de mi vida cuando recién empezaba a aprender el verdadero significado de lo que entraña abandonarse a Dios. *La nueva psicología del amor* había sido aceptado para ser publicado y decidí que merecía unas vacaciones, pero no quería sentarme en algún lugar de la playa. Así que partí a pasar dos semanas en un convento, mi primer "retiro", algo que sabía que sería una experiencia del todo diferente.

Tenía varias cosas anotadas en mi agenda para este retiro, pero el ítem más largo era decidir qué haría si por alguna remota casualidad *La nueva psicología del amor* se convertía en un bestseller. ¿Debía renunciar a mi privacidad y dedicarme a dar conferencias o tenía que retirarme a un bosque, como J. D. Salinger, y procurarme un número telefónico no registrado? No sabía qué camino deseaba seguir. Y tampoco sabía qué camino quería Dios para mí. Los riesgos eran grandes, así que en primer lugar en mi agenda figuraba la esperanza de que en la quietud del retiro y la santidad del ambiente, Dios me revelara cómo resolver el misterio. Narré mi experiencia en *El crecimiento espiritual*. El sueño —aunque en principio confuso— me proporcionaría una perspectiva de la vida por entero nueva.

Yo era un espectador en un típico hogar de clase media. En esta familia, dueña de dos autos, había un joven de diecisiete años que era la clase de hijo que toda madre y todo padre desearían tener. Era líder de quinto año en la escuela secundaria, pronunciaría el discurso de despedida en el acto de graduación, era capitán del equipo de fútbol, era apuesto, trabajaba duro después de la escuela en un empleo por horas y como si esto fuera poco, tenía una novia dulce y recatada. Además, poseía licencia para conducir y era un conductor inusitadamente responsable y maduro para su edad. Pero su padre no le permitía conducir. En cambio, insistía en llevarlo adondequiera que tuviera que ir: los entrenamientos de fútbol, el trabajo, las citas, los bailes. Y para añadir ofensa al daño, el hombre insistía en que el joven le pagara cinco dólares por semana de sus ingresos tan arduamente ganados después del horario escolar por el privilegio de ser conducido a todas partes, lo cual el muchacho era perfectamente capaz de hacer por sí mismo.

Desperté de este sueño con una abrumadora sensación de ira e indignación hacia ese padre detestable y autócrata. No sabía qué pensar del sueño. Parecía no tener sentido. Pero tres días después de haberlo registrado, mientras releía lo que había escrito, advertí que había usado siempre una P mayúscula cuando mencionaba al padre. Me dije: "¿No creerás que el padre en este sueño es Dios Padre, verdad? Y si éste fuera el caso, ¿no supondrás que tú podrías ser ese joven de diecisiete años, no?". Y por fin me di cuenta de que había tenido una revelación. Dios me estaba diciendo: "Scotty, tú paga lo que te corresponde y déjame a mí el volante".

Es interesante que siempre haya pensado en Dios como el más bueno de la película. Sin embargo, en mi sueño, le di el papel de villano autócrata y dominante, o al menos yo le respondía como si así fuera, con furia, indignación y odio. El problema, desde luego, era que ésta no era la revelación que yo había esperado. No era lo que quería escuchar. Deseaba que Dios me diera un consejo del tipo del que uno recibiría de un abogado o un contador, algo que yo sería libre de aceptar o rechazar. No quería una *gran* revelación, en especial no una en la que Dios dijera: "Yo tomaré el volante de aquí en más". Muchos años después, todavía intento vivir de acuerdo con esta revelación: abandonarme a Dios aprendiendo el renunciamiento que acoge con beneplácito el hecho de que él tome el volante de mi vida todavía adolescente.

CAPÍTULO III

Aprender y crecer

Si, como he repetido una y otra vez, no estamos aquí para sentirnos necesariamente felices, plenos ni tranquilos todo el tiempo, ¿entonces para qué estamos aquí? ¿Cuál es el sentido de la vida?

Creo que el motivo por el que estamos aquí es para aprender, es decir, para evolucionar. Por "evolucionar" me refiero a progresar. Cuando las personas aprenden, están en condiciones de pro-gresar (ir hacia adelante) en oposición a re-gresar (ir hacia atrás). Y lo desafío a que en su imaginación, sugiera usted un ambiente más ideal para el aprendizaje humano que esta vida. Es una vida repleta de vicisitudes, incertidumbres y lecciones difíciles. En nuestros momentos de mayor abatimiento, la vida puede antojársenos como una especie de campo de entrenamiento militar celestial. Pero como dijo Benjamín Franklin, a quien cité en *La nueva psicología del amor:* "Aquellas cosas que lastiman instruyen". Aprender es un proceso entrelazado de manera inextricable con el pensar y la conciencia. Y al igual que el pensar y la conciencia, aprender no es una cuestión simple ni del todo directa. También está lleno de misterio.

Mi identidad primaria es la de un científico y los científicos somos empíricos que creemos que el mejor camino hacia el conocimiento es a través de la experiencia. En otras palabras, la experiencia es considerada la mejor manera de aprender, aunque sin duda no constituye el único camino. De modo que los científicos conducimos experimentos o experiencias controladas para obtener más conocimientos y hallar la verdad en el mundo.

Análogamente, soy una persona espiritual. Conozco a Dios no sólo por la fe sino atendiendo a la evidencia, a saber, mis experiencias de la gracia. Proporcioné ejemplos de estas experiencias en *La nueva psicología del amor* y en *In Search of Stones*. Y he hablado previamente lo más posible acerca de la gracia en términos de métodos de prueba estadísticos. Una de las maneras más útiles de demostrar algo es aplicar lo que se denomina estadísticas de improbabilidad. Esto significa que cuanto menor sea la probabilidad matemáticamente calculada, mayor será la improbabilidad, y más seguros nos sentiremos de concluir que un hecho no fue un mero resultado de la casualidad. Así, podremos concluir que algo ocurrió debido a un motivo significativo, aun cuando pueda o no ser explicado.

Por esto es que con frecuencia me he referido a la gracia en términos de un "patrón de eventos altamente improbables con un resultado beneficioso". Y también es el motivo por el que he concluido que en dichos patrones podemos ver las huellas digitales —y por qué no la mano real— de Dios. Así que me parezco mucho a Carl Jung, quien en los últimos años de su vida se sometió a una entrevista filmada. El punto culminante de la filmación, a mi entender, sobrevino hacia el final cuando el entrevistador preguntó a Jung: "¿Cree usted en Dios?". Jung, que en ese entonces tenía ochenta y tres años, echó una bocanada de humo de su pipa y replicó, si mal no recuerdo: "¿Si creo en Dios? Utilizamos la palabra 'creer' cuando pensamos que algo es cierto pero aún no contamos con un cuerpo sustancial de evidencia que lo respalde. No, no creo en Dios. *Sé* que existe un Dios".

El rol del alma

Mi afirmación en cuanto a que este mundo es un ambiente ideal para el aprendizaje humano sugiere la posibilidad de que pudo haber sido construido por Dios con ese fin, lo que enseguida nos lleva a una discusión sobre el concepto del alma. En *El mal y la mentira*, cité a Keats cuando se refiere a este mundo como "el valle donde se hacen almas", lo cual significa que estamos aquí para aprender y estar preparados. El cristianismo y otras religiones comparten esta creencia con la teoría de la reencarnación, que sugiere que estamos aquí para librarnos de un "karma malo" y para aprender lecciones que son necesarias con el fin de poder realizar la transición más allá de este mundo de renacimiento.

Dado que estamos aquí para aprender sin cesar durante el viaje de la vida, parecería que el objetivo último de aprender es el perfeccionamiento de nuestra alma. Proponer la idea de perfeccionarnos no equivale a decir que los seres humanos pueden ser perfectos ni que debemos intentar ser perfectos en todo. Sólo significa que somos capaces de aprender, cambiar y crecer a lo largo de toda nuestra vida terrenal.

No puedo demostrar la existencia del alma del mismo modo que no puedo demostrar la existencia de Dios a una persona secular intransigente. Puedo ofrecer muchos indicios que sugieren su existencia y lo he hecho en todos mis libros. Pero eso no implica que todo el mundo sea susceptible a la misma clase de evidencia que impresionó a Jung o que condujo a Keats a su conclusión. Por esto, mi último libro, sobre el tema de la eutanasia, se titula *Denial of the Soul*. Y no habría utilizado la palabra "negación" si no hubiera sentido que muchos individuos seculares no sólo ignoran la evidencia de la existencia del alma sino que por un motivo u otro son fuertemente inmunes o están cerrados a ella.

Pero, ¿qué es el alma? Una vez más, nos encontramos involucrados con algo que es mucho más grande que nosotros y, por lo tanto, no puede ser sometido a una única definición adecuada o simplista. Esto no entraña, sin embargo, que no podamos emplear una definición operativa, por más imperfecta que sea. Creo que una definición de ese tipo al menos facilitará nuestro progreso en la consideración del igualmente misterioso tema de aprender.

Defino el alma como "un espíritu humano creado por Dios,

nutrido por Dios, único, desarrollable e inmortal". Cada uno de estos adjetivos es crucial, pero por el momento me concentraré en tres. Ya he sugerido que este mundo es un ambiente tan ideal para el aprendizaje humano que de hecho ha sido concebido con ese fin. Ahora estoy diciendo que somos creados por Dios y propongo además que somos creados para aprender. Por "nutridos por Dios" me refiero a que no sólo Dios nos creó desde el momento de nuestra concepción sino que también, a través de la gracia, Dios continúa nutriéndonos durante toda nuestra vida. No tendría sentido que lo hiciera a menos que él desee algo de nosotros. ¿Qué desea? Desea que aprendamos, y gran parte de la gracia parecería estar destinada a ese propósito.

La otra palabra clave por el momento es "desarrollable". No tendría sentido que Dios quisiera que aprendamos si no *pudiéramos* aprender, si no fuéramos capaces de desarrollarnos. Somos criaturas en evolución, no sólo como una raza en su totalidad sino como individuos. En nuestra calidad de seres físicos, poseemos cuerpos que dejan de desarrollarse y se deterioran de modo inevitable. Pero nuestro desarrollo psicoespiritual puede proseguir hasta el momento de nuestra muerte (y, sospecho, mucho, mucho después). Para este desarrollo psicoespiritual utilizaré con frecuencia la palabra "crecimiento", y el crecimiento depende inextricablemente del aprendizaje.

He dicho en repetidas ocasiones que tenemos la opción de crecer o no crecer, de aprender o no aprender. Uno de los más grandes psicólogos de este siglo, Abraham Maslow, acuñó el término "actualización de uno mismo", con el cual se refería a la capacidad de los seres humanos para crecer y evolucionar hacia niveles más elevados de funcionamiento psicosocial y espiritual, autonomía y poder personal. Maslow sugirió que una vez que las personas han alcanzado los medios para satisfacer las necesidades básicas de supervivencia, son capaces de avanzar a niveles más altos de conocimiento.

A pesar de estar en deuda con Maslow, disiento con el término "actualización de uno mismo". No creo que podamos actualizarnos a nosotros mismos así como no podemos crearnos a nosotros mismos. No puedo crearme a mí mismo ni tampoco crear un lirio ni ninguna otra flor. Lo que puedo hacer es supervisar el jardín de flores que Dios ha hecho posible para que nosotros disfrutemos. Esto significa que si bien no podemos crear nuestras propias almas, somos capaces de dirigirlas bien o mal. Si elegimos crecer, podemos convertirnos en cocreadores de nosotros mismos, en tanto que si nos resistimos a crecer, rechazamos la función de ser cocreadores con Dios.

Por lo tanto, creo que lo que Maslow denominó "actualización de uno mismo" debería ser considerado, en cambio, una percepción de la vida como una serie de oportunidades para aprender y tomar decisiones, y como la opción de elegir el crecimiento la mayor parte del tiempo. Típicamente, la difícil tarea de cocrearnos (o actualizarnos) a nosotros mismos con la guía de Dios constituye un proceso progresivo de despliegue, desarrollo y florecimiento. Pero la elección deliberada de aprender y crecer es básicamente una elección que tomamos o dejamos de tomar como adultos. Durante nuestra infancia, la mayoría de nuestro aprendizaje es "pasivo". En otras palabras, en gran medida sólo sucede.

El aprendizaje pasivo

Los científicos no saben bien cómo aprendemos del mismo modo en que no acaban de comprender el pensar ni la conciencia. Durante mi especialización psicológica en la facultad, tuvimos que estudiar una materia importante (y para mí un tanto difícil): la teoría del aprendizaje. En ese entonces, la mayoría de la teoría del aprendizaje tenía que ver con el proceso de condicionamiento, que había sido reconocido y estudiado por Pavlov con sus perros experimentales. Se creía que aprendíamos esencialmente a través del premio y el castigo, de la misma manera en que las ratas pueden aprender a correr por un laberinto a través del castigo (choques eléctricos) o del premio (bolitas de comida).

También se asumía que los niños aprendían el lenguaje a

través de este proceso de condicionamiento "conductista".

Pero más tarde, el gran pensador Arthur Koestler, en su libro, *The Ghost in the Machine* (El fantasma en la máquina), demolió por completo la teoría conductista de cómo aprendemos la lengua, formulando docenas de preguntas acerca de la adquisición del lenguaje que el conductismo no pudo responder. Koestler no se esforzó mucho por explicar cómo aprendemos el lenguaje, pero sí demostró que no sabemos prácticamente nada al respecto. Hasta el día de hoy, continúa siendo casi un misterio cómo los niños aprenden a hablar su lengua.

Un hecho que sabemos es que la habilidad de aprender no depende necesariamente de la posesión activa de los cinco sentidos. Helen Keller, por ejemplo, era sorda y ciega y, no obstante, adquirió no sólo el lenguaje sino una sabiduría asombrosa. Por otra parte, hemos aprendido que la falta de satisfacción de necesidades sensitivas puede interferir de manera significativa en el aprendizaje de un niño. Los bebés criados sin contacto humano ni juegos significativos en un orfanato alemán en la década de 1920 nos enseñaron que necesitamos una cierta base de relaciones sensitivas con los demás (a través del tacto nos sentimos conectados, por ejemplo) para florecer físicamente o lograr cualquier crecimiento mental. Es más, existen períodos críticos en el desarrollo infantil en que la insatisfacción o el descuido de algunas áreas de necesidad pueden limitar su progreso si no se produce una intervención adecuada. Por eso es que los programas Head Start funcionan tan bien. Como parte del aprendizaje infantil temprano, estos programas proveen una estimulación constante para ayudar al desarrollo de la competencia social y mental de los niños.

Pero al igual que el aprendizaje de la lengua, gran parte del aprendizaje infantil parecería ser un asunto pasivo. Por ejemplo, incluso antes de que los niños adquieran el lenguaje, aprenden lo que los psicólogos denominan las fronteras del yo. Existen motivos para creer que el recién nacido no es capaz de establecer una distinción entre sí mismo y el mundo. Pero de algún modo, durante los primeros nueve meses de vida, el bebé aprende que el brazo es suyo y que es diferente del brazo de mamá, y que sus dedos son discernibles de los dedos de papá. Aprende que cuando le duele la panza, eso no implica que también a todo el mundo le debe doler la panza. Este aprendizaje no parece ser una cuestión de elección, por eso lo llamo pasivo. Pero puede haber una gran actividad involucrada en tanto el bebé pone a prueba sus brazos y sus dedos. En un sentido muy real, este aprendizaje de los límites del yo constituye un desarrollo de la conciencia, pues es alrededor de los nueve meses de vida que hallamos la primera evidencia de la conciencia de uno mismo. Hasta ese momento, cuando un extraño entra en la habitación, el bebé permanecerá en su cuna explorando pacíficamente los límites de su yo como si nada hubiera ocurrido. Pero de pronto, hacia los nueve meses de edad, cuando un extraño entra en su cuarto, el niño empezará a gritar con terror o se agitará. Ha desarrollado lo que los psicólogos denominan la angustia del extraño. ¿Por qué? Podemos deducir de esto que el bebé ha tomado conciencia de sí mismo como una entidad *separada*, una entidad muy pequeña, relativamente indefensa y en extremo vulnerable. De esta demostración de terror de la vulnerabilidad, inferimos que el niño ha desarrollado los primeros rudimentos de la conciencia de sí mismo. La conciencia de uno mismo va acompañada de un sentido de la realidad que nos permite percibirnos como separados y diferentes de otros.

El aprendizaje pasivo de la lengua y de los límites del yo parece ser un asunto indoloro. Esto no significa que todo aprendizaje pasivo sea tan indoloro. Tal vez no exista una época más dolorosa en la vida de un joven humano que los terribles dos años. Para cuando un niño cumple dos años, ha aprendido muy bien los límites de su yo. Pero todavía no ha aprendido los límites de su poder. En consecuencia, el niño supone que éste es el mejor de los mundos y que él tiene todo el poder. Así, veremos a un niño de dos años dando órdenes a sus padres, sus hermanos y al perro y al gato de la familia como si todos fueran pequeños subordinados de su ejército real privado. Pero lo que sucede ahora que el niño es capaz de caminar y arrojar cosas y tirar los libros de los estantes, es que su madre y su padre dirán: "No. No. No, Johnny, no puedes hacer eso. No. Tampoco puedes hacer eso. No, tú no mandas. No. No. Te queremos mucho. Eres muy importante. Pero no, tú no mandas. Mamá y papá son los que mandan. No. No. No". Lo que en esencia acontece es que en el transcurso de no más de doce meses, el niño es degradado psicológicamente de general de cuatro estrellas a soldado raso. ¡No es de extrañar que sea una época de depresión y rabietas! Sin embargo, a pesar de lo dolorosos que resultan los terribles dos años, constituyen un período muy importante de aprendizaje. Y si para fines del tercer año el niño no está abrumado con un exceso de humillación, habrá dado un paso gigantesco para librarse del "narcisismo infantil". Es un tiempo en el que se han construido la totalidad de los cimientos para lo que Erich Fromm denominó socialización, lo cual definió como el proceso de "aprender a querer hacer lo que hay que hacer".

A medida que continúa la infancia, el niño trabajará en el aprendizaje, pero generalmente sólo debido a una presión externa, en la forma de tareas escolares, pruebas, calificaciones y expectativas en el hogar. De lo contrario, gran parte del aprendizaje del niño seguirá siendo pasivo. Un ejemplo de esto es Jenny, mi heroína de ocho años en *The Friendly Snowflake*. Vive en una familia adinerada y sus hemisferios cerebrales izquierdo y derecho operan en sintonía; uno la ve aprendiendo como loca. Pero no trabaja en ello. No interpreta las cosas con deliberación. Sólo hace lo que le resulta natural: considerar todo cuidadosamente a la velocidad del rayo.

Tal vez el aprendizaje más importante de la infancia sea el que deriva de nuestros modelos. En una familia intacta, los modelos primarios serán automáticamente los padres. El niño tiene una tendencia natural a asumir que la forma en que los padres hacen las cosas es la forma en que deben ser hechas. Esto se aplica particularmente a la autodisciplina. Si el niño ve que sus padres se comportan con autodisciplina, es muy probable que a una edad temprana elija de manera inconsciente tornarse autodisciplinado. Por otro lado, si la madre y el padre se comportan con falta de autodisciplina, el niño pensará que ésa es la forma en que hay que actuar y es muy probable que no logre aprender a desarrollar una autodisciplina significativa. Esto ocurre mucho en el caso de niños con padres del tipo: "Haz lo que digo, no lo que hago". A pesar de ser pasivo, el aprendizaje durante la infancia es en extremo importante. Es también la época en que, si somos afortunados, comenzaremos a adquirir inteligencia emocional e intelectual. Muchos han aceptado como cierta la noción de que la inteligencia sólo puede medirse de una manera numérica. Tal vez sea el caso de la inteligencia analítica. Pero en consecuencia, se ha tendido a pasar por alto o minimizar otros aspectos de la inteligencia, en particular aquellos que abarcan factores intangibles, como la conciencia de uno mismo, la empatía y la conciencia social. En la actualidad, existe un debate creciente sobre las ya viejas pruebas utilizadas para determinar el llamado coeficiente intelectual. Aunque las pruebas de coeficiente intelectual son útiles y tienen aspectos positivos, también poseen limitaciones. Un problema es que propenden a ser culturalmente tendenciosas, lo cual ha resultado en clasificaciones académicas incorrectas de muchos estudiantes y en la aplicación indebida de algunas pruebas estándares.

Por esto, creo que es muy prometedora la nueva investigación que sugiere que el modo en que alguien maneja sus emociones constituye una indicación tan exacta e importante de la inteligencia humana como las aptitudes intelectuales. Las capacidades que conforman la inteligencia emocional son complejas y multifacéticas. Un ejemplo de inteligencia emocional citado en esta investigación es la capacidad de postergar la gratificación, sobre lo cual escribí en *La nueva psicología del amor*. Allí lo describí como un proceso de programar el dolor y el placer de la vida de manera tal de incrementar el placer haciendo frente, experimentando y venciendo primero el dolor.

La revista *Time* dedicó un extenso artículo a esta investigación reciente. No es de sorprender que la investigación también haya descubierto que una piedra angular de la inteligencia emocional, de la que dependen gran parte de otras habilidades emocionales, es un sentido de la conciencia de uno mismo. Por ejemplo, en relación con la conciencia de uno mismo, los psicólogos se refieren a la importancia del "metaánimo" o la capacidad de retirarse y reconocer lo que uno está sintiendo —ya se trate de una emoción como el enojo, la vergüenza o la pena— antes de actuar. Esto equivale a lo que describí en el capítulo previo como la posesión de un yo observador y trascendente. Cuando se toma conciencia de una respuesta emocional, las posibilidades de manejarla de manera apropiada mejoran si uno es emocionalmente sagaz. La conciencia de uno mismo que acompaña a dicha inteligencia es por demás crucial, puesto que es precisamente lo que nos permite ejercitar más autocontrol.

En una cultura que prioriza el razonamiento del hemisferio cerebral izquierdo (el intelectual) sobre el hemisferio derecho (el intuitivo), los impedimentos al desarrollo de la inteligencia emocional resultan increíbles. No es de extrañar que descubramos los comienzos del entumecimiento emocional en la infancia, cuando los niños aprenden a reprimir sus sentimientos o a aislarse por completo. Los adultos que no se sienten cómodos con las emociones criticarán sin cesar los sentimientos de los niños o les advertirán que "no sientan de esa manera", lo cual resultará en la represión de la conciencia emocional.

La incapacidad de manejar la frustración o de reconocer sentimientos penosos ha llevado a muchos niños por el sendero del comportamiento destructivo —incluyendo trastornos de la alimentación, la intimidación y otras conductas antisociales— porque carecieron de la guía de adultos maduros para saber cómo manejar sus emociones. Creo que sería más útil que maestros y padres comenzaran a enseñar a los niños que está bien sentir lo que sienten. (Esto no significa que los niños puedan —o deban— actuar de acuerdo con todo lo que piensan o sienten.)

A pesar de que el aprendizaje pasivo de la infancia es vital —tanto desde el punto de vista emocional como del intelectual—, el aprendizaje activo de la adultez, si lo hay, es en última instancia todavía más importante. Ha existido una tendencia entre algunos psicólogos a pensar que para la adolescencia "el daño ya está hecho" y que para bien o para mal, la personalidad ya ha sido determinada. Si bien suele ser el caso, no es necesariamente así. Y si poseemos la voluntad, es en el último setenta y cinco por ciento de nuestra vida que somos capaces de realizar los mayores cambios y saltos en el crecimiento. Entre otras cosas es posible que, como dijo Jonathan Swift: "La segunda parte de la vida de un hombre está dedicada a remediar las insensateces, los prejuicios y las falsas opiniones que ha contraído en la primera parte". El aprendizaje activo de la etapa adulta no es sólo posible sino infinitamente deseable.

El crecimiento y la voluntad

En ciertos sentidos, comprendemos con mucha más claridad cómo aprenden las personas en la edad adulta a través de una elección activa y deliberada. Lo que no entendemos es *por qué*. Nos enfrentamos ahora al extraordinario misterio de la voluntad humana.

Como he escrito, algunas personas (por ejemplo, todos los miembros de mi familia más cercana) parecen haber nacido con una voluntad fuerte, mientras que otros son al parecer débiles de carácter. El tema, sin embargo, nunca ha sido estudiado científicamente. De hecho, no sabemos si existen diferencias en la fuerza de la voluntad o si son genéticas o hasta qué punto son desarrolladas o adquiridas. Es una cuestión en extremo misteriosa y representa una amplia frontera abierta para la investigación psicológica.

En cualquier caso, creo que una voluntad fuerte es una de las dos mayores bendiciones que pueden ser conferidas a un ser humano. Pienso esto no porque una voluntad fuerte garantice de manera necesaria el éxito —el tiro puede salir por la culata y crear un Hitler, por ejemplo—, sino porque una voluntad débil garantiza el fracaso con bastante seguridad. Por ejemplo, son las personas de voluntad fuerte —aquéllas con la voluntad misteriosa para crecer— las que progresan en psicoterapia, al margen de su infancia o ambiente y sin importar las posibilidades. Por otro lado, las personas que parecen carecer de esta misteriosa voluntad para crecer pueden poseer toda clase de ventajas —grandes ideas y talentos— y no obstante se quedan sentadas sin llegar a ningún lado. De todos modos, como lo señalo sin cesar, todas las bendiciones constituyen maldiciones en potencia y una desventaja de la voluntad fuerte es el mal carácter. Las personas de voluntad fuerte son las que revolean los palos de golf porque la maldita pelotita se resiste a ir adonde ellos *quieren* que vaya. Las personas de carácter fuerte deben aprender mucho sobre cómo manejar su enojo con eficacia.

En *El crecimiento espiritual*, escribí que solía explicar a mis pacientes que poseer una voluntad débil es como tener un burro pequeño en el patio trasero. El burro no nos hará daño; a lo sumo se comerá nuestros tulipanes. Pero tampoco nos ayudará mucho, y podemos acabar con una vida de remordimientos por no hacer cosas que pensamos que deberíamos hacer. Por otra parte, poseer una voluntad fuerte es como tener una docena de percherones en el patio trasero. Estos caballos son enormes y poseen una fuerza extraordinaria, y si no se los adiestra, disciplina y somete como es debido, tirarán nuestra casa abajo. Pero si se los adiestra, disciplina y somete con propiedad, podremos literalmente mover montañas con ellos. Por lo tanto, la distinción entre la voluntad sometida y la voluntad no sometida es importante. ¿Pero a qué debe someterse la voluntad? No puede usted someterla a usted mismo; ha de estar sometida a un poder superior a usted mismo.

En su libro *Will and Spirit* (Voluntad y espíritu), cuyo primer capítulo se titula "Buena voluntad y obstinación", Gerald May escribe que la obstinación caracteriza a la voluntad humana no sometida, en tanto que la buena voluntad se identifica con la voluntad fuerte de una persona que está dispuesta a ir adonde se la llame o a ser guiada por un poder superior. Es más, dada la relación entre la buena voluntad y un poder superior, no es coincidencia que yo haya escrito en *La nueva psicología del amor* que la voluntad de crecer constituye en esencia el mismo fenómeno que el amor. Definí el amor como la voluntad de extenderse uno mismo para el propio crecimiento espiritual o el de otro. Las personas que aman de verdad son por definición personas en crecimiento. He dicho que la capacidad de amar es nutrida en nosotros por la actitud parental amorosa, pero también hice notar que la sola acción parental no explica la existencia de esa capacidad en todas las personas. Por lo tanto, he terminado por creer que la capacidad de los individuos para amar y por ende su voluntad para crecer es alimentada no sólo por el amor de los padres durante la niñez sino a lo largo de toda su vida por la gracia o el amor de Dios.

Sin embargo, persiste la pregunta de por qué sólo algunas personas continúan demostrando una voluntad para crecer durante toda la vida mientras que muchos rehúyen no sólo del crecimiento sino de la responsabilidad que conlleva el aprendizaje. Por más misteriosa que sea, la elección de aprender en forma activa como adultos y de dedicar conscientemente nuestra voluntad al crecimiento y el aprendizaje constituye la decisión más crucial de toda nuestra vida. ¿Pero cuándo se toma esta decisión? Una vez más, la cuestión no ha sido estudiada desde el punto de vista científico como debería serlo. Tal como he sugerido, no existen pruebas de que la decisión se tome en la infancia. Pero puede tomarse tan temprano como en mitad de la adolescencia. He recibido cartas de jóvenes de quince y dieciséis años, en respuesta a mis libros, que demuestran a las claras que ya han tomado esa decisión.

Mis hijas ya habían hecho la elección cuando ingresaron en la facultad y escogieron especializarse en ciencias exactas y matemáticas, aun cuando esas materias les resultaban bastante complejas. En tanto agonizaban por sus dificultades, les pregunté por qué no se especializaban en humanidades, materias en las que eran buenas y en las que se sentían como peces en el agua. Ambas me contestaron: "Pero, papá, ¿qué gracia tiene especializarse en algo que te resulta fácil?". Es obvio que al menos en ciertos sentidos estaban mucho más avanzadas en su voluntad de aprender de lo que yo estaba a su edad.

Pero aunque la decisión de aprender puede tomarse ya en la adolescencia, esto no significa necesariamente que siempre sea así. He conocido personas cuyos momentos críticos de tomar esta decisión les sobrevinieron a los treinta, cuarenta, cincuenta o sesenta años, o incluso en el mes o dos previos a su muerte. Tampoco quiero implicar que se trata de una única decisión. Algunos se deciden, pero sin demasiado ánimo, y nunca llegan a ser aprendices activos. Otros que lo hacen en mitad de la vida se convierten en aprendices muy fervientes. En ocasiones, la decisión llega en períodos de evaluación, como en la crisis de la mitad de la vida. En la mayoría de los casos, hasta donde puedo discernir, la elección se realiza repetidamente. La decisión se torna entonces más y más fuerte en tanto es tomada una y otra vez. Por cierto, yo he seguido ese patrón. No recuerdo ningún momento en particular en que haya escogido por primera vez convertirme en un aprendiz activo, pero recuerdo muchas instancias en que elegí consolidar esa elección.

Durante gran parte de mi vida, mi estilo personal ha sido aprender de la experiencia, en especial a través de la contemplación de mis experiencias de vida. Por eso defino a la persona contemplativa como alguien que toma un poquito de experiencia y la aprovecha a más no poder. No se trata de cuánta experiencia se tiene en la vida sino de lo que se hace con ella. Todos conocemos personas que han alcanzado muchos logros o que han hecho esto o lo otro que parece abarcar una amplia gama de experiencias, pero que en apariencia son tan ingenuas o están tan desorientadas como nunca. Tener distintas experiencias no sirve de nada si uno no extrae de ellas algún conocimiento de sí mismo y del resto del mundo. Por ese motivo es importante estar alertas no sólo a las experiencias externas sino a las experiencias internas que contribuyen a nuestro crecimiento espiritual. De este modo, gran parte de la disposición a aprender debe incluir aprender observándose a uno mismo. El filósofo Søren Kierkegaard lo describió de una manera muy específica: "Un hombre puede realizar proezas asombrosas y abarcar un gran cúmulo de conocimientos y, no obstante, no comprenderse a sí mismo. Pero el sufrimiento lleva al hombre a mirar en su interior. Si tiene éxito, entonces allí, dentro de él, estará el comienzo de su aprendizaje".

En definitiva, alguien cuya voluntad se ha dedicado a

aprender y crecer es alguien cuya voluntad se encuentra en una clara armonía con el propósito de Dios. Esto no significa, no obstante, que esa persona sea consciente de este hecho ni que se considere a sí misma "en armonía con un orden invisible de las cosas". Tal vez se crea un agnóstico. Sin embargo, muchos que no identifican a Dios como su poder superior demuestran una disposición a someterse a algo que consideran más grande que ellos mismos, quizá los ideales de amor, luz y verdad. Al final, desde luego, todas estas cualidades están relacionadas con Dios. Pero tengo la impresión de que en tanto esas personas continúen a lo largo de los años y las décadas dedicando su voluntad a aprender y crecer, caerán de manera casi inevitable en las manos del Dios viviente y su alma establecerá una relación personal con su creador y su fuente nutriente.

Abandonar el narcisismo

Todos hemos oído de personas tan egocéntricas que se preguntan cómo se las arreglaría el mundo para sobrevivir sin ellas. Para otras, el narcisismo puede no ser tan intenso. Pero para cada uno de nosotros, una de las cosas más difíciles —y más importantes— que debemos aprender y con la que debemos reconciliarnos es que el mundo no gira en torno de nosotros.

Ya he hablado del narcisismo como un trastorno del pensamiento. En *In Search of Stones*, escribí que el motivo básico por el que Lily y yo tenemos números telefónicos no registrados en la guía telefónica y otros dispositivos de seguridad elaborados es para protegernos de los narcisistas del mundo. Antes de que adquiriéramos esta protección doce años atrás, se estaba volviendo muy común que el teléfono sonara a las dos de la madrugada. El que llamaba solía ser un extraño que deseaba discutir conmigo algún punto sutil de lo que yo había escrito. "Pero son las dos de la mañana", protestaba yo. "Bueno, aquí en California son apenas las once", explicaba la voz en el otro extremo de la línea, "y además, la tarifa es más barata a esta hora".

111

El narcisista no puede ni quiere pensar en otras personas. Creo que todos somos narcisistas natos. Los individuos saludables abandonan su narcisismo natural, un crecimiento que se alcanza sólo en la medida en que se vuelven más conscientes y aprenden a considerar a otros y a pensar más en ellos. Este aprendizaje se alimenta a sí mismo, puesto que cuanto más aprendemos, más conscientes nos tornamos.

Ya he indicado que los terribles dos años son una época en que los niños dan su primer paso gigantesco para deshacerse del narcisismo infantil. Ignoramos la causa por la que algunas personas no logran abandonar su narcisismo, pero tengo motivos sólidos para sospechar que la falla comienza en este período vulnerable de la vida, los terribles dos años, que constituye un inevitable tiempo de humillación. Es tarea de los padres ser amables con su hijo, en la medida de lo posible, en esta época de humillación. Pero no todos los padres lo hacen. Hay padres que durante los terribles dos años y durante toda una infancia, harán todo lo posible por humillar a sus hijos más allá de lo necesario para que se tornen humildes. Sospecho que la incapacidad de abandonar el narcisismo puede estar arraigada en esta humillación excesiva.

Supongo que los niños que han sido humillados con tanta intensidad tienden a comenzar a aferrarse con desesperación a una visión ególatra del mundo. Un motivo de esto es que tal vez sientan literalmente que se aferran a la vida. El narcisismo es la única cosa que proporciona una sensación de seguridad en un período de otro modo tumultuoso. Puesto que han sido avergonzados de modo tal que sus yoes se han vuelto increíblemente frágiles, estos niños comienzan a equiparar su supervivencia con una visión de la vida a través de un marco de referencia narcisista.

Si bien es durante los terribles dos años que damos nuestro primer paso gigantesco para librarnos del narcisismo infantil, eso no sugiere de ninguna manera que sea el único ni el último paso. De hecho, suele darse un estallido de narcisismo en la adolescencia, por ejemplo, cuando el adolescente ni siquiera se detiene a pensar si algún otro miembro de la familia podría necesitar el auto. Sin embargo, puede ser también en la adolescencia cuando damos el próximo paso gigantesco. Recuerdo un ejemplo en *Un mundo por nacer* de un momento crítico en mi vida durante mi adolescencia temprana.

Una mañana, cuando tenía quince años, estaba caminando por un sendero en mi internado y espiando a un compañero de clase que se encontraba a unos cuarenta y cinco metros de distancia. Avanzaba hacia mí, y cuando quedamos lado a lado, conversamos durante cinco minutos y luego cada uno siguió su camino. Cuarenta y cinco metros más adelante, por la gracia de Dios, me acometió una revelación. De pronto me di cuenta de que durante todo el período de diez minutos desde que había visto por primera vez a mi compañero y hasta ese momento, había estado absorto en mí mismo. Durante los dos o tres minutos previos al encuentro, sólo había pensado en las cosas inteligentes que diría para impresionarlo. Durante los cinco minutos juntos, había escuchado lo que me decía con el único propósito de convertirlo en una réplica inteligente. Lo había observado nada más que para ver qué efecto le surtían mis comentarios. Y durante los dos o tres minutos después de separarnos, mi mente se había concentrado en las cosas que podría haber dicho para impresionarlo más aún.

Mi compañero me había importado un comino. No me había interesado en cuáles podrían ser sus penas o alegrías ni en lo que yo podría haber dicho para aliviar el peso de su vida. Sólo me había interesado en él como reflejo de mi inteligencia y como espejo de mi gloria. A través de la gracia de Dios, se me reveló no sólo el grado de mi egoísmo y abstracción en mí mismo sino que, si continuaba con esa clase de conciencia, ésta me conduciría inevitablemente a una "madurez" temerosa, vacía y solitaria. De manera que a los quince años comencé a luchar contra mi narcisismo.

Pero ése fue sólo el comienzo. Dada la tenacidad de nuestro narcisismo, sus tentáculos pueden ser sutiles y penetrantes. Debemos amputarlos día tras día, semana tras semana, mes tras mes, año tras año. Y existen toda clase de trampas en el viaje, como el sentirnos orgullosos de lo humildes que nos hemos vuelto. A medida que he desarrollado la conciencia, estoy aprendiendo a ser menos narcisista y a sentir más empatía hacia otros. Pero al mirar atrás, me arrepiento de mi falta de empatía hacia mis propios padres cuando estaban envejeciendo. Necesité mis propias luchas personales con el proceso de envejecer para comprender mejor lo que mis padres debieron soportar, y ahora me siento más cerca de ellos que nunca.

Aprender a librarme de mi narcisismo ha constituido el tema predominante de mi vida, y al mirar atrás otra vez, el matrimonio ha constituido mi mayor maestro. En *Un mundo por nacer*, escribí que debido a mi narcisismo al principio de nuestra relación, no fue hasta después de dos años de matrimonio que comencé a darme cuenta de que Lily podría ser algo más que mi apéndice, algo más que mi "eso". La fricción en la relación me abrió los ojos. Descubrí que me enfadaba con ella sin cesar por estar fuera de casa, de compras, en momentos en que yo la necesitaba y que también me molestaba con ella por "importunarme" en casa cuando sentía necesidad de estar solo. Poco a poco comprendí que gran parte de mi irritación era resultado de una extravagante suposición en mi mente. Asumía que Lily debía estar presente siempre que yo la necesitaba y ausente cuando esto me resultaba oportuno. Asimismo, suponía que ella debía no sólo saber cuándo era tiempo de una cosa u otra sino también saberlo sin que yo tuviera que decírselo. Pasó casi otra década antes de que pudiera curarme del todo de esta locura particular.

Pero eso fue sólo el principio. Una de las causas por las que mi matrimonio con Lily ha sobrevivido es porque ambos, a nuestro modo, somos personas muy consideradas. Al principio, sin embargo, nuestra consideración era más bien primitiva y estaba más relacionada con la imagen que teníamos de nosotros mismos antes que con cualquier otra cosa. Queríamos considerarnos buenas personas, así que tratábamos de ser buenos. Ser buenos significaba ser considerados y sabíamos que la regla suprema de la bondad o la consideración era: "Haz a los demás lo que te gustaría que te hicieran a ti". De manera que nos esforzábamos mucho por tratarnos como queríamos ser tratados. Sólo que no funcionó muy bien porque la realidad es que Lily y yo, como muchas parejas, iniciamos el matrimonio como narcisistas relativamente leves. No éramos como las personas que llaman a las dos de la madrugada. Éramos exquisitamente corteses, pero aún no sabios, porque operábamos bajo la suposición narcisista de que el otro era como nosotros o de lo contrario estaba equivocado. Lo que en definitiva aprendimos fue que la Regla de Oro es apenas el comienzo. Para crecer, tuvimos que aprender a reconocer y respetar la *individualidad* de cada uno. De hecho, éste es el curso avanzado del matrimonio, que enseña: "Haz a los demás lo que te gustaría que te hicieran a ti si estuvieras en sus zapatos particulares, únicos y diferentes". No es un aprendizaje fácil. Al cabo de casi seis décadas de vida, Lily y yo seguimos aprendiéndolo y en ocasiones nos sentimos principiantes. Estamos aprendiendo que nuestras diferencias crean la sal y la pimienta de nuestro matrimonio así como su *sabiduría*. El dicho: "Dos cabezas piensan mejor que una" no tendría sentido si ambas cabezas fueran exactamente iguales. Puesto que la cabeza de Lily y la mía son tan diferentes, cuando las juntamos —como lo hemos hecho en la crianza de los hijos, el manejo de las finanzas, la planificación de las vacaciones, etcétera—, el resultado es invariablemente más sabio que si uno de nosotros hubiera actuado solo. De manera que librarse del narcisismo posibilita el proceso conocido como colaboración, en el que las personas trabajan juntas con sus inteligencias además de con sus músculos.

Narcisismo versus amor por uno mismo

Todavía nos enfrentamos a una paradoja. Mientras que librarnos del narcisismo —nuestro egoísmo y a menudo excesivo sentido de la importancia— tiene mucho que ver con lo que es la vida, resulta por igual vital que a la vez aprendamos a reconciliarnos con lo importantes y valiosos que somos.

La humildad es el verdadero conocimiento de uno mismo tal como uno es. A mi entender, es decisivo que seamos realistas acerca de nosotros mismos y capaces de reconocer tan-

115

to lo bueno como lo malo en nosotros. Pero eso no significa —como muchos concluyen con falsedad— que deberíamos poner más énfasis en nuestra parte negativa y minimizar o descartar por completo la parte buena como secundaria. Sin embargo, muchos lo hacen, intentando desplegar una seudohumildad que puede extenderse a una incapacidad para aceptar cumplidos o para imponerse cuando es apropiado.

Además, es necesario establecer una distinción entre el amor por uno mismo (que planteo como algo siempre bueno) y la autoestima (que sugiero que es a menudo cuestionable). Como escribí en *El crecimiento espiritual*, ambos suelen confundirse porque no poseemos un vocabulario lo bastante rico para cubrir estos fenómenos. Espero que el problema se resuelva a la larga con la creación de palabras nuevas y más adecuadas, pero por el momento, estamos limitados a las viejas.

Por ejemplo, hay instancias en que actuamos de manera impropia. Si negamos que nuestro comportamiento es "malo" y no buscamos formas de corregirlo o de redimirnos aprendiendo de los errores cometidos, entonces estaremos básicamente interesados en la autoestima. Por otra parte, si operamos a partir de un sentido de amor por nosotros mismos, lo más saludable sería reconocer nuestras equivocaciones y castigarnos si corresponde, además de tener la habilidad de discernir que nuestra falla en un momento determinado no define por completo nuestro valor ni lo que somos como personas. Necesitamos momentos para darnos cuenta de que no siempre tenemos todo bajo control ni somos perfectos. Estos momentos son cruciales para nuestro crecimiento porque amarnos a nosotros mismos requiere la capacidad de reconocer que hay algo en nosotros que debemos corregir.

De modo que hay una diferencia entre insistir en que siempre nos sintamos a gusto con nosotros mismos (lo cual es narcisista y sinónimo de conservar siempre nuestra autoestima) e insistir en que nos consideremos importantes o valiosos (esto es un saludable amor por uno mismo). Entender y hacer esta distinción constituye un requisito previo para la salud mental madura. Para ser personas buenas y saludables debemos pagar el precio de hacer a un lado nuestra autoestima de tanto en tanto y de no sentirnos siempre bien con nosotros mismos. Pero siempre hemos de amarnos y valorarnos, aun cuando no siempre debamos estimarnos.

Veinte años atrás, tenía un paciente de diecisiete años que había estado solo desde los catorce. Sus padres habían sido atroces. Durante una sesión, le dije: "Tu mayor problema, Jack, es que no te amas a ti mismo, que no te valoras".

Esa misma noche tuve que manejar de Connecticut a Nueva York en medio de un temporal terrible. Una cortina de agua caía sobre la carretera y la visibilidad era tan escasa que ni siquiera podía ver el costado de la ruta ni la línea amarilla. Tenía que mantener la atención absolutamente fija en el camino, aunque estaba muy cansado. Si hubiera perdido la concentración durante apenas un segundo, me habría salido de la carretera. Y la única forma en que pude realizar ese viaje de ciento sesenta kilómetros en medio de esa espantosa tormenta fue repitiéndome a mí mismo una y otra vez: "Este pequeño Volkswagen está transportando una carga en extremo valiosa. Es de suma importancia que esta carga valiosa llegue sana y salva a Nueva York". Y así fue.

Tres días después, de regreso en Connecticut, vi a Jack de nuevo y me enteré de que en ese mismo temporal, sin estar tan cansado como yo y en un viaje mucho más corto, su auto se había salido de la carretera. Por suerte, no se había lastimado de gravedad. Eso había sucedido no porque él fuera un suicida encubierto (si bien la falta de amor por uno mismo puede llevar al suicidio) sino simplemente porque no había sido capaz de convencerse a sí mismo de que su pequeño Volkswagen estaba transportando una carga muy preciosa.

Otro ejemplo está relacionado con una mujer que empecé a tratar poco después de la publicación de *La nueva psicología del amor*. Esta paciente tenía que viajar desde el centro de Nueva Jersey hasta donde yo vivía en Connecticut. Era una mujer que había pasado toda su vida en la iglesia cristiana; se había criado en la fe de la Iglesia y hasta se había casado con un clérigo. Durante el primer año, trabajamos juntos una vez por semana y no llegamos a nada, no logramos ningún progreso. Entonces, un día ella abrió la sesión diciendo: "¿Sabe, doctor? Mientras manejaba hacia aquí esta mañana, de pronto me di cuenta de que lo más importante es el desarrollo de mi propia alma".

Rompí a reír a carcajadas por el hecho de que por fin lo hubiera entendido, pero también reí con ironía por el hecho de que yo había asumido que esta mujer, que había venido porque le había gustado mi libro, que estaba dispuesta a viajar seis horas una vez por semana para verme y que había pasado la totalidad de su vida en la iglesia, ya sabía que lo más importante era el desarrollo de su propia alma. Pero no lo sabía, y sospecho que muchos tampoco. Una vez que la mujer lo comprendió, sin embargo, su progreso en terapia fue meteórico.

Si nos valoramos a nosotros mismos, creeremos que somos dignos de cualquier esfuerzo que necesitemos hacer en nuestro beneficio. La decisión de empezar terapia para salir del estancamiento y contribuir a nuestro progreso o para tomarnos el tiempo para practicar la seguridad en ciertas situaciones que están bajo nuestro control representa algunos de los indicios verdaderos de que nos valoramos a nosotros mismos. Y, como escribí en *La nueva psicología del amor,* el factor primario determinante de que nos consideremos valiosos e importantes es si nuestros padres nos trataron como si de verdad fuéramos valiosos e importantes. Esto define en gran parte cómo nos consideraremos a nosotros mismos de allí en adelante, puesto que esos años jóvenes e impresionables son cruciales para nuestro sentido del valor.

No obstante, dieciocho años después de haber escrito ese libro, creo que me equivoqué al ser pesimista cuando describí el problema de alguien que entra en la adultez con una arraigada falta del sentido de su valor. Afirmé que era casi imposible que esa persona llegara a desarrollar un sentido del valor saludable. Pero ahora sé que existen al menos dos maneras para que un número significativo de individuos que jamás aprendieron a valorarse a sí mismos durante la infancia puedan aprender a hacerlo. Una es la terapia a largo plazo, durante la cual el psicoterapeuta puede, y a menudo logra, convertirse en una especie de padre sustituto y curar a través de una demostración persistente de su sentido del valor del paciente. Por cierto, la respuesta más común que he recibido de mis pacientes al cabo de un extenso tratamiento de psicoterapia —en los casos exitosos— fue: "¿Sabe, doctor? Usted me trató como si yo fuera más importante de lo que yo creía ser".

Hay también otra manera: a veces Dios parece intervenir en forma directa en las vidas de las personas para transmitirles un mensaje sobre su valor. Como son experiencias tan poderosas, los beneficiados quedan confundidos y pasmados. Aunque agradecidos y humildes, suelen seguir preguntando: "¿Por qué yo?" años después del hecho, ya que todavía se preguntan qué han hecho para merecer esa bendición. Es sin duda una experiencia de gracia abrumadora cuando a alguien que se ha desvalorizado a sí mismo durante mucho tiempo se le concede una revelación divina de que, en realidad, es importante después de todo.

Aunque sólo he descripto estos hechos en mis libros de ficción, tengo ex pacientes y amigos que han recordado estos cambios radicales en su sentido del valor de sí mismos. A veces, estas revelaciones ocurrieron en el contexto de una experiencia de vida horrenda y para algunos —como una mujer que decidió que se valoraba lo suficiente para concluir una relación físicamente abusiva— cuando sus propias vidas estuvieron en peligro. He escrito acerca de estos acontecimientos en mis dos novelas. En *Una cama junto a la ventana*, la señora Simonton, una anciana de sesenta años directora de un geriátrico, recibe un mensaje instructivo de este tipo. Lo mismo le sucede a Tish en el purgatorio, tal como se describió en *In Heaven as on Earth*. A pesar de que ambos relatos son ficticios, reflejan la realidad de personas verdaderas que he conocido y que me han relatado experiencias de esta clase.

El narcisismo, la muerte y aprender a morir

Nuestro narcisismo innato es un fenómeno extraordinario y complejo, puesto que en cierta medida es necesario como el lado psicológico de nuestro instinto de supervivencia. El

119

narcisismo desenfrenado constituye el principal precursor del mal psicoespiritual. La vida espiritual saludable consiste en un abandono progresivo del narcisismo. Y mientras que el fracaso a abandonarlo es en extremo común, también es extremadamente destructivo.

La perspectiva de nuestra muerte y el proceso de morir físicamente puede ser uno de los principales estímulos para ese crecimiento saludable. O el más importante. Cuando los psiquiatras hablamos de las heridas al orgullo, las denominamos "heridas narcisistas". Y en cualquier escala de heridas narcisistas, la muerte ocupa el lugar más elevado. Sufrimos pequeñas heridas narcisistas todo el tiempo: un compañero de clase nos llama estúpidos, por ejemplo; somos los últimos en ser escogidos para integrar el equipo de voleibol; las universidades no nos aceptan; los empleadores nos critican; somos despedidos; nuestros hijos nos rechazan. Como resultado de estas heridas narcisistas, o nos resentimos o crecemos. Pero la muerte es la peor de todas. Nada amenaza más nuestro apego narcisista a nosotros mismos y a nuestra arrogancia que nuestra extinción permanente.

De manera que es absolutamente natural que temamos a la muerte y a cualquier cosa que comience a convertirse en un recordatorio de la muerte. Hay dos maneras de habérselas con ese temor: la manera corriente y la manera inteligente. La manera corriente es borrarlo de nuestra mente, limitar nuestra conciencia de él y tratar de no pensar en él. La manera inteligente es enfrentarse a la muerte lo antes posible. Y al hacerlo, nos daremos cuenta de algo en realidad bastante simple: que en la medida en que seamos capaces de superar nuestro narcisismo, podremos superar nuestro miedo a la muerte. Para quienes consiguieron esto, la perspectiva de la muerte se convierte en un estímulo magnífico para su crecimiento psicológico y espiritual. "Ya que de todos modos voy a morir, ¿qué sentido tiene preservar este apego a mi viejo y tonto yo?", piensan. Y así emprenden el viaje hacia la abnegación.

No es un viaje fácil, pero sin duda vale la pena. Puesto que cuanto más disminuimos nuestro narcisismo, nuestro egoísmo y nuestra vanidad, más descubrimos que nos tornamos

120

no sólo menos temerosos de la muerte sino también menos temerosos de la vida. Y ésta es la base para aprender a amar más. Liberados de la carga de la necesidad de protegernos y defendernos a nosotros mismos, empezamos a quitarnos los ojos de encima y a reconocer realmente a los demás. Y comenzamos a experimentar una felicidad fundamental y continua que jamás habíamos sentido antes, en tanto nos vamos olvidando progresivamente de nosotros mismos y, por ende, nos volvemos más capaces de recordar a Dios y de percibirlo en los detalles de la vida.

Las grandes religiones nos dicen una y otra vez que el sendero que nos aleja del narcisismo es el sendero que nos conduce al sentido en la vida. Su mensaje central es: aprender a morir. Budistas e hindúes se refieren a esto en términos de la necesidad de autodesinterés; de hecho, para ellos, hasta la noción misma del yo es una ilusión. Jesús abordó el tema en términos similares: "Cualquiera que salve su vida (es decir, cualquiera que se aferre a su narcisismo), la perderá. Y cualquiera que pierda su vida por mí, la encontrará".

En su clásico, *On Death and Dying* (Acerca de la muerte y el morir), Elisabeth Kübler-Ross fue la primera científica que se atrevió a preguntar a moribundos qué sentían acerca de su inminente muerte física. En el proceso, distinguió la existencia de cinco etapas emocionales en el proceso de morir. Y descubrió que las personas las atravesaban en el siguiente orden: negación, enojo, regateo, depresión y, finalmente, aceptación.

En la primera etapa, la negación, los moribundos dicen: "El laboratorio debe de haber confundido mis análisis con los de otra persona. No puedo ser yo, no me puede pasar a mí". Pero esta negación no funciona durante mucho tiempo. Entonces se enojan. Se enojan con los médicos, se enojan con las enfermeras, se enojan con el hospital, se enojan con los familiares, se enojan con Dios. Cuando el enojo no los conduce a ninguna parte, comienzan a regatear. Dicen: "Tal vez si regreso a la iglesia y empiezo a rezar de nuevo, mi cáncer desaparecerá". O también dicen: "Si me muestro más cariñoso con mis hijos, quizá mis riñones mejoren". Y cuando eso no resulta, comienzan a darse cuenta de que el juego se acabó y de que realmente van a morir. En ese punto, se deprimen. Si logran mantenerse allí y realizar lo que los terapeutas llamamos el trabajo de la depresión, entonces pueden emerger por el otro extremo de su depresión y entrar en la quinta etapa: la de la aceptación. Ésta es una etapa de gran calma y tranquilidad espirituales, incluso de luz. Las personas que han aceptado la muerte poseen una luz en su interior. Es como si ya hubieran muerto y hubieran resucitado en un sentido psicoespiritual. Es algo hermoso para ver, pero no muy común. La mayoría de las personas no mueren en esta etapa de la aceptación. Mueren aún negando, todavía enojadas, aún regateando, o todavía deprimidas. La razón es que el trabajo de la depresión es tan penoso y difícil que, cuando lo enfrentan, suelen retroceder a la negación, el enojo o el regateo.

Estas etapas no siempre se suceden exactamente como Kübler-Ross lo describió, pero no obstante, no sólo se aplican de un modo general al dolor emocional que entraña el morir sino que son en general válidas (aunque Kübler-Ross no lo reconoció en su momento) para toda clase de aprendizaje en la vida que implique desaprender.

Desaprender y la flexibilidad

He escrito acerca de una experiencia con mi hija en la que ese desaprender fue necesario para mi crecimiento. Una noche, decidí destinar mi tiempo libre a afianzar una relación más feliz y más estrecha con mi hija de catorce años. Durante varias semanas, había estado invitándome a que jugara una partida de ajedrez con ella; de modo que esa noche sugerí que lo hiciéramos y aceptó con entusiasmo. Nos dispusimos a jugar una partida pareja y desafiante. Sin embargo, mi hija debía asistir a clase a la mañana siguiente y a las nueve, me pidió que apurara mis jugadas porque tenía que irse temprano a la cama; debía levantarse a las seis de la mañana. Yo sabía que mantenía una rígida disciplina en sus hábitos de sueño y me pareció que debería poder reducir un tanto esa rigidez. Le dije:

—Vamos, por una vez puedes acostarte más tarde. No deberías entablar una partida que luego no puedes terminar. Estamos pasándolo bien.

Continuamos jugando durante otros quince minutos, en los cuales mi hija visiblemente quedaba en desventaja. Por fin, me rogó:

—Por favor, papá, por favor, apura tus jugadas.

—No, de ninguna manera —repliqué—. El ajedrez es un juego serio. Si hemos de jugarlo bien debemos hacerlo lentamente. Si no deseas jugar en serio, sería mejor que no jugaras.

Y así, mientras ella se sentía cada vez más desdichada, seguimos jugando durante otros diez minutos hasta que de pronto, rompió a llorar, gritó que daba por perdida esa estúpida partida y se fue llorando escaleras arriba.

Mi primera reacción fue la negación. No pasaba nada malo. Mi hija estaba de un humor frágil. Por cierto, no tenía nada que ver conmigo. Pero eso no funcionó. La realidad era que la noche había terminado al revés de lo que yo me había propuesto. De modo que mi siguiente reacción fue enojarme. Me enojé con mi hija por su rigidez y por el hecho de que *ella* no pudiera renunciar a un poco de sueño para dedicarlo a nuestra relación. Era culpa de ella. Pero eso tampoco funcionó. La realidad era que yo también era riguroso con mis hábitos de sueño. Así que pensé en subir, golpear a su puerta y decir: "Lo siento, cariño. Por favor, discúlpame por ser rígido. Que duermas bien". Sin embargo, tuve la sensación en este punto de que estaba regateando. Sería una "disculpa barata". Por fin, comprendí que había metido la pata. Había comenzado la velada con el deseo de pasar un buen rato con mi hija. Noventa minutos después, ella estaba tan encolerizada y llorosa que apenas podía dirigirme la palabra. ¿Qué había salido mal? Me deprimí.

Por suerte, aunque de mala gana, pude mantenerme allí y realizar el trabajo de la depresión. Comencé a enfrentar el hecho de que había echado a perder la velada al permitir que mi deseo de ganar una partida de ajedrez fuera más importante que mi deseo de consolidar mi relación con mi hija. Me deprimí de verdad. ¿Cómo había podido perder así el equilibrio?

Poco a poco fui vislumbrando que mi deseo de ganar era muy grande y que necesitaba renunciar a parte de él. Pero hasta esa pequeña renuncia parecía imposible. Durante toda mi vida, el deseo de ganar me había sido útil, puesto que había ganado muchas cosas. ¿Cómo podía jugar al ajedrez sin querer ganar? Nunca me había gustado hacer las cosas sin entusiasmo. ¿Era posible jugar al ajedrez con entusiasmo pero sin seriedad? Sin embargo, tenía que cambiar algo, pues me daba cuenta de que mi espíritu de competencia y mi seriedad formaban parte de un esquema de conducta que estaba aislándome, y lo seguiría haciendo, de mis hijos. Y si no conseguía modificar ese esquema, esas innecesarias escenas de llanto y amargura se repetirían.

Como he renunciado a parte de mi deseo de ganar todas las partidas, hace ya mucho tiempo que he superado esa pequeña depresión. Maté mi deseo de ganar todas las partidas con mi deseo de ganar en mi rol de padre. De niño, el deseo de ganar siempre me fue provechoso. Como padre, reconocí que semejante deseo era un obstáculo en mi camino. Tuve que renunciar a él. No lo echo de menos, aunque creí que lo haría.

La salud mental madura exige la habilidad de ser flexible. Debemos ser capaces de mantener —una y otra vez— un delicado equilibrio entre necesidades, objetivos, deberes y responsabilidades conflictivos. La esencia de esta disciplina de equilibrio es desaprender y "renunciar" a algo en nosotros mismos con el fin de considerar información nueva. Escoger el estancamiento antes que la flexibilidad para evitar el dolor de renunciar a partes de nuestra personalidad tal vez parezca extraño, pero es comprensible si tenemos en cuenta la intensidad del dolor emocional que esto puede implicar. En sus formas más importantes, la renuncia constituye la experiencia humana más penosa. Cuando renunciar a partes de nosotros mismos entraña renunciar a rasgos de la personalidad, esquemas de conducta arraigados y adquiridos, ideologías e incluso estilos de vida, el dolor puede ser extremo. No obstante, estas formas mayores de renuncia son necesarias si uno pretende avanzar muy lejos por el camino de la vida hacia una maduración y un desarrollo espiritual crecientes. Como con cualquier renuncia, el temor más grande es que uno quedará totalmente vacío. Éste es el vacío existencial de la nada, de ser nada. Pero mientras que un cambio de una forma por otra representa la muerte de la forma vieja, también hace lugar para el nacimiento de una nueva.

No puedo dejar de enfatizar la importancia que tienen estas etapas del morir en el proceso de desaprender y aprender cosas nuevas. No sólo individuos, sino grupos y hasta naciones enteras suelen atravesarlas. Consideremos, por ejemplo, la conducta de los Estados Unidos en Vietnam. Cuando en 1963 y 1964 comenzaron a acumularse pruebas de que nuestras políticas en Vietnam no estaban dando resultado, ¿cuál fue la primera reacción de nuestro país? La negación. Nada andaba mal. Lo único que necesitábamos eran unas pocas fuerzas especiales adicionales y algunos millones de dólares más. Luego, en 1966 y 1967, en tanto seguían acumulándose pruebas de que nuestras políticas estaban fracasando y eran obviamente defectuosas, ¿cuál fue la reacción del gobierno? El enojo. Comenzó el recuento de muertos. Y My Lai. Y la tortura. Y bombardeos tales que íbamos a convertir a Vietnam del Norte en una playa de estacionamiento norteamericana. Para 1969 y 1970, cuando ya eran abultadas las pruebas de que nuestras políticas en Vietnam eran un fracaso, nuestra siguiente reacción fue intentar "regatear" nuestro retiro de Vietnam. Dejamos de bombardear selectivamente un área y empezamos a bombardear otra con la política del premio y el castigo, pensando que podríamos llevar a Vietnam del Norte a la mesa de negociaciones. Pero eso también fracasó.

Aunque algunos de nosotros como individuos atravesamos en su momento una importante depresión a causa de la guerra, nuestro gobierno indujo a creer a la mayoría de los norteamericanos que de alguna manera logramos negociar nuestro retiro de Vietnam. No negociamos nuestro retiro de Vietnam. Fuimos derrotados. Huimos con más de medio millón de hombres. Puesto que como nación, no hicimos en su momento el trabajo de la depresión implicada en esta tragedia, hubo pocas pruebas de que aprendiéramos alguna lección como resultado. Sólo en épocas recientes, veinticinco años después del hecho, parecería que hemos realizado una porción del trabajo de esa depresión y que hemos alcanzado un ápice de humildad en nuestras relaciones internacionales. Para aprender algo nuevo, debemos con frecuencia vaciarnos a nosotros mismos de lo viejo. Esto puede ser tanto un proceso individual como grupal y en *La nueva comunidad humana*, lo describo con cierta profundidad como "el vacío", una de las etapas de la organización de la comunidad. Allí escribí que un grupo que atraviesa la etapa del vacío —la etapa más crítica de su aprendizaje— se asemeja en mucho a un organismo que padece la agonía extrema de la muerte. Este período puede ser muy doloroso. Es también el período en que el grupo se compromete con el aprendizaje, lo cual significa comprometerse también con el abandono de aquello obstructivo, anticuado e impracticable.

Cuando experimentamos el dolor en forma individual o colectiva, a menudo sentimos que durará para siempre. Pero en el ciclo de la vida, siempre existe una oportunidad de renovación. La esperanza es la base del renacimiento que puede suceder a la muerte y al cambio. De modo que cuando se la elabora, la etapa de la depresión es seguida de manera inevitable por la etapa de la aceptación. Alguien entre el público me preguntó una vez si los matrimonios a largo plazo atraviesan estas etapas y respondí que sí. En un principio, cuando surgen las diferencias en la pareja, nuestra primera tendencia es tratar de negar esas diferencias y negar que nos hemos desenamorado. Cuando ya no podemos seguir negándolo, nos enojamos con nuestro cónyuge por ser diferente de nosotros. Cuando eso en definitiva no nos lleva a ninguna parte y nuestra pareja no cambia, intentamos regatear de un modo u otro: "Cambiaré tal cosa si tú cambias tal otra". Cuando eso no funciona, somos propensos a deprimirnos y el matrimonio parece tambalearse.

Pero si logramos mantenernos allí —a menudo durante un período de muchos años, y en el caso de mi matrimonio con Lily fue de casi veinte años— podremos finalmente aprender a aceptar a nuestro cónyuge y a alcanzar, como hemos hecho Lily y yo, una relación que supere al amor romántico y hasta parezca participar de la gloria. Pero muchas personas creen que un matrimonio que experimenta estas etapas no es un buen matrimonio, como si las relaciones a largo plazo debieran deslizarse siempre con placidez. De hecho, ésta es una de las ilusiones primarias que debemos superar. Recuerdo a una mujer que comentó: "Me gustó mucho *In Search of Stones*, Scotty, pero era tan triste". No entendí bien qué quiso decir con "triste", pero supongo que le pareció triste porque pensaba que un matrimonio no debería sufrir los bajones sobre los que yo escribí allí. Sin embargo, creo que *In Search of Stones* es en última instancia un libro triunfal. En realidad, a pesar de todos los altibajos —a través de la muerte de las ilusiones y el renacimiento de la confianza y la aceptación— que Lily y yo atravesamos, hemos emergido con un mayor grado de comprensión que ninguno de los dos hubiera soñado jamás.

De manera que la etapa de la muerte es seguida de la etapa del renacimiento, que en un principio puede ser tan dolorosa como la muerte. En el capítulo uno expliqué que muchos de mis pacientes atravesaban una "depresión terapéutica" cuando la vieja manera ya no era válida y las nuevas maneras se les antojaban imposibles y difíciles, cuando no podían retroceder pero eran renuentes a avanzar porque la nueva manera parecía increíblemente riesgosa. Describo este riesgo en *Una cama junto a la ventana*, donde, en el curso de la terapia, Heather toma la aterrorizante decisión de descartar por fin sus "viejos esquemas" o formas inadecuadas de relacionarse con los hombres y experimentar con "esquemas nuevos". Estos dos procesos son inextricables, pero experimentar con un esquema nuevo es tan aterrador como deshacerse de uno viejo. Aunque un esquema viejo haya demostrado ser ineficaz, todavía puede resultar cómodo, como los zapatos viejos. El esquema nuevo —que tal vez nos exija hacer cosas de maneras totalmente distintas de las que inicialmente eran cómodas, de las que nuestros padres nos enseñaron y, de hecho, de las que toda nuestra cultura ha avalado— puede parecer en extremo peligroso.

Pero aprender es una aventura. Debemos tener un cierto

grado de afición por ella, ya que toda aventura significa adentrarse en lo desconocido. Si siempre sabemos exactamente adónde vamos, cómo llegar allí y qué veremos o experimentaremos a lo largo del camino, eso no es una aventura. Es humano —e inteligente— temerle a lo desconocido, sentir al menos una pizca de miedo cuando nos embarcamos en una aventura. Pero es sólo de las aventuras que podemos aprender mucho de lo que en verdad importa y es en ellas que nos exponemos a lo nuevo y lo inesperado.

El aprendizaje como una aventura

Comenzar terapia suele ser una de las más grandes aventuras en la vida. En el caso de una mujer que llamaré Tammy, fue una depresión casi suicida lo que la urgió a buscar ayuda a los veinticinco años. El origen de su depresión y la dinámica de su caso constituían un ejemplo clásico de un individuo operando bajo la ilusión del perfeccionismo. Durante gran parte de su juventud, Tammy había desarrollado, sin saberlo, normas autoimpuestas e irreales, intentado satisfacer expectativas exageradas que creía que los demás tenían con respecto a ella.

Las semillas del perfeccionismo habían sido plantadas con anterioridad, y fueron muy caras. Como es típico de esta clase de pacientes, Tammy había crecido en una familia alcohólica. De niña, debido al vacío emocional de su madre, incapacitada por la depresión y un serio problema con la bebida, y a la ausencia frecuente de su padre, se vio obligada en muchos sentidos a asumir responsabilidades adultas. En el intento por estar a la altura de las circunstancias, se le requirió que ayudara a criar a sus hermanos menores. Esto significó, desde luego, que no tuvo mucha vida propia en la escuela primaria y durante los primeros años de la secundaria. Dada la confusión existente en su hogar, la escuela se convirtió en el sitio donde Tammy se sentía más competente. Era también el único lugar donde se la cuidaba como la niña que en verdad era y no se le exigía que cuidara de otros. Esto llevó a que se destacara en lo académico; en última instancia, fue la primera de la familia que se graduó en la universidad.

Aunque era una suposición implícita, Tammy interpretaba el vivir de acuerdo con la imagen de sí misma que entrañaba el perfeccionismo como una exigencia de que "tuviera todo bajo control". Sentía que su familia esperaba no sólo que tuviera todo bajo control sino que lo tuviera siempre. Era una norma muy desgastante para satisfacer y en muchos sentidos, opresiva. En lo más profundo, en algún nivel, Tammy sabía que era imposible cumplir con ese estándar de perfeccionismo. Y en el intento por mantener esta ilusión, también le resultaba difícil reconocer la realidad de sus limitaciones. La presión, tanto externa como interna, produjo finalmente no sólo síntomas físicos de zozobra sino una tremenda ansiedad durante varios años. En determinado momento, contempló la posibilidad del suicidio, aunque nunca lo llevó a la práctica.

Durante la terapia a largo plazo, Tammy aprendió que el origen básico de su depresión era su esfuerzo por vivir de acuerdo con pautas demasiado elevadas para poder ser satisfechas y su carencia de una identidad propia y verdadera. Si bien en la superficie parecía segura e independiente para casi todos los que la conocían, la imagen de sí misma se había centrado principalmente en torno de lo que otras personas pensaban o esperaban de ella.

En un principio, casi toda la conversación de Tammy durante la terapia giró alrededor de la percepción de sí misma como una víctima. Expresó una letanía de quejas acerca de lo que otros habían hecho o dejado de hacer por ella. Al cabo de un par de meses de ir y venir con esto, por fin empezó a considerar cómo había contribuido ella para convertirse en una víctima. Al hacerlo, experimentó una crisis significativa. Se dio cuenta de que después de todo tenía una opción. Esto fue acompañado por la decisión de reconocer que poseía algunas limitaciones, aun cuando otros quisieran seguir colocándola en un pedestal porque era la primera de la familia en asistir a la universidad. En la medida en que dejó de hablar de "ellos" y comenzó a tomar posesión de sus propios sentimientos utilizando afirmaciones de "yo", adquirió una sensación de poder que jamás había conocido. En una ocasión, aunque no fue fácil de admitir, dijo que comprendía que un ex novio se había aprovechado de su generosidad no sólo porque era un desgraciado sino en gran parte porque ella había insistido en dar mucho más de lo que recibía en la relación.

En tanto Tammy tomaba más conciencia de las formas en las que había sido socializada desde la infancia para asumir el papel de salvadora y mártir de la familia, fue entendiendo que como adulto había basado siempre la imagen de sí misma en este papel. Incluso más sorprendente —y humillante— fue el descubrimiento de que en cierto sentido, disfrutaba del rédito psicológico. Ser la salvadora de la familia y la novia que trataba de ser "buena" todo el tiempo acrecentaba su ego. De todos modos, el precio que pagaba era demasiado elevado.

En retrospectiva, Tammy pudo discernir que se había amoldado a su difícil situación, al menos en forma pasiva. Luego enfrentó el hecho de que se había sentido usada y se enojó con su familia, amigos y ex novios por lo que exigían de ella. Para complicar las cosas, sin embargo, estaba la culpa que a veces sentía: después de todo, sus problemas parecían insignificantes y menores comparados con los problemas de pobreza y falta de educación que afligían a casi todos en su familia. Ni siquiera la mayoría de sus novios hasta ese momento había logrado tanto como ella.

Mientras continuaba su proceso de curación, Tammy decidió redefinir las expectativas realistas que debería albergar con respecto a sí misma. "Me di cuenta de que cometer errores sólo me convertía en un ser humano, no en una desgracia total. He aprendido que no ser perfecta no significa ser del todo imperfecta. Nada es blanco o negro, sino que existen matices de gris. Sé que puedo estar bien incluso cuando me equivoco. Todavía puedo valorarme a mí misma, con mis virtudes, defectos y todo", comentó y luego rió.

Si bien "las cosas malas" que aprendió sobre sí misma resultaron humillantes, fue a la vez edificante para ella —y sorprendente— tomar conciencia de sus verdaderas virtudes, "las cosas buenas" que aprendió en el curso de la terapia. Por empezar, en la medida en que se liberaba de las garras del perfeccionismo, Tammy se tornó menos dura y estricta a la hora de juzgarse a sí misma. Experimentó un momento catártico cuando al pedirle durante la terapia que se imaginara a sí misma de niña, lloró al sentir empatía hacia sí misma. Aprendió a reconocer sus méritos por haber sobrevivido a una infancia difícil y por haber progresado a pesar de ella.

Un descubrimiento aun mayor sobrevino cuando comprendió que la malsana necesidad de perfeccionismo no le había permitido reconocer que necesitaba afecto y apoyo de los demás. "Tal vez no se ha tratado de que mi familia y mis amigos fueran renuentes a ayudarme. Quizá yo no los dejaba que lo hicieran porque daba la impresión de tener todo bajo control." De modo que se puso como objetivo practicar esta afirmación pidiendo ayuda a otros de manera periódica y trabajar en su dificultad de recibir puesto que se había acostumbrado tanto a dar. Un día me comunicó alborozada que cuando alguien le había dicho que era inteligente y hermosa había sido capaz de responder con un "gracias" amable en vez de ponerse a recitar razones para descartar el cumplido.

Aunque Tammy inició la terapia cuando sintió que ya no tenía otra alternativa —"Estaba perdida, estaba quebrada"—, el proceso le resultó gratificante, incluso revivificante desde el punto de vista espiritual. "Al tomar conciencia de mis limitaciones, dejé de imponerme expectativas elevadas en todas las áreas de mi vida. Ahora prefiero volcar lo mejor de mí en aquellas cosas que me importan y dejar que otras personas hagan su parte de manera de no sentirme responsable del mundo entero", afirmó. "Cuando lo pienso, me doy cuenta de lo arrogante que era al suponer que tenía que intervenir en todo para que las cosas salieran bien. Ahora he aprendido a sentarme en segunda fila y a no sentir que debo hacerme cargo de todo y de todos. Es un alivio. En un sentido muy real y por más extraño que suene, tengo la impresión de que he sido capaz de restaurar gradualmente mi humanidad."

The Spirit of Imperfection (El espíritu de imperfección) de Ernest Kurtz y Katherine Ketcham, trata el viaje de aquellas personas como Tammy que se recuperan del perfeccionismo. Estos individuos, al afrontar la verdad de sus li-

131

mitaciones, se vuelven más espiritualmente conscientes —si son receptivos a ello— a través de la humildad de confesarlo todo y asumir la realidad.

A veces es difícil distinguir si es el coraje o la desesperación (la urgencia que deriva de tocar fondo) lo que lleva a alguien a embarcarse en la aventura de la psicoterapia. Recuerdo algo que dijo el más grande de los maestros que conozco además de Jesús: Jalal ad-Rin ar-Rumi, un místico musulmán del siglo xiii. Rumi dijo: "Los organismos evolucionan en respuesta a la necesidad. Por lo tanto, aumenta tu necesidad". De modo que creo que la aceptación de la necesidad constituye un acto de coraje en sí mismo. Así, aun cuando la necesidad —o la desesperación— parece la motivación más poderosa, se requiere coraje para entrar en un proceso psicoterapéutico, dado que es un verdadero paso hacia lo desconocido. Uno se expone a sí mismo al terapeuta y no tiene idea de los desafíos que recibirá. Cuando las personas se abren al desafío de someterse a terapia, ignoran lo que aprenderán acerca de sí mismas, pero suelen estar seguras de que van a descubrir algunas "cosas malas". En mi experiencia con pacientes, si bien es cierto que en el curso de la terapia descubren "cosas malas" imprevistas, casi siempre aprenden también "cosas buenas" imprevistas acerca de sí mismos.

Una cosa que nunca deja de asombrarme es que muy pocas personas entienden qué es el coraje. La mayoría cree que el coraje es la ausencia de temor. La ausencia de temor no es coraje; la ausencia de temor es algún tipo de problema cerebral. El coraje es la capacidad de ir hacia adelante a pesar del temor o a pesar del dolor. Cuando haga usted eso, descubrirá que superar ese temor no sólo lo fortalecerá sino que constituirá un gran avance hacia la madurez.

Cuando escribí *La nueva psicología del amor*, si bien describí a varias personas inmaduras, jamás di una definición de madurez. Pero tengo la impresión de que lo que más caracteriza a las personas inmaduras es que se quedan sentadas lamentándose de que la vida no satisface sus exigencias. Por otra parte, lo que caracteriza a esos pocos del todo maduros es que consideran una responsabilidad —incluso una oportunidad— el satisfacer las exigencias de la vida. De hecho, cuando nos damos cuenta de que todo cuanto nos sucede ha sido destinado a enseñarnos lo que necesitamos saber en nuestro viaje por la vida, comenzamos a ver la vida desde una perspectiva completamente distinta.

Una perspectiva única —y madura— es sin duda necesaria para enfrentar la aventura suprema de la vida. Conozco otra única aventura mayor que la de iniciar una psicoterapia seria: la aventura final de la muerte. Al margen de nuestro sistema de creencias, no sabemos con certeza dónde ni cómo nos hallaremos cuando la aventura de la muerte haya concluido. ¡Es todo un viaje a lo desconocido!

Puesto que la muerte y el morir conforman la mayor aventura de la vida, no es casualidad que este tiempo no sólo constituya nuestra última oportunidad de aprender sino la más importante. Como psicoterapeuta, he descubierto que mi oportunidad más satisfactoria ha sido trabajar con pacientes moribundos. Esto puede parecer paradójico hasta que caemos en la cuenta de que quienes están claramente muriendo tal vez sean conscientes de que no les queda mucho tiempo. Digo "tal vez" porque la toma de conciencia es una elección. Como ya he indicado, muchos deciden negar que están muriendo y, por lo tanto, se niegan a sí mismos el aprendizaje que esto conlleva. Pero cuando eligen aceptar que están muriendo —que les queda muy poco tiempo— pueden realizar extraordinarios progresos en el crecimiento durante sus últimos días o semanas en la Tierra. Todos hemos escuchado historias no sólo de confesiones y conversiones en el lecho de muerte, sino de arrepentimientos, perdones y reconciliaciones dramáticos. Escuchamos estas historias porque son verdaderas. Morir puede constituir el momento de nuestra mayor gloria.

En realidad, este tema es tan importante que lo retomaré en el próximo capítulo, "Elecciones de vida personal". Ahora me limitaré a decir que la decisión de morir bien sólo puede ser tomada por aquellas personas que han escogido aprender, que han desarrollado la actitud de que aprender es crucial —incluso tan esencial como el techo sobre nuestras cabezas— para vivir.

Escoger morir bien es una parte inherente de elegir aprender a vivir bien.

Los valores y las opciones de aprendizaje

Tres factores desempeñan un papel fundamental en nuestro aprendizaje: la actitud, el temperamento y los valores. Aunque están interrelacionados, en la medida en que pueden ser separados, cada uno constituye un componente valioso y particular del aprendizaje en sí mismo.

Dado que la actitud es nuestra disposición adquirida o enfoque general para la consideración de las cosas, sin duda afecta nuestra capacidad de aprender. Un ateo posee una "actitud" acerca de la religión que afectará su percepción de las cosas. Un alcohólico que es religioso en la superficie tal vez siga teniendo una actitud negativa general hacia AA porque la noción de "volverse impotente" le resulta un anatema.

Es difícil determinar hasta qué punto una actitud es adquirida o innata, pero existen motivos para creer que gran parte de ella es fomentada por nuestras circunstancias. Todos tenemos un problema de "actitud" en aquellas áreas en las que no pensamos bien o somos en general negativos. Tendemos a aprender mejor en las áreas en las que tenemos una actitud positiva. Por ejemplo, cuanto más temerosos seamos —si sentimos que siempre tenemos que defendernos o protegernos—, menos abiertos estaremos a aprender sobre un tema o una experiencia determinados. Por lo tanto, parte de aprender es tomar conciencia de nuestras actitudes y ponerlas en tela de juicio. Por supuesto, no podemos hacer esto todo el tiempo. Pero del mismo modo en que un paciente se hará tiempo para la terapia, podemos reservar tiempo para cuestionar nuestras actitudes y reflexionar sobre ellas con impunidad y en un ambiente de seguridad.

El temperamento se refiere a la parte biológica de nuestra personalidad. Está en nuestros genes. Por esto es que incluso cuando los niños son muy pequeños, los padres y otras personas que pasan mucho tiempo con ellos pueden evaluar y predecir con bastante precisión cómo responderá un niño en particular a ciertas situaciones. La cuestión de si el temperamento se consolida de manera irrecuperable a una edad determinada o ya está profundamente fijado al nacer es objeto de controversia.

Los valores son esas cualidades que consideramos importantes. Y aquellos que consideramos más importantes que otros influyen en las elecciones que hacemos y las opciones que percibimos en la vida. Como no podemos aprender todo lo que hay para saber, nos enfrentamos al problema progresivo de tomar decisiones basándonos principalmente en qué valoramos más. En consecuencia, a lo largo de la vida, debemos elegir qué vamos a aprender, si es que hemos tomado la decisión de aprender. Como dijo el místico musulmán Idries Shah (y lo parafraseo): "Estudiar no es suficiente. Primero debemos determinar qué estudiar y qué no estudiar. Cuándo estudiar y cuándo no estudiar. Y con quién estudiar y con quién no estudiar".

Esto se aplica no sólo al aprendizaje especializado y académico sino también a las experiencias de vida y a las opciones acerca de a qué destinar nuestro tiempo y atención. En parte, Idries Shah se refería a un asunto de prioridades, y a nada destino más tiempo de plegaria que al intento de clasificar mis prioridades. Algunas de esas prioridades están vinculadas con qué estudiar y qué no estudiar. Pero es probable que mi decisión más importante haya sido la de discernir mis valores. Por ejemplo, el valor de la integridad ha llegado a ocupar un lugar muy elevado en mi lista de prioridades. En *La nueva psicología del amor* resulta evidente que otros dos de mis valores primarios son la dedicación a la realidad o la verdad y la aceptación de la responsabilidad apropiada. Esencial en este tema de aceptar la responsabilidad ha sido la decisión de aceptar el dolor que entraña el aprendizaje.

La dedicación a la verdad es una parte del hecho de que soy un científico. Lo que denominamos el método científico no es más que una serie de convenciones y procedimientos que hemos adoptado a lo largo de los siglos con el fin de combatir nuestra propensión tan humana a querer engañarnos a nosotros mismos. Practicamos este método por una dedicación a algo más elevado que nuestra comodidad intelectual o emocional inmediata: es decir, la verdad. La ciencia, por ende, es una actividad sujeta a un poder superior (excepto, por supuesto, en aquellas instancias en que los egos de los científicos obstaculizan su búsqueda de la verdad). Como creo que Dios es el epítome de nuestro poder superior —Dios es luz, Dios es amor, Dios es verdad—, lo que sea que aspire a estos valores es sagrado. Por esto, aun cuando no pueda responder todas las preguntas, la ciencia, en su lugar correcto, constituye una actividad muy sagrada.

El libro de Hunter Lewis, *A Question of Values* (Una cuestión de valores), demuestra que las personas poseen valores primarios bastante distintos sobre los que basan sus decisiones y a través de los cuales interpretan el mundo. Lewis enumera esos valores como la experiencia, la ciencia, la razón, la autoridad y la intuición, pero no está seguro de cuándo escogemos un valor primario. Tal vez ni siquiera se trate de una elección, sino de algo genético. En cualquier caso, si es una elección, parecería que se hace tanto inconsciente como pasivamente, durante la infancia. No obstante, como adultos, está en nuestro poder el reevaluar nuestros valores y prioridades.

Como empírico, valoro básicamente la experiencia como el mejor camino hacia el conocimiento y la comprensión. Pero Lewis procede a hablar sobre "sistemas de valores híbridos" y, a mi entender, en esto reside la importancia de su libro. Si tomamos conciencia de nuestros valores primarios, entonces, en la adultez, podremos dedicarnos con deliberación a fomentar otros valores. Por ejemplo, "la autoridad de las Escrituras" no constituía un valor importante para mí durante mi infancia. Incluso hoy, no considero que las Escrituras son "perfectas" en su autoridad, pero disfruto estudiándolas, aprendiéndolas y poniéndolas en práctica. Es también en la etapa adulta que he escogido por voluntad propia aprender de Lily sus aptitudes intuitivas, que yo no poseía cuando era más joven. Así como ensalcé el empleo de ambos hemisferios cerebrales, el derecho y el izquierdo, porque existe más de una manera en que podemos aprender, también ensalzo el uso de valores múltiples a través del desarrollo de un sistema de valores híbridos lo más complejo posible. De manera que regresamos al tema de la integridad y la totalidad. A diferencia de los niños, los adultos pueden practicar la integridad a través de una elección consciente. Algunas personas descubren que son buenas para aprender aptitudes informativas o de contenido (lo cual tiende a ser una propensión masculina) y otras se sienten más idóneas para las aptitudes de relación (lo cual tiende a ser una inclinación femenina). Cuando somos buenos en una cosa y no tan buenos en otra, tendemos a evitar lo que es difícil o a pasar por alto aspectos de nosotros mismos que nos resultan incómodos porque son desconocidos o en apariencia amenazantes. Muchos hombres huyen de su costado femenino y muchas mujeres evitan ejercitar sus cualidades masculinas.

Al aprender la integridad, debemos estar abiertos a la androginia, a incluir tanto el componente femenino como el masculino. Estamos llamados a ser personas íntegras. Las palabras "salud", "integridad" y "santidad" tienen la misma raíz.* Es nuestra tarea psicológica y espiritual —en particular durante la segunda mitad de nuestra vida— trabajar para la expresión más plena de nuestro potencial como seres humanos, para convertirnos en lo mejor que podemos ser. Volvernos íntegros entraña utilizar nuestros talentos latentes, que pueden adquirirse o desarrollarse, pero a menudo sólo con mucha práctica y con frecuencia sólo con la madurez que requiere la humildad de intentar corregir nuestros lados flacos.

He contado la historia de mi experiencia de aprendizaje como jugador de tenis. A principios de la adolescencia, me había convertido en un jugador de tenis bastante decente. Mi saque era más o menos bueno y aunque mi revés era muy flojo, tenía un golpe derecho extraordinariamente poderoso. Lo que hice entonces fue desarrollar un patrón de "correr alrededor" de mi revés. Me paraba a la izquierda de la cancha y

---

* *Health* significa "salud"; *wholeness*, "integridad" y *holiness*, "santidad". (*N. de la T.*)

respondía todos los tiros que podía con mi golpe derecho. Utilizando este método lograba vencer al noventa y cinco por ciento de mis oponentes. El único problema era el cinco por ciento restante. Enseguida se daban cuenta de mi debilidad y me tiraban a mi revés, llevándome más y más a la izquierda, luego lanzaban la pelota cruzada y lejos del alcance de mi golpe derecho y me vencían. A los treinta y dos años, comprendí que si alguna vez iba a desarrollar mi potencial como jugador de tenis —jugar lo mejor que podía— tendría que trabajar en mi revés. Fue un asunto humillante. Significó tener que hacer lo que se había convertido en algo por demás antinatural: pararme a la derecha del centro de la línea de fondo y responder a todos los golpes posibles con mi revés. Significó perder una y otra vez con jugadores inferiores. Y significó que los espectadores que habían ido a la cancha a verme jugar tenis me observaran mandar tiros a dos canchas más lejos, por arriba de la cerca o mandar pelotas a la red. Pero al cabo de tres meses, tenía un revés decente por primera vez en mi vida, y con un juego de tenis integrado, me convertí en el mejor jugador de la pequeña comunidad isleña donde vivía entonces. En ese punto, me volqué al golf. Eso fue en verdad degradante.

Para mí, el golf es tan degradante (o humillante) que no puedo ni jugarlo ni disfrutarlo a menos que lo considere una oportunidad para el aprendizaje. De hecho, he aprendido muchísimo acerca de mí mismo, tal como la atrocidad de mi propio perfeccionismo y las profundidades de odio hacia mí mismo a las que me abandono cuando no logro ser perfecto. A través del golf, me estoy curando de a poco de mi perfeccionismo y mis muchas otras imperfecciones. Y no creo que exista otra manera más saludable —o más importante— de convertirnos en personas íntegras que trabajar en nuestros lados flacos.

Aprender de los modelos

Nuestras relaciones con los demás —y el aprender de ellos— puede constituir un don de la vida. Como bendición, los modelos ayudan a evitar que tengamos que aprender todo de cero, por así decirlo, puesto que si sabemos escuchar y observar seremos capaces de eludir algunos de los escollos ocultos con los que algún otro se topó en el camino por el que nos encaminamos. Pero debemos escoger con sabiduría a quién emular, porque a veces, los modelos pueden ser perjudiciales. En la infancia, una de las rutas de aprendizaje, para bien o para mal, es a través de nuestros padres como modelos primarios. En la etapa adulta, tenemos la oportunidad de hacer una elección deliberada de modelos; no sólo podemos decidirnos por modelos buenos sino incluso utilizar modelos negativos en forma apropiada, como ejemplos de lo que no hay que hacer.

Gran parte de mi aprendizaje provino de un modelo negativo que tuve en mis primeros años profesionales. Lo llamaré el doctor Tropiezos. El doctor Tropiezos era psiquiatra en jefe y un hombre bastante agradable. Pero todos sus instintos psiquiátricos eran incorrectos. En ese entonces, yo era practicante, y los primeros meses de mi residencia fueron terriblemente confusos hasta que comprendí que el doctor Tropiezos solía estar equivocado. No bien me di cuenta de esto, se tornó muy útil para mí como modelo negativo: un ejemplo de lo que no había que hacer.

Por lo general, yo sabía qué era correcto y qué no comparando mis juicios profesionales con las opiniones del doctor Tropiezos. Si me le acercaba y le decía:

—Bueno, este hombre ha sido diagnosticado como un esquizofrénico y parece esquizofrénico, pero no actúa del todo como un esquizofrénico...

Si el doctor Tropiezos contestaba:

—Oh, no hay ninguna duda; se trata de un típico caso de esquizofrenia.

En ese caso, yo sabía que tenía razón en dudar del diagnóstico. O si yo comentaba:

—Este paciente no parece esquizofrénico, pero me pregunto si no lo será, por la forma en que actúa.

Si el doctor Tropiezos respondía:

—No, de ninguna manera, no es esquizofrénico.

En ese caso yo confirmaba que estaba en lo cierto al suponer esquizofrenia.

De modo que en nuestro aprendizaje de los demás, debemos percibir con sutileza los matices que nos permitan distinguir entre un maestro bueno y uno malo. Como no logran establecer estas distinciones, muchas personas desarrollan neurosis cuando han tenido modelos malos, pero sienten que deben comportarse de la misma manera en que lo hicieron sus padres u otros adultos influyentes. De algunos pacientes ya ancianos, por ejemplo, he aprendido mucho acerca de lo que no deseo para mí. En mi opinión, una de las cosas más tristes del mundo es ver a ancianos tratando de vivir la vida como siempre y de controlar sus asuntos cuando ya no son competentes para ello. Con frecuencia, estas personas no se han preparado para el proceso de envejecer y morir. Se han estancado. Muchos seguirán intentando mantener una casa sin demasiada ayuda, tendrán papeles diseminados por todos lados y sus asuntos en un desorden total.

Casi paradójicamente, era a estos pacientes, que no podían renunciar al control, a quienes yo solía tener que enviar a un geriátrico en contra de su voluntad. Era muy doloroso. Si estos pacientes hubieran estado dispuestos a reclinarse y aprender a dejar que otros hicieran las cosas por ellos, podrían haber disfrutado de sus últimos años en casa. Pero era precisamente porque se negaban a aprender a renunciar a cualquier tipo de control que sus vidas se tornaban tan desordenadas. Sus familias y yo debíamos arrebatarles el control y enviarlos a instituciones donde serían cuidados, les gustara o no.

Estas pobres almas, como modelos negativos, me han enseñado a rezar casi a diario para que cuando llegue el momento yo esté mejor preparado para renunciar a cualquier clase de control que sea necesario y sea capaz de hacerlo. De hecho, ya he comenzado a aprender a hacerlo. Pero me preocupa que este aprendizaje no continúe.

El aprendizaje grupal

Continuar aprendiendo es de gran importancia no sólo para los individuos sino también para los grupos. He hablado del "vacío" que entraña el aprendizaje grupal y de los dolores agonizantes que padecen grupos enteros en el proceso de "desaprender". Es un fenómeno que he presenciado en muchas ocasiones. Durante los últimos doce años, la mayor aventura de mi vida profesional —y de mi aprendizaje— ha derivado de mi trabajo con otros en la Fundación para el Fomento de la Comunidad (FCE). La misión de la FCE es enseñar los principios de la comunidad, por los cuales me refiero a los principios de la comunicación sana dentro de los grupos y entre ellos. La FCE enseña a los grupos cómo ser sanos e "íntegros", incluso "santos".

Cuando los grupos son sanos, sus miembros individuales se hallan en un entorno donde es posible aprender con más eficacia y más eficiencia —acerca de sí mismos y de los demás— que en ningún otro lugar. El grupo en sí también aprende. Aunque se requiere un gran esfuerzo, incluyendo el esfuerzo de desaprender, un grupo es capaz de desarrollar una conciencia propia más sabia y mayor que la suma de sus miembros individuales. Dichos grupos se convierten en cuerpos de adopción de decisiones extraordinariamente efectivos.

Dado que los grupos sanos pueden ser tan increíblemente productivos al abordar asuntos en extremo complejos, la FCE está trabajando cada vez más en empresas y otras organizaciones. Hemos aprendido a formar comunidades temporarias en dichas organizaciones con el propósito de adoptar decisiones en colaboración. De hecho, hemos aprendido a hacerlo muy bien. Ahora estamos empeñados en aprender a ayudar a estas organizaciones a desarrollar la capacidad de mantener por sí mismas los ingredientes de la comunidad *después* de la intervención de la FCE. Es decir, ser lo que denominamos una comunidad sustentable, de manera tal que la adopción de decisiones y el funcionamiento saludable del grupo pueda continuar y continúe ocurriendo en forma rutinaria.

141

Nuestro trabajo en la FCE se ha amoldado al de Peter Senge en el Centro de Aprendizaje Organizado del Instituto de Tecnología de Massachusetts. En su libro *The Fifth Discipline* (La quinta disciplina), Senge acuñó el término "organización del aprendizaje", que es sinónimo de lo que en la FCE llamamos comunidad sustentable. Una organización del aprendizaje debe ser una comunidad. Una comunidad sustentable será una organización del aprendizaje. El punto clave, sin embargo, es el tema de continuar aprendiendo. Resulta comparativamente fácil ayudar a las organizaciones a aprender de modo temporario, cuando se enfrentan a algún tipo de crisis. Lo que no resulta tan fácil es enseñarles a aprender continuamente. Creemos que los grupos pueden comenzar a integrar una nueva perspectiva acerca del aprendizaje cuando éste es considerado como una oportunidad para el crecimiento individual y colectivo, no como una mera carga que ha de ser soportada, quizás el equivalente de inscribirse una vez al año en clases obligatorias. Hemos tenido vislumbres de cómo enseñar esto, pero sólo vislumbres; el campo es una verdadera frontera.

Existen poderosas razones para creer que la salud grupal es incluso más significativa que la salud individual. Así como los individuos deben proseguir aprendiendo para sobrevivir bien, también deben hacerlo nuestras organizaciones e instituciones. La supervivencia de nuestra civilización bien podría depender de que nuestras instituciones logren evolucionar hacia comunidades sustentables y, por ende, convertirse en organizaciones de aprendizaje progresivo.

La lucha contra la complejidad
de la vida cotidiana

PARTE II

La lucha contra la complejidad
de la vida cotidiana

CAPÍTULO IV

Elecciones de vida personal

Parte de la complejidad de la vida es que somos a la vez individuos, miembros de una familia y una organización de trabajo, y miembros de la sociedad. En realidad, es casi arbitrario separar estas categorías. Pero en ocasiones resulta necesario establecer estas distinciones arbitrarias si queremos hablar de algo en detalle y profundidad. Por lo tanto, permítanme concentrarme primero en la que considero la elección más fundamental que hacemos como individuos en nuestros corazones y nuestras mentes.

Como siempre, la conciencia precede a la elección; sin ella, no hay elección. Por esto, la elección personal más crucial que podemos hacer en nuestra vida es la elección de una conciencia creciente. La conciencia, sin embargo, no facilita las elecciones. Por el contrario, multiplica las opciones.

Para dar un ejemplo de la complejidad de las opciones, consideremos la forma en que podríamos manejar nuestro enojo. En el cerebro medio, hay pequeños grupos de células nerviosas o centros que no sólo regulan sino que de hecho producen nuestras emociones poderosas. Uno de ellos es el centro del enojo. En *El crecimiento espiritual* escribí que el centro del enojo en los seres humanos funciona de la misma manera que en otras criaturas. Es básicamente un mecanismo territorial que se activa cuando cualquier otro ser viola nuestro territorio. No somos diferentes de un perro que se enfrenta a otro perro que invade su territorio, excepto que para nosotros, los seres humanos, las definiciones de territorio —o fronteras— son mucho más complejas y multifacéticas. No sólo tenemos un territorio geográfico y nos enfurecemos cuando alguien entra sin invitación en nuestra propiedad y comienza a recoger flores, sino que también poseemos un territorio psicológico y nos enfadamos cuando alguien nos critica. Además tenemos un territorio teológico o uno ideológico y tendemos a enojarnos cuando alguien censura nuestras creencias, incluso cuando quien nos critica es un extraño a miles de kilómetros de distancia.

Como nuestro centro del enojo se activa todo el tiempo y con frecuencia de manera impropia —a veces basándose en transgresiones percibidas antes que reales— es preciso que seamos flexibles al abordar situaciones que provoquen fácilmente nuestra ira. Debemos aprender una serie compleja de formas de manejar el enojo. En ocasiones tenemos que pensar: "Mi enojo es tonto e inmaduro. Es mi culpa". A veces debemos concluir: "Esta persona se inmiscuyó en mi territorio, pero fue un accidente y no hay motivo para que me enfurezca". O bien: "Bueno, violó un poco mi territorio, pero no es nada importante. No vale la pena enfadarse por eso". Pero de tanto en tanto, después de pensarlo un par de días, tal vez decidamos que, de hecho, alguien violó seriamente nuestro territorio. En ese caso, quizá sea necesario acercarse a esa persona y decirle: "Escucha, debo hacerte una observación". Y en ocasiones, puede que sea necesario enfurecerse enseguida y reaccionar en el acto contra esa persona.

O sea que existen por lo menos cinco maneras diferentes de reaccionar cuando se activa nuestro centro del enojo. No sólo necesitamos conocer esas formas de reacción sino que también debemos aprender cuál es la reacción apropiada para cada situación específica.

Esto requiere una conciencia extraordinaria de lo que sucede tanto en nuestro interior como fuera de nosotros. No es de extrañar que muy pocas personas aprendan a manejar bien su enojo antes de cumplir los treinta o los cuarenta años y que muchas no aprendan nunca a hacerlo constructivamente.

En realidad, la capacidad de aprender a manejar los problemas y desafíos de la vida de un modo constructivo es lo que define el progreso psicoespiritual. A la inversa, aquello que rechaza el progreso se opone a nuestro crecimiento y resulta, en última instancia, autodestructivo.

El camino del egoísmo inteligente versus el camino del egoísmo estúpido

Para crecer, tenemos que aprender a discernir entre lo que es autodestructivo y lo que es constructivo para uno mismo. Cuando ejercía la psicoterapia, no permitía que ninguno de mis pacientes utilizara la palabra "altruista" al cabo de unas cinco sesiones. Les decía que yo era un ser humano totalmente egoísta que nunca había hecho nada por nadie ni por nada. Cuando regaba mis flores, no les decía: "Ah, miren lo que estoy haciendo por ustedes, flores. Deberían estarme agradecidas". Lo hacía porque me gustaban las flores lindas. De la misma manera, cuando me esforzaba por alguno de mis hijos era porque me gustaba tener una imagen de mí mismo como padre razonablemente decente y un hombre razonablemente honesto. Para mantener estas dos imágenes lado a lado con integridad, de tanto en tanto tenía que esforzarme más allá de lo que solía tener ganas de hacer. Además, también me gustan los niños lindos.

La verdad es que rara vez hacemos nada sin cierto provecho o beneficio para nosotros mismos, por más pequeño o sutil que sea. Hacer una donación a una institución de beneficencia me hace sentir bien. Alguien que alega estar "sacrificando" un empleo bien pago al terminar sus cuatro primeros años de estudios superiores con el fin de ingresar en la facultad de abogacía para "ser más útil a la sociedad" también se está siendo útil a sí mismo. Una mujer que "se sacrifica" quedándose en su casa a criar a sus hijos antes que salir a trabajar tal vez lo haga porque "cree en la familia", pero también se beneficia personalmente con esa decisión. Podemos mirar a monjes y monjas y pensar: "Dios, qué altruistas son. Todo lo que han sacrificado: sexo, vida familiar, la posesión de propiedad privada y, en ciertos sentidos, hasta la autonomía de sus propias vidas". Pero han decidido eso por el mismo motivo egoísta que cualquier otra persona. Han elegido eso porque para ellos ése es el mejor camino hacia la dicha.

De manera que el altruismo no siempre es un asunto sencillo. Lo que yo solía hacer era pedir a mis pacientes que distinguieran entre el camino del egoísmo inteligente y el camino del egoísmo estúpido. El camino del egoísmo estúpido es intentar eludir todo dolor. El camino del egoísmo inteligente es tratar de discernir cuál dolor o sufrimiento, en particular el sufrimiento emocional, es constructivo y cuál es no constructivo. Como escribo mucho acerca del dolor, el sufrimiento y la disciplina, muchas personas piensan que soy una especie de masoquista. No soy ningún masoquista, soy un fanático de la dicha. No veo absolutamente ninguna virtud en el sufrimiento no constructivo. Si me duele la cabeza, lo primero que hago es tomarme dos aspirinas. No hay ninguna virtud inherente en ese dolor de cabeza, ni per se ni para mí. No veo ninguna virtud en absoluto en ese tipo de sufrimiento no constructivo. Por otra parte, existen tipos de sufrimiento en esta vida de los cuales tenemos muchas cosas constructivas que aprender.

Mis palabras preferidas para "constructivo" y "no constructivo" son, respectivamente, "existencial" y "neurótico". El sufrimiento existencial constituye una parte inherente de la existencia y no puede ser legítimamente evitado. Por ejemplo, el sufrimiento que conlleva el crecer y el aprender a ser independiente; el sufrimiento que entraña el aprender a ser interdependiente e incluso dependiente de nuevo; el sufrimiento asociado con las pérdidas y los renunciamientos; el sufrimiento de la vejez y la muerte. Tenemos muchísimo que aprender de todas estas clases de sufrimiento. El sufrimiento neurótico, por otra parte, es ese sufrimiento emocional que no es una parte inherente de la existencia. Es no constructivo e innecesario y en vez de ensalzar nuestra existencia, la obstaculiza. Lo que necesitamos hacer con el sufrimiento neurótico es desembarazarnos de él lo más rápido posible, puesto que es como recorrer una cancha de golf con ochenta y siete palos en la bolsa en vez de diez o catorce, el número necesario para jugar un golf óptimo. Se trata de un gran exceso de equipaje.

Cincuenta años atrás, cuando las teorías de Freud trascendieron por primera vez a la clase intelectual (y fueron interpretadas erróneamente, como sucede con tanta frecuencia) hubo gran cantidad de padres de vanguardia que, habiendo aprendido que los sentimientos de culpa podían tener algo que ver con las neurosis, resolvieron criar hijos carentes de culpa. Qué cosa más horrible para hacerle a un niño. Nuestras cárceles están llenas de gente que está allí precisamente porque no tiene ninguna culpa o no tiene la culpa suficiente. Necesitamos una cierta dosis de culpa para poder existir en sociedad. Y a eso llamo "culpa existencial". Sin embargo, me apuro a recalcar que el exceso de culpa, antes que ensalzar nuestra existencia, la obstaculiza. La culpa neurótica es innecesaria y nos priva de la dicha y la serenidad en nuestra vida.

Consideremos otro sentimiento penoso: la ansiedad. Aunque puede ser dolorosa, necesitamos una cierta dosis de ansiedad para funcionar bien. Por ejemplo, si tuviera que dar una conferencia en la ciudad de Nueva York, podría estar ansioso acerca de cómo llegar allí, y mi ansiedad me impulsaría a consultar un mapa. Si no sintiera ansiedad, podría partir sin más y terminar en Quebec. Mientras tanto, habría miles de personas esperando escucharme dar una conferencia en la ciudad de Nueva York. De manera que necesitamos un cierto grado de ansiedad para existir bien, el tipo de ansiedad existencial que nos impele a consultar mapas.

Pero de nuevo, puede existir una ansiedad más excesiva que en vez de ensalzar nuestra existencia, la obstaculice. Yo podría pensar para mis adentros: "¿Y si pinchara una goma o tuviera un accidente? El tránsito es muy rápido en las rutas cercanas a la ciudad de Nueva York. Y aun cuando lograra llegar al sitio donde tengo que dictar la conferencia, es probable que no encuentre dónde estacionar. Lo siento, gente de Nueva York, pero esto me supera". Esta clase de ansiedad fóbica, antes que mejorar mi existencia, la limita y es a las claras neurótica.

149

Somos criaturas que naturalmente evitamos el dolor. Pero así como sería estúpido acoger de buen grado todo tipo de sufrimiento, también es estúpido tratar de eludir toda clase de sufrimiento. Una de las decisiones básicas que tomamos en la vida es si escogeremos el camino del egoísmo inteligente o intentaremos evitar todos los problemas y tomaremos el camino del egoísmo estúpido. Para hacerlo, debemos aprender a establecer esta distinción entre el sufrimiento neurótico y el sufrimiento existencial.

Como escribí en *La nueva psicología del amor*, la vida es dificultosa porque es una serie de problemas y el proceso de afrontar y resolver problemas es un proceso penoso. Los problemas, según su naturaleza, suscitan en nosotros muchos sentimientos desagradables: frustración, dolor, tristeza, sensación de soledad, culpabilidad, arrepentimiento, cólera, miedo, ansiedad, angustia o desesperación. Estas sensaciones son a veces tan penosas como cualquier dolor físico. Ciertamente, a causa del dolor que los acontecimientos o conflictos provocan en nosotros, los llamamos problemas. Sin embargo, la vida cobra su sentido precisamente en este proceso de afrontar y resolver problemas. Los problemas fomentan nuestro coraje y nuestra sabiduría; más aún, crean nuestro coraje y nuestra sabiduría. Los problemas constituyen el elemento decisivo que distingue entre el éxito y el fracaso. Sólo a causa de los problemas crecemos mental y espiritualmente.

La alternativa —no satisfacer las exigencias de la vida según los términos de la vida— significa que terminaremos perdiendo con bastante frecuencia. La mayoría de las personas intentan evitar los problemas en vez de hacerles frente. Tratamos de librarnos de ellos antes que padecerlos. En realidad, la tendencia a eludir problemas y el sufrimiento emocional inherente a ellos constituye la base principal de toda enfermedad mental. Y como todos poseemos esta tendencia en mayor o menor grado, la mayoría carecemos de una salud mental completa. Los más sanos aprenden a no temer a los problemas sino, de hecho, a acogerlos de buen grado. Aunque el éxito no está garantizado cada vez que enfrentamos un problema en la vida, los individuos sabios son conscientes de que sólo a través del dolor de afrontar y resolver problemas podemos aprender y crecer.

Elecciones de responsabilidad

La mayor parte de las personas que van a ver a un psiquiatra sufren de lo que se llama una neurosis o un trastorno de carácter. Como lo indiqué en *La nueva psicología del amor*, estas dos afecciones son en esencia desórdenes de responsabilidad: el neurótico asume demasiada responsabilidad; la persona que presenta trastornos de carácter no la asume lo suficiente. Como tales, son dos modos opuestos de estar en relación con el mundo y con sus problemas. Cuando los neuróticos se encuentran en conflicto con el mundo, automáticamente sienten que ellos tienen la culpa. Cuando los que sufren trastornos de carácter están en conflicto con el mundo, asumen automáticamente que el mundo tiene la culpa.

Hasta los modos de expresión de los neuróticos y de los que presentan trastornos de carácter son diferentes. El discurso del neurótico se distingue por expresiones tales como "yo debería" "tendría que" y "no debería", lo cual indica que la imagen de sí mismo que se forjó el individuo lo presenta como un hombre o una mujer inferior que siempre se queda corto, que siempre toma decisiones equivocadas. El discurso de una persona con un trastorno de carácter se distingue en cambio por expresiones como estas: "no puedo", "no podría", "tengo que" y "tuve que", las cuales muestran la imagen de alguien que no tiene ningún poder de decisión, cuya conducta está por completo dirigida por fuerzas exteriores que se hallan enteramente fuera de su control.

Antes de 1950, el término "trastorno de carácter" no existía como un diagnóstico o categoría separado. Gran parte de los trastornos psiquiátricos se denominaban neurosis y las neurosis se dividían generalmente en dos categorías: de yo-alienado y de yo-sintónico. En una neurosis de yo-alienado, el yo de una persona luchaba contra una condición problemática. Como el individuo no quería padecer esa condición, estaba dispuesto a trabajar para mitigarla. En una neurosis de yosintónico, por otra parte, el yo de la persona ni siquiera desea identificar su condición, mucho menos considerarla problemática en su vida.

Cuando era psiquiatra del ejército en la isla de Okinawa, conocí a dos mujeres; ambas estaban casadas con militares y las dos sentían un gran temor de las serpientes. Muchas personas temen a las serpientes, así que eso no era extraño en sí mismo. Lo que tornaba problemático —y fóbico— el temor de estas mujeres era el grado de incapacidad que les ocasionaba. Como mínimo, cuando el temor interrumpe o hace pasar por alto las rutinas cotidianas, crea dificultades en muchos aspectos de la vida de una persona.

Okinawa era un lugar natural para ese tipo de fobias debido a la terrible habú, una víbora típica de la isla. Es venenosa y mide algo así como una serpiente de cascabel grande o una pitón pequeña. También duerme de día, lo que significa que deambula de noche. En ese entonces, había unos cien mil norteamericanos en Okinawa; sólo una persona cada dos años era picada por una habú y la mitad de los que habían sufrido picaduras habían estado caminando de noche por la jungla, no alrededor del conjunto de viviendas militares. Se suministraba información adecuada. Todos los norteamericanos sabían de la víbora y todos los hospitales contaban con las antitoxinas necesarias para tratar las picaduras. En su totalidad, ningún norteamericano había muerto a causa de la víbora en años.

La primera mujer, de unos treinta años de edad, vino a verme al consultorio. "Tengo miedo de las serpientes y sé que es ridículo", admitió. "Pero me niego a salir de noche. No puedo llevar a mis hijos al cine de noche y me resisto a acompañar a mi esposo al club por las noches. Es una tontería, porque sé que casi nadie es picado. Me siento tan estúpida." Como su lenguaje lo sugería, su fobia era de yo-alienado: no encajaba con la imagen que ella tenía de sí misma y por lo tanto le resultaba conflictiva. Aunque permanecía en su casa casi todo el tiempo y sentía un temor particular de salir de noche, esta mujer estaba dispuesta a reconocer que esto era un problema en su vida y deseaba encontrar una manera de reducir su temor para que no interfiriera con sus actividades.

Freud fue el primero en señalar que las fobias suelen ser desplazamientos de un temor real. Lo que descubrimos en la terapia fue que esta mujer nunca había enfrentado problemas existenciales relacionados con su temor a la muerte y al mal. Una vez que comenzó a afrontar estos problemas, si bien continuó siendo tímida, fue capaz de salir de noche con su esposo y sus hijos. Gracias al tratamiento, cuando se disponía a abandonar Okinawa, esta mujer se hallaba en la senda del crecimiento

Supe del temor de las serpientes de la segunda mujer cuando me puse a conversar con ella hacia el final de una cena en la cual oficiaba de anfitriona. Tenía cuarenta años y estaba casada con un comandante segundo. Durante la conversación, me enteré de que se había convertido en una ermitaña. Mencionó con entusiasmo lo mucho que ansiaba regresar a los Estados Unidos, pues en Okinawa estaba confinada a su casa. "No puedo salir por culpa de esas horribles serpientes", explicó. Sabía que otras personas salían de noche, pero comentó: "Si son estúpidas, es problema de ellas". Asimismo, culpaba de su problema al gobierno norteamericano y a la isla porque "deberían hacer algo más acerca de esas espantosas serpientes". Como es típico de las personas con fobias de yo-sintónico, no consideraba que el miedo fuera problema de *ella*. Nunca recurrió a la terapia a pesar de que las consecuencias incapacitantes de su temor resultaban evidentes. Había permitido que su fobia obstaculizara por completo su posibilidad de llevar una vida más plena. Se negaba a asistir a ningún evento social fuera de su hogar —incluso a aquellos que eran importantes para el trabajo de su esposo— y no parecía tener en cuenta que eso podría poner en peligro la carrera militar de él.

Como lo demuestran estos dos casos, los neuróticos son fáciles de tratar con psicoterapia porque asumen la responsabilidad de sus dificultades y por lo tanto comprenden que tienen problemas. Los que presentan trastornos de carácter son mucho más difíciles de tratar porque no se ven a sí mismos como la fuente de sus problemas; consideran que el mundo, y no ellos, es lo que debe cambiar, de manera que no llegan a reconocer la necesidad del autoanálisis.

Así, una parte significativa del sufrimiento existencial de la vida es el sufrimiento que implica discernir —o elegir— constantemente entre aquello de lo que somos responsables y aquello de lo que no somos responsables y mantener un equilibrio sano. Es obvio que las personas que padecen trastornos de carácter eluden este sufrimiento existencial. Lo que no es tan obvio es que los neuróticos también lo hacen. Al asumir que todo es responsabilidad de ellos, en última instancia sufrirán más a través del sufrimiento neurótico, aun cuando eviten el sufrimiento existencial de tener que tomar decisiones, el tipo de sufrimiento que puede llevar aparejado el decir a las personas: "¡No! Pondré un límite".

El problema de distinguir aquello de lo que somos responsables de aquello de lo que no somos responsables en esta vida constituye uno de los desafíos incesantes de la existencia humana. Nunca llega a resolverse por completo. Debemos evaluar y volver a evaluar continuamente dónde están nuestras responsabilidades en medio del continuo cambio de acontecimientos que moldean nuestra vida. No existe una fórmula para hacerlo. Cada situación es nueva y cada vez, debemos volver a reconocer nuestras responsabilidades. Es una decisión que hemos de tomar miles de miles de veces, casi hasta el día mismo de nuestra muerte.

Elecciones de sometimiento

La disciplina es el instrumento para resolver los problemas de la vida. Toda disciplina es una forma de sometimiento. La disciplina de discernir aquello de lo que somos responsables de aquello de lo que no somos responsables es por demás crucial, puesto que debemos padecer el sufrimiento existencial de elegir cuándo y a qué someternos o no someternos, ya sea que se trate de nuestro propio yo, el amor, Dios, o incluso las fuerzas del mal.

Por ejemplo, cuando somos jóvenes, debemos someternos más o menos a nuestros padres y a quienes nos cuidan.

Pero cuando nos convertimos en adultos, tenemos que tomar decisiones acerca de cuándo y cómo someternos a nuestros padres y cuándo y cómo no hacerlo, y en particular a sus valores. No todo sometimiento es bueno. Someternos por completo a nuestros padres en la adultez sería destructivo, tan destructivo como someternos a un culto. Debemos resolver hasta qué punto vamos a someternos a la sociedad y hasta qué punto discreparemos con la sociedad, así como debemos escoger nuestros valores a cada paso que damos. En última instancia, tenemos que elegir si someternos o no a Dios y, de hecho, hasta escoger el tipo de Dios a quien nos someteremos.

El término "poder superior" apareció por primera vez en los Doce Pasos de Alcohólicos Anónimos o al menos fue popularizado inicialmente por este grupo. En *Un mundo por nacer*, escribí que el término implica que existe algo "superior" a nosotros como individuos y que es apropiado someternos a ese algo superior, ya se trate del amor, la luz, la verdad o Dios. "Hágase tu voluntad, no la mía" es una gloriosa expresión de deseo para dicho sometimiento y la palabra clave es "voluntad". La sumisión entraña una sumisión efectiva de la voluntad humana a algo superior a sí misma. "Dios es luz, Dios es amor, Dios es verdad." Las personas no necesitan creer en Dios, pero si han de ser sanas, deben someterse a estos atributos de Dios.

El sometimiento a la luz podría definirse como el sometimiento a la elección de conciencia y, por lo tanto, de la visión, tanto de la externa como en particular de la interna. Luego está la decisión de someterse o no al amor, es decir, la decisión de extendernos o no más allá de nosotros mismos. Esto no es simplista. El amor suele ser muy sutil y misterioso. En *La nueva psicología del amor* definí el amor como la voluntad de extender el ser de uno con el fin de promover el crecimiento espiritual propio o de otra persona. Esta definición es un reconocimiento de que el amor es mucho más amplio que el amor romántico, el matrimonio o la paternidad o maternidad. Los monjes y las monjas, por ejemplo, no pasan por ninguna de estas tres experiencias, pero muchos son grandes amantes en el verdadero sentido de la palabra.

Existen numerosas paradojas relacionadas con el amor que ponen en tela de juicio los mitos y el pensamiento común en nuestra cultura. En la sección sobre el amor en *La nueva psicología del amor*, descubrí que tenía que empezar por hablar de todas las cosas que el amor genuino *no* es (como el amor romántico) con el fin de combatir nuestros estereotipos culturales. Por ejemplo, a todos se nos ha dicho que es mejor dar que recibir. Creo que sería más adecuado decir que es tan bueno dar como recibir. Sin embargo, muchos experimentan una culpa neurótica al respecto y se sienten obligados a vivir de acuerdo con los ideales culturales o religiosos acerca de la caridad que potencialmente promueven más amargura y fricción que amor en el verdadero sentido.

Un motivo por el que a los individuos les cuesta recibir es que se sienten manipulados, como si fueran a quedar en deuda para siempre. En los primeros años de nuestro matrimonio, Lily y yo mantuvimos lo que dimos en llamar un Banco de culpa. Siempre que yo hacía algo por Lily, eso significaba que tenía dinero en el Banco de culpa. Cuando ella hacía algo por mí, mi cuenta (mi valor) se reducía. Como muchas parejas, nos llevó años aprender a liberarnos de esta tontería. Para algunos, es incluso obligatorio desestimar cualquier cumplido o buena noticia por una cuestión de educación y cultura. La incapacidad de recibir amor es casi tan destructiva como la incapacidad de darlo.

También se nos ha enseñado que "el amor es gentil, el amor es bondadoso" y sin embargo, en ocasiones debemos desplegar lo que se denomina amor recio. El amor es con frecuencia ambiguo; a veces exige ternura y a veces requiere que seamos severos. La realidad es que no podemos amar bien si nos extendemos sin cesar a otros y no nos ocupamos de nosotros mismos. El sometimiento al amor no significa ser un felpudo. De la misma manera en que durante la vida tenemos que elegir de lo que somos responsables y de lo que no es nuestra responsabilidad, también debemos escoger, aun cuando estemos sometidos al amor, cuándo amar a otros y cuándo amarnos a nosotros mismos.

Creo que la clave de amar es trabajar en uno mismo. No podemos empezar a amar bien a los demás hasta que trabajemos amorosamente en nosotros mismos. En muchas relaciones, las personas tratarán de curarse y convertirse entre sí en nombre del amor. Nuestros intentos de curar y convertir a otro suelen ser egoístas, controladores y no amorosos a pesar de lo mucho que podamos pensar lo contrario. Durante los años de nuestro matrimonio, Lily y yo tuvimos que hacer un gran esfuerzo para curarnos de nuestra necesidad de cambiar al otro y así poder alcanzar ese tipo de amor que combina la aceptación y la comprensión.

Por un adoctrinamiento cultural, muchos individuos equiparan amar con hacer: sienten que tienen que hacer algo simplemente por sus propias expectativas o las de otros. La paradoja es que muchas veces, no hacer nada —sólo ser uno mismo en vez de concentrarse todo el tiempo en lo que uno hace— constituye la actitud más amorosa. Por ejemplo, nada me divierte más que discutir sobre teología, pero una de las cosas amorosas que hice fue abstenerme de hablarles mucho sobre teología a mis hijos porque eso habría significado una prédica intrusa. En mi novela *The Friendly Snowflake*, la preadolescente Jenny pregunta a su padre si cree en la vida después de la muerte. Él responde: "Ciertas preguntas son tan importantes que uno debe hallar las respuestas por sí mismo". En este caso, al retener su opinión, el padre realizó un acto de gran amor y respeto hacia su hija.

Y luego está el sometimiento a la verdad, que es algo mucho más complejo y exigente que la mera aceptación de hechos demostrados científicamente o la adopción del método científico en un laboratorio. En *La nueva psicología del amor* enumeré la dedicación a la realidad —a la verdad— como una de las cuatro disciplinas básicas para vivir bien. Al hablar de esta disciplina, señalé que retener de tanto en tanto una porción de la verdad puede ser un acto de amor. Sin embargo, esta "manipulación" de la verdad es potencialmente tan peligrosa que me sentí obligado a ofrecer criterios estrictos para esas escasas ocasiones en que decir mentiras podría ser permisible. La realidad es que negarles una pieza clave de verdad a otros suele ser al menos tan engañoso como una flagrante mentira. Esta forma de mentir no sólo no es amorosa; en definitiva, es odiosa. Y cada instancia de ella contribuye a la oscuridad y confusión en el mundo. A la inversa, decir la verdad, en especial cuando hacerlo implica ciertos riesgos, es un acto de amor. Reduce la oscuridad y la confusión, y aumenta la luz que el mundo necesita con tanta desesperación.

Cuando mentimos, casi siempre intentamos eludir la responsabilidad por nuestros actos y lo que imaginamos que serán sus dolorosas consecuencias. Agradezco mucho a mis padres el haberme enseñado durante la infancia una expresión muy concisa y poderosa: "enfrenta la música". Esto significa: enfrenta las consecuencias, no disimules, no mientas, vive en la luz. Aunque el significado es claro, sólo ahora se me ocurre pensar que es una expresión algo extraña. ¿Por qué "música"? ¿Por qué enfrentar algo potencialmente doloroso habría de decirse enfrentar la música cuando por lo general asociamos la música con algo agradable y bello? No lo sé. Ignoro el origen de la expresión. Pero tal vez la elección de la palabra sea profunda y místicamente apropiada. Ya que cuando nos sometemos a los dictados de la honestidad, estamos en armonía con la realidad y nuestra vida, aunque nunca indolora, se tornará cada vez más melódica.

He estado hablando de la elección de la verdad como si mentir fuera algo que hacemos principalmente a otros. No es así. Nuestra mayor tendencia es a mentirnos a nosotros mismos. Desde luego, estos dos tipos de deshonestidad se fomentan entre sí en una orgía creciente de engaño. Pero mientras que podemos engañar a algunas personas algunas veces, nuestra capacidad para el autoengaño es en potencia ilimitada en la medida en que estemos dispuestos a pagar el precio del mal o la locura. Y en definitiva, ése es el precio. El autoengaño no es una cuestión de ser bueno o benigno con uno mismo; por el contrario, es tan detestable como mentir a los demás, y por el mismo motivo, contribuye a la oscuridad y la confusión del ser, aumenta la Sombra capa tras capa. Por otra parte, la elección de ser honestos con nosotros mismos es la elección de la salud psicoespiritual y, por lo tanto, la única y más amorosa elección que podemos hacer por nosotros mismos.

En el reino de la creencia personal, nos enfrentamos a muchas elecciones complejas y no es posible confiar en las certezas de la ciencia. Si escogemos creer que algo es cierto, ¿es por lo tanto cierto? De ser así, someternos a la verdad sería lo mismo que someternos a nosotros mismos. Puesto que Dios es sinónimo de la verdad, al elegir someternos a Dios nos sometemos a una verdad superior a nosotros. En *El mal y la mentira* escribí que como se nos ha concedido la libertad de elegir, podemos someternos a las cosas equivocadas. También expliqué que sólo hay dos estados del ser: la sumisión a Dios y a la bondad o la negativa a someterse a nada más allá de la propia voluntad, negativa que automáticamente nos esclaviza a las fuerzas del mal, a los "Padres de la Mentira". Y cité a C. S. Lewis: "No hay terreno neutral en el universo; cada centímetro cuadrado, cada centésima de segundo es reclamado por Dios y vuelto a reclamar por Satanás". Tal vez creamos que podemos situarnos a mitad de camino entre Dios y el demonio, sin comprometernos con el bien ni con el mal. Sin embargo, "no elegir es elegir". La neutralidad acaba por volverse intolerable y la elección de la no sumisión es en definitiva inválida.

Elecciones de vocación

Para la mayoría de las personas, "vocación" sólo significa lo que hacen para ganarse la vida, su ocupación o carrera. La definición secular de "vocación" suele presuponer una actividad rentable. La definición religiosa, sin embargo, es más literal y mucho más compleja. "Vocación" significa literalmente "llamado". En consecuencia, el significado religioso de "vocación" es lo que uno está llamado a hacer, que puede o no coincidir con nuestra ocupación o con lo que de hecho estamos haciendo.

En este sentido, vocación implica una relación. Ya que si

alguien es llamado, algo debe hacer ese llamado. Creo que ese algo es Dios. Dios nos llama a los seres humanos —a escépticos y creyentes, cristianos o no— a ciertas actividades, con frecuencia muy específicas. Asimismo, dado que Dios se relaciona con nosotros como individuos, este llamado es por completo individualizado. Lo que Dios me llama a hacer a mí no es para nada necesariamente igual a lo que Dios lo llama a hacer a usted.

Resulta bastante obvio que mientras que una persona puede ser llamada a ser un ama de casa, otra puede ser llamada a ser un abogado, un científico o un ejecutivo publicitario. Existen diferentes clases de llamados de carrera; para muchos, existen llamados secuenciales. La mitad de la vida suele ser el momento de cambiar de carrera. Pero lo que resulta menos evidente son los problemas espirituales y éticos relacionados con la vocación, la causa o los productos de cada persona. Como científico, ¿estoy llamado a dedicarme al desarrollo de armas? Como abogado, ¿estoy llamado a defender a alguien que sospecho que es culpable? Como ginecólogo, ¿debo o no debo realizar abortos?

De la misma manera en que algunos descubren que ciertos aspectos de su vocación no encajan o les resultan inadecuados, otros pasan años —incluso toda una vida— huyendo de su verdadera vocación. Un hombre de cuarenta años, sargento mayor del ejército, me consultó una vez a causa de una leve depresión que atribuía a su nuevo destino en Alemania, adonde sería enviado en dos semanas. Alegó que su familia y él estaban hartos de mudarse. No era habitual que miembros de alto rango (u oficiales) de las fuerzas armadas recurrieran a la consulta psiquiátrica, en particular por una dificultad tan menor. Había varias otras cosas extraordinarias acerca de este hombre. No se llega a sargento mayor sin poseer una dosis considerable de inteligencia y competencia, pero mi paciente exudaba, además, ingenio y gentileza. En cierto modo, no me sorprendió enterarme de que la pintura era su hobby. Parecía un hombre artístico. Después de contarme que había estado veintidós años en el ejército, le pregunté:

—Ya que está tan cansado de mudarse, ¿por qué no se retira?

—No sabría qué hacer conmigo mismo —replicó.

—Podría pintar todo lo que quisiera —sugerí.

—No, eso es sólo un hobby —dijo—. No podría vivir de la pintura.

Como desconocía su talento, no pude refutarlo en ese punto, pero había otras maneras de poner a prueba su resistencia.

—Usted es un hombre obviamente inteligente, con una hoja de servicios impecable. Podría obtener muchos buenos empleos.

—No tengo estudios universitarios —explicó—, y no sirvo para vender seguros. —Ante la sugerencia de que considerara asistir a la universidad y vivir de su pensión de retiro, respondió: —No, soy demasiado viejo. Me sentiría incómodo entre un grupo de muchachos.

Le pedí que trajera muestras de sus últimos cuadros a la próxima sesión la semana entrante. Trajo dos, un óleo y una acuarela. Eran magníficos: modernos, imaginativos, incluso llamativos, con un empleo extraordinariamente efectivo de las formas, las sombras y los colores. Cuando le pregunté, respondió que pintaba tres o cuatro cuadros por año y que nunca había intentado venderlos, los regalaba a sus amigos.

—Mire —dije—, tiene usted verdadero talento. Sé que es un campo competitivo, pero estos cuadros son vendibles. No debería considerar la pintura como un mero hobby.

—El talento es un juicio subjetivo —objetó.

—¿Quiere decir que soy la primera persona que le dice que tiene verdadero talento?

—No, pero si uno se lo pasa mirando el cielo, es probable que tropiece.

Le expliqué luego que resultaba evidente que tenía un problema con la apreciación de su nivel de rendimiento, tal vez arraigado en el temor al fracaso o el temor al éxito, o en ambos. Le ofrecí conseguirle una licencia médica para que pudiera quedarse y trabajar conmigo explorando las raíces de su problema. Pero fue inflexible; era su "deber" proceder a Alemania. Le aconsejé un psicoterapeuta allí, pero dudo de que haya seguido mi consejo. Sospecho que su resistencia a su obvia vocación era tan grande que jamás seguiría el llamado, por más claro y poderoso que fuera.

Dado nuestro libre albedrío, tenemos la elección de negarnos a escuchar el llamado de Dios para nosotros. El hecho de que tengamos una vocación no significa necesariamente que la seguiremos. A la inversa, el hecho de que queramos hacer algo, o que incluso tengamos talento para ello, no significa necesariamente que eso es lo que Dios desea que hagamos. Algunas personas son llamadas al matrimonio y a la vida familiar; otras son llamadas a la soltería o incluso a la vida monástica. Ya sea que creamos o no en el destino, la aceptación de nuestro llamado suele sobrevenir después de mucha ambivalencia. Una mujer experimentó inicialmente una incertidumbre desesperada al enfrentarse a la perspectiva de la maternidad después de haber afianzado su carrera y cuando tenía varias opciones profesionales y dos títulos universitarios en distintos campos. A los treinta y tres años, quedó embarazada —y también se *abrió* a la perspectiva de la maternidad— por primera vez en su vida. "Nunca pude imaginarme atada a nadie, a ningún hombre, y menos al compromiso de por vida que significa un hijo", me dijo. "Me había rebelado con ferocidad contra la idea de ser responsable por el bienestar a largo plazo de nadie que no fuera yo misma. Me había convertido en una adicta a la 'libertad' del no compromiso, a vivir según mis propios caprichos y deseos. No quería depender de nadie ni que nadie dependiera de mí."

Gracias a que esta mujer se abrió y estuvo dispuesta a aventurarse en la incertidumbre y la duda, emergió poco a poco con un nuevo sentido de sí misma. "Me vi forzada a 'renunciar' a mi estilo de vida independiente y a empezar a aprender a que me gustara la idea de la interdependencia que hacía lugar para mi pareja y mi hijo", explicó. "Entonces ya no pude imaginar no tener un hijo. No puedo definir esta fuerza que me llevó a aceptar esta nueva imagen de mí misma como madre y pareja comprometida. Pero de alguna manera, cuando por fin dejé de resistirme a ella, me transformé de un modo que me hizo sentir muy bien."

Está claro que aunque seguir una vocación no garantiza la felicidad, como en el caso del torturado artista Van Gogh, sienta las bases para la paz mental que resulta de ello. Por eso, suele ser un placer ver a un ser humano hacer lo que él o ella ha sido destinado a hacer. Nos deleita ver a un padre o a una madre que disfrutan de verdad ocupándose de sus hijos. Parece tan natural. Por el contrario, no podemos evitar sentir algo inquietante cuando vemos a personas cuyos trabajos y estilos de vida no se corresponden con sus vocaciones. Es una pena, un desperdicio. Creo que la vocación única que nos ha concedido Dios nos llama de manera invariable al éxito personal, pero no necesariamente según los términos o medios estereotipados con los que el mundo evalúa el éxito. He visto mujeres que se unieron a hombres muy ricos, por ejemplo, que serían consideradas exitosas desde el punto de vista del mundo, cuyas joyas y posiciones eran la envidia de multitudes pero que vivían en la angustia porque nunca fueron llamadas al matrimonio en primer lugar.

La elección de la gratitud

Una década atrás, recibí dos cheques, uno en pago por una conferencia que había dictado y el otro, una donación espontánea e imprevista para la FCE. Por lo general adhiero a la expresión: "no existe nada gratis en la vida". Pero éste era uno de esos momentos de excepción en el que tenía, por un lado, un cheque ganado y por el otro un regalo delicioso y sorprendente en la otra. ¿Por cuál supone usted que me sentía más agradecido?

Es fácil dar mucho por sentado —incluyendo la buena suerte y los dones inesperados— en esta vida. De hecho, en estos tiempos notablemente seculares, se nos incita a pensar en términos de suerte, como si la buena fortuna no tuviera más significado que un tiro de dados. Suponemos que todo es una cuestión de mero accidente o azar, asumiendo que la

163

buena suerte y la mala suerte son iguales, que se equilibran y resultan en cero o nada. Esta actitud nos conduce con facilidad a la filosofía de la angustia llamada nihilismo (derivado de *nihil*, la palabra latina para "nada"). Cuando se lo lleva a su conclusión lógica, el nihilismo sostiene en última instancia que no hay nada que valga la pena.

Sin embargo, existe otra manera de considerar la buena suerte y los dones imprevistos. Esta teoría postula la existencia de un dador sobrehumano, Dios, a quien le gusta hacer regalos a los seres humanos porque nos ama particularmente. Si este Dios tiene algo que ver con las calamidades que se abaten sobre nosotros en la vida resulta incierto, aunque en retrospectiva, suelen parecer haber sido bendiciones encubiertas. Y en cuanto a aquellas cosas que son dones reconocibles, algunos vemos en ellos un esquema de beneficencia mucho más grande y constante que cualquier esquema de desgracia. Tenemos un nombre para este esquema benéfico de conferir dones: la gracia. Si nos hemos ganado algo, entonces no es un verdadero don. La gracia, no obstante, es algo que no hemos ganado. Es gratis. Las palabras "gracia", "gratis" y "gratitud" están entrelazadas. Si uno percibe la gracia, se sentirá naturalmente agradecido.

Un famoso predicador me contó la historia de un joven norteamericano quien, en un viaje de negocios, tenía que atravesar el sur en automóvil por primera vez en su vida. Había conducido toda la noche y estaba apurado. Para cuando llegó a Carolina del Sur, estaba muy hambriento. Se detuvo en un restaurante junto al camino, pidió un desayuno de huevos revueltos y salchicha y se sorprendió cuando le trajeron el pedido con una masa blanca de algo sobre el plato.

—¿Qué es eso? —preguntó a la camarera.

—Es sémola —respondió ella con un fuerte acento sureño.

—Pero yo no la pedí —se quejó él.

—La sémola no se pide —explicó ella—. Viene.

Y eso, dijo el predicador, se asemeja mucho a la gracia. No se la pide. Viene.

En mi experiencia, la facultad de apreciar las sorpresas agradables como dones suele ser buena para la salud mental. Es más probable que los individuos que perciben la gracia en el mundo sean más agradecidos que quienes no la perciben. Y las personas agradecidas tienden a ser más felices que las personas desagradecidas. Y también es más probable que hagan felices a los demás. Como sienten que el mundo les ha dado, se sienten predispuestas a devolverle al mundo.

¿Por qué algunas personas tienen corazones tan obviamente agradecidos mientras que otras poseen corazones a las claras desagradecidos? ¿Y por qué otros no poseen ni una cosa ni otra y son insípidos tanto en su gratitud como en su resentimiento? No lo sé. Sería simple creer que los niños provenientes de hogares afectuosos se convertirán automáticamente en adultos agradecidos y que los hogares pobres suelen engendran adultos descontentos. El problema es que no existen demasiadas pruebas para sostener esto. Las excepciones abundan. Conozco a muchos que fueron criados en medio de la indiferencia, la pobreza e incluso la brutalidad, que parecían vivir su vida adulta alabando al Señor o al menos alabando a la vida misma. Por el contrario, he conocido a unos pocos de hogares afectuosos y acomodados que parecían desagradecidos natos. Un corazón agradecido es algo misterioso y hasta puede tener un origen genético.

De manera que una "actitud de gratitud" puede no ser una cuestión enteramente de elección. De hecho, en mi opinión, un corazón agradecido es de por sí un don. En otras palabras, la capacidad de apreciar dones es un don. Es también la mayor bendición que puede poseer un ser humano además de una voluntad fuerte. Pero eso no significa que un corazón agradecido no pueda ser nutrido por elección.

Una vez supervisé el trabajo de un terapeuta no profesional con un hombre de cuarenta años que había acudido a él a causa de una depresión crónica. Para ser una depresión, la suya era bastante leve. Una descripción tal vez más adecuada de la condición del paciente sería dispepsia, un viejo término para la indigestión. Era como si el mundo entero le produjera indigestión y le diera ganas de eructar y vomitar. Nada cambió en su disposición durante un tiempo. Hacia finales del segundo año, sin embargo, el terapeuta a quien yo supervisaba me comentó:

—Mi paciente llegó muy excitado a la última sesión. No paró de exclamar acerca de la belleza de un atardecer que había visto mientras conducía por las colinas.

—¡Felicitaciones! —respondí.

—¿A qué se refiere? —preguntó.

—Su paciente ha dejado atrás la fase más difícil —expliqué—. Está mejorando con rapidez. Es la primera vez que oigo que este hombre encuentra deleite en algo en la vida. Ya no está tan sumido en la negatividad ni tan concentrado en sí mismo como para no advertir la belleza a su alrededor y sentirse agradecido por ella. Es un cambio extraordinario. —Más tarde me enteré de que mi predicción era correcta. Al cabo de unos pocos meses, el terapeuta informó que su paciente se comportaba como un hombre nuevo.

En realidad, la manera en que uno responde a la adversidad y a la buena o mala suerte constituye una evaluación muy precisa de nuestra capacidad para desarrollar la gratitud. Podemos considerar la mala suerte como una bendición encubierta. También podemos mantener un sentido de la humildad y no dar la buena suerte por sentado. ¿Nos quejamos casi siempre del mal tiempo o aprendemos a apreciar la belleza y diversidad del clima como un don? ¿Si un embotellamiento nos deja varados un día de invierno ventoso, nos quedamos sentados y nos enfurecemos, hasta insultamos a los conductores delante de nosotros o nos concentramos en el hecho de que somos afortunados por contar con un auto en medio de una tormenta de nieve? ¿Tendemos a quejarnos de nuestro trabajo en vez de buscar modos de mejorar nuestras habilidades?

Cuando yo era niño, un amigo de mi padre me regaló varios libros de Horatio Alger, hijo, que ya no se publicaban más. Me los devoré. Los héroes en los libros estaban agradecidos por lo que tenían. No se lamentaban de la adversidad y la consideraban más una oportunidad que una maldición. Creo que la lectura de esos libros en mi infancia significó una influencia muy positiva en mi juventud. Me preocupa que en nuestra sociedad actual estos libros no sólo no se publiquen más sino que sean considerados cursis.

La elección de morir en gracia

La decisión final de nuestra vida en este mundo es si vamos a morir o no como corresponde. Puesto que no se trata de morir sino de cómo hacerlo. Tenemos toda la vida para prepararnos. Por desgracia, la negación a envejecer en nuestra cultura se acompaña de la negación de la muerte. Para muchos, esta negativa elude el mayor aprendizaje de la vejez: cómo aceptar límites. Nuestra cultura sugiere que no existen límites, y además parece sugerir que no *deberían* existir. Desde luego, la vida real pone en tela de juicio este concepto en todo nivel. Sin embargo, la idea de que no existen límites es central en mucha de la publicidad televisiva. Un aviso publicitario que me enfadó en particular mostraba a una mujer de sesenta años (que por supuesto parecía de cuarenta) jugando al tenis. El mensaje era que gracias a un remedio que tomaba, la artritis no le impedía practicar ese deporte. El aviso concluía con una voz invisible que exclamaba con alborozo: "¡Viva sin límites!".

La realidad es que tenemos que vivir con limitaciones, incluso desde que somos jóvenes llenos de ansias de exploración y vitalidad. A medida que envejecemos, nos enfrentamos a restricciones cada vez más grandes. Ya hemos tomado algunas decisiones —como la de casarnos o no, trabajar o jubilarnos— que excluyen otras alternativas. Si alguien queda confinado a una silla de ruedas, sería tonto de su parte creer que puede subirse a un avión con facilidad y hacer sus cosas como de costumbre.

Acoger la vejez con agrado sería antinatural. Experimentar una cierta depresión relacionada con las pérdidas inherentes al proceso de envejecer o de enfrentar cualquier cambio, para el caso, es normal. Pero sólo porque sería antinatural aceptar la vejez con beneplácito no significa que debamos

167

negar las realidades de la vejez y su doloroso proceso de despojamiento. Envejecer implica en potencia ser despojados de todo, incluyendo la agilidad, la potencia sexual, la belleza física y el poder político. Nuestras opciones y decisiones se tornan más restringidas que nunca y se nos desafía a aprender a vivir con estas limitaciones.

Morir, por supuesto, constituye el acto final de despojo. He escuchado decir a muchas personas que "si" tuvieran que morir —como si tuvieran alguna opción— preferirían morir repentinamente. El motivo por el que el cáncer y el sida son enfermedades tan temidas es que llevan a una muerte lenta. El deterioro gradual entraña experimentar una pérdida total de control y para gran parte de las personas, este proceso es equivalente a la pérdida de la dignidad. La sensación de indignidad que acarrea el ser despojados es muy real. Pero es posible establecer una distinción entre la falsa dignidad y la verdadera dignidad, y existe una diferencia enorme entre las respuestas del yo y las del alma al proceso de la muerte. Nuestro yo no puede tolerar la pérdida de dignidad que supone el observar el deterioro de nuestro cuerpo. Esto es así porque la dignidad tiene mucho que ver con el yo y nada que ver con el alma. Al afrontar la opción de renunciar al control, el yo se rebela con vigor pese a que se trata de una batalla inevitablemente perdida. El alma, por otra parte, acoge de buen grado el proceso de despojamiento. Podemos aprender que al renunciar al control también renunciamos a la falsa dignidad con el fin de morir en gracia y con verdadera dignidad.

Cuando hablo de morir en gracia no me refiero a tomar el camino de la eutanasia. La eutanasia implica básicamente clarificar algo que en esencia es confuso. En mi opinión, se trata de un intento de abreviar el sufrimiento existencial y legítimo de la muerte, abreviando así la oportunidad de aprender y crecer. Tampoco me refiero a adoptar la negación. En diferentes formas de negación algunas personas se niegan a redactar testamentos, eligen no hablar de sus sentimientos sobre la muerte o los bloquean del todo haciendo planes futuros distantes cuando deberían saber que su tiempo es limitado. La negación puede ayudar a aliviar el dolor de ser conscientes de nuestra muerte inevitable, pero también nos mantiene estancados. No sólo bloquea la comunicación significativa, también obstruye todo aprendizaje al final de la vida.

Creo que morir en gracia significa tomar la decisión de considerar la muerte como una oportunidad de aprendizaje y acoger el despojo como una purificación para que la verdadera dignidad del alma pueda brillar en su esplendor. En mi novela *Una cama junto a la ventana* describo a pacientes agonizantes en un geriátrico, que parecen tener halos alrededor de ellos. Este fenómeno no se restringe a la ficción. De hecho, muchas personas han advertido o escuchado hablar de la "luminosidad" en torno de aquellos que han superado de veras la etapa de la depresión y alcanzado la aceptación.

Si estamos dispuestos a hacerlo, podemos transformarnos —no a través de la amargura sino de la humildad— cuando nos enfrentamos a las principales pérdidas que forman parte inevitable de la vejez y del viaje hacia la muerte. La decisión de morir en gracia ocurre cuando por fin aprendemos y aceptamos que todo es tal como debería ser. Al margen de que creamos o no en la vida después de la muerte, arrojarnos en gracia a los brazos de la muerte constituye la conformidad suprema a la convicción perdurable —incluso en medio de la incertidumbre paradójica— de que cada aspecto de la vida contribuye al significado de la totalidad. Y también paradójicamente, la decisión más importante que tomamos, la decisión de morir en gracia, consiste en elegir renunciar a todas las opciones y poner nuestra alma por completo en las manos del Poder Verdadero.

La elección del vacío

La muerte es el vacío último. Aunque creamos que emergeremos del otro lado, el vacío de la muerte nos aterroriza. Sin embargo, no sabemos cómo será el otro lado.

Hay muchas variedades de vacíos, pero el más importante (y sobre el que es más fácil hablar sin ponerse demasiado místico) es el "vacío de no saber". Pese a que vivimos en una sociedad que parece fomentar la mentalidad de "saberlo todo" y que rotula de incompetentes a aquellas personas que parecen no estar al tanto de todo, todavía tenemos una opción de no saber sin sentirnos incompetentes o culpables por ello. De hecho, hay momentos en nuestra vida en que es no sólo adecuado sino curativo renunciar a la idea de que conocemos todas las respuestas.

La experiencia más sanadora de mi adolescencia fue un don que recibí de un hombre que se relacionó conmigo a causa del vacío de no saber y que además constituyó un modelo muy positivo. En *Un mundo por nacer* describí cómo a los quince años y en mitad de mi tercer año de estudios decidí abandonar Exeter. Al mirar hacia atrás ese momento crítico de mi vida, me maravilla la gracia que me dio el coraje de hacerlo. Después de todo, no sólo estaba dejando una escuela preparatoria prestigiosa en contra del deseo de mis padres, sino que estaba dando la espalda a un futuro promisorio que había sido desplegado para mí. Poco consciente a esa edad de lo que estaba haciendo, en realidad estaba dando el primer paso gigantesco fuera de mi cultura. Esa cultura del establishment era a lo que se suponía que uno debía aspirar y yo la estaba descartando. ¿Cuál era mi camino? Me adentraba en lo desconocido total. Estaba tan aterrorizado que pensé en pedir consejo a uno de los profesores de Exeter antes de dar por hecha esa horrorosa decisión. ¿Pero a quién debía recurrir?

El primero que se me ocurrió fue mi consejero. Apenas me había hablado en los últimos dos años y medio pero tenía fama de hombre gentil. Un segundo candidato obvio era el anciano y rudo director de la escuela, tan querido por miles de alumnos. Pero pensé que tres era un buen número y la tercera opción fue más difícil. Me decidí por fin por el señor Lynch, mi profesor de matemáticas y un hombre algo más joven. No lo escogí porque tuviéramos ninguna relación ni porque pareciera una persona amable —de hecho me resultaba un tipo más bien frío y matemático—, sino porque tenía reputación de ser el genio de la facultad. Había participado en el área de matemáticas de alto nivel en el Proyecto Manhattan y resolví que debía verificar mi decisión con un "genio".

Primero fui a ver a mi amable consejero, quien me dejó hablar durante dos minutos y luego me interrumpió con gentileza. "Es cierto que tu rendimiento en Exeter es inferior a lo esperado, Scotty", dijo, "pero no es tan grave como para que no puedas graduarte. Sería preferible que te graduaras en una escuela como Exeter con calificaciones más bajas que en una escuela inferior con calificaciones más altas. Y no se vería bien en tu expediente académico que cambiaras de caballo en mitad del río. Además, estoy seguro de que tus padres se molestarían bastante. ¿Por qué no sigues adelante y haces lo más que puedas?".

Luego acudí al anciano y rudo director. Me dejó hablar durante treinta segundos. "Exeter es la mejor escuela del mundo. Lo que piensa hacer es una tontería. ¡Esfuércese un poco más, jovencito!", exclamó.

Sintiéndome cada vez peor, fui a ver al señor Lynch. Me dejó hablar todo lo que quise. Fueron unos cinco minutos. Luego dijo que todavía no comprendía y me pidió que hablara un poco más: sobre Exeter, sobre mi familia, sobre Dios (¡me dio permiso para hablar de Dios!), sobre cualquier cosa que me viniera a la mente. De modo que proseguí durante otros diez minutos, quince minutos en total, lo cual fue bastante satisfactorio para un joven de quince años deprimido y con dificultades para expresarse. Cuando finalicé, me preguntó si me importaría que me hiciera algunas preguntas. Animado por esta atención adulta, respondí: "Por supuesto que no", y me interrogó sobre muchas cosas diferentes durante la siguiente media hora.

Por fin, después de cuarenta y cinco minutos en total, este tipo supuestamente frío se reclinó en la silla con una expresión penosa en el rostro y comentó: "Lo siento. No puedo ayudarte. No tengo ningún consejo para darte".

"Sabes, es imposible que una persona pueda ponerse por completo en los zapatos de otra. Pero en la medida en que puedo ponerme en tus zapatos —y me alegra no estar allí— no sé qué haría si fuera tú. Como verás, no sé qué aconsejarte. Lamento no poder ayudarte."

Es muy posible que ese hombre haya salvado mi vida.

Puesto que cuando entré en la oficina del señor Lynch esa mañana hace cuarenta y cinco años, estaba cerca del suicidio. Y cuando salí, sentí como si me hubiera quitado miles de kilos de encima. Dado que si un genio no sabía qué hacer, entonces era normal que yo no lo supiera. Y si estaba considerando dar un paso que parecía tan demente según los términos del mundo y un genio no podía decirme que era algo clara y absolutamente demente, bueno, entonces, tal vez, sólo tal vez, fuera algo que Dios me estaba llamando a hacer.

Así fue como ese hombre, que no tenía ninguna respuesta ni fórmulas rápidas, que ignoraba lo que yo debía hacer y escogió practicar el vacío, fue quien me proporcionó la ayuda que yo necesitaba. Ese hombre me escuchó, me concedió su tiempo, intentó ponerse en mi lugar, se extendió a sí mismo y se sacrificó por mí. Ese hombre me amaba. Y ese hombre me curó.

No existen fórmulas simples ni fáciles. Frente a todas las experiencias de la vida debemos tolerar un grado de vacío y la agonía de no saber. Como escribí en *El crecimiento espiritual,* hay muchas cosas de las que nos pasamos la vida culpando a otros. Ya que gran parte del crecimiento reside en aprender a perdonar, debemos reconsiderar y reflexionar en cada oportunidad: "¿Debo culpar o perdonar?". O bien, "¿Amo de verdad o soy un mero felpudo?". O simplemente, "¿Qué debo hacer?". Es una decisión que hay que tomar de nuevo en cada situación y cada momento diferente.

Si bien no hay una fórmula determinada, existe una pauta para ayudarnos a tomar esas decisiones, de la cual hablé por primera vez en *La nueva comunidad humana.* Es reconocer que el inconsciente está siempre un paso más adelante de la mente consciente. El problema es que ignoramos si está un paso adelante en la dirección correcta o en la dirección equivocada. No siempre sabemos si esa voz queda y suave que escuchamos es la voz del Espíritu Santo o de Satán, o tal vez de nuestras glándulas. Por lo tanto, resulta imposible saber que lo que estamos haciendo es acertado en ese momento, puesto que saber es una función de la conciencia.

No obstante, si su voluntad está afirmada en lo bueno y si

está usted dispuesto a sufrir plenamente cuando lo bueno parece ambiguo (que para mí parece ser el caso más del noventa y ocho por ciento de las veces), entonces su inconsciente estará siempre un paso más adelante de su mente consciente en la dirección correcta. En otras palabras, usted hará lo correcto. Pero no tendrá el lujo de saberlo en el momento en que lo esté haciendo. En realidad, hará lo correcto precisamente porque ha estado dispuesto a privarse de ese lujo. Y si esta pauta le resulta confusa, tal vez desee recordar que casi todo el mal en este mundo es cometido por personas que están *absolutamente* seguras de saber lo que hacen.

CAPÍTULO V

Elecciones de vida
en organización

Quizá pensemos que hacemos elecciones de vida personal como individuos, como si el individuo existiera más o menos en aislamiento. Pero la realidad es que no existimos así. Los seres humanos somos criaturas sociales y casi todas nuestras elecciones son hechas bajo la influencia y en el contexto de las distintas organizaciones en las que participamos. Por organizaciones no me refiero simplemente a organizaciones comerciales. Las familias son organizaciones y muchos de los principios válidos para las familias también se aplican a los tratos comerciales, y viceversa. En la escala más amplia, nuestra sociedad entera es una organización. En la más pequeña, cada relación social que tenemos es una organización. Toda relación entre dos o más personas implica una organización de alguna clase.

En consecuencia, el tema de la conducta de organización abarca prácticamente el campo entero de la psicología humana, puesto que casi todo el comportamiento humano ocurre en el contexto de una o más organizaciones. La conducta de organización incluye no sólo la forma en que los individuos se desenvuelven en grupos temporarios sino también el modo en que funcionan los grupos, e incluso las organizaciones mismas. El campo es enorme pero me gustaría concentrarme en elecciones de organización que me parecen las más importantes: las decisiones que tomamos y las acciones que realizamos que, para bien o para mal, influyen en otras personas, así como la manera en que tratamos a los demás y a nosotros mismos. Si las decisiones que tomamos nos afectan sólo a nosotros, podemos hacer lo que queramos, asumir la responsabilidad por ello y enfrentar las consecuencias de nuestras acciones. Pero cuando otras personas están involucradas, esto nos conduce claramente al ámbito de la ética y la cuestión del civismo.

El civismo

He pasado gran parte de los últimos quince años intentando resucitar dos palabras fundamentales de una muerte sin sentido: comunidad y civismo. Cuando hablamos de comunidad en nuestra sociedad actual, solemos referirnos a cualquier conglomeración de personas. Por ejemplo, nos referiremos a Morristown, en Nueva Jersey, como una comunidad. Pero lo cierto es que Morristown, en Nueva Jersey, no es más que un conjunto geográfico de personas con una cierta base impositiva y unos pocos servicios sociales en común, pero ninguna otra cosa valiosa, si la hubiere, que las una como seres humanos. O nos referiremos a la Tercera Iglesia Presbiteriana de alguna ciudad como una comunidad cuando, con frecuencia, la realidad es que las personas sentadas unas junto a otras en los bancos de la iglesia son incapaces de conversar acerca de las cosas que más les preocupan y son más importantes en su vida. A esos conjuntos de personas yo los denomino seudocomunidades.

Para mí, la comunidad tiene que ver con la comunicación y la comunicación auténtica debería entrañar una comunicación constante y de alta calidad entre sus miembros. Escribí por primera vez sobre la comunidad en *La nueva comunidad humana*. Pero el mayor foco de mi vida en estos años no ha sido escribir sino trabajar con otras personas en la constitución y el desarrollo de la Fundación para el Fomento de la

Comunidad (FCE). La misión de esta fundación educativa es enseñar los principios de la comunidad, por los cuales me refiero a una comunicación sana y verdadera dentro de los grupos y entre ellos.

Mi trabajo con la FCE me llevó, en un tiempo de desintegración social y enemistad creciente, a un intento por resucitar otra palabra caída en desuso: "civismo". En la actualidad, "civismo" suele entenderse como una cortesía superficial. Pero la verdad es que las personas han estado acuchillándose por la espalda con cortesía y lastimándose con cortesía durante Dios sabe cuánto tiempo. Logré llegar a una definición más significativa del civismo con la ayuda de un caballero inglés del siglo pasado, Oliver Hereford, famoso por su dicho, "Un caballero es alguien que nunca hiere los sentimientos de otra persona sin intención". Para mí, eso significa que en ocasiones es necesario herir los sentimientos de otros, pero la clave es la intención, el conocimiento de lo que uno está haciendo. Este conocimiento requiere conciencia. Así que en mi libro sobre el tema, *Un mundo por nacer*, definí el "civismo" no como una mera cortesía superficial sino como una "conducta de organización conscientemente motivada que es ética en su sometimiento a un poder superior".

Es posible asumir que cualquiera que ha tomado la decisión de ser consciente desea ser una persona civil. Pero aquí nos enfrentamos a un problema crucial: para ser civiles, debemos ser conscientes no sólo de nuestras propias motivaciones sino también de la organización, o sistema, en la que estamos actuando. El civismo exige tanto una conciencia de organización como una conciencia individual. Por ende, si aspiramos a un mayor civismo, debemos pensar cada vez más en términos de sistemas.

Los sistemas

Lo que más disfruté de mi instrucción médica universitaria fue el estudio de anatomía microscópica. A pesar de toda apariencia externa contraria, nuestro cuerpo está compuesto en su mayor parte por agua. En consecuencia, cuando uno observa delgadas tajadas de nuestros órganos bajo un microscopio no ve demasiado excepto filamentos pálidos e indistintos. Pero si uno toma estas tajadas, las sumerge un rato en tinturas especiales y las observa de nuevo, se encuentra de pronto en el país de las hadas, un jardín de delicias que hace que Disneylandia parezca insípida. Al margen de nuestra edad, posición social o incluso estado de salud, en este nivel todos somos muy bellos por dentro.

Poco a poco, mientras escudriñaba una hermosa célula tras otra, una tajada microscópica tras otra, mes tras mes, caí en la cuenta de algo mucho más importante. Cada una de las células no sólo era un sistema en sí misma, sino también una parte minúscula de un sistema más grande e incluso más complejo. Las células vellosas absorbentes, las suaves células musculares y las células del tejido conectivo que las mantenían unidas eran todas una parte integrante de un órgano: en este caso, el intestino delgado. El intestino delgado, a su vez, era parte del sistema digestivo. Y el sistema digestivo integraba otros sistemas del cuerpo. Los delgados filamentos de las células nerviosas autónomas que estimulaban los músculos digestivos para que se relajaran o contrajeran y las glándulas para que descansaran o excretaran eran partes minúsculas del sistema nervioso, que se conectaban a través de la médula espinal con otras células en el cerebro. En todos los órganos estaban las diminutas células de las arterias o las venas, todas conectadas al corazón como parte del sistema circulatorio. Y en cada arteria o vena podía divisar variedades de células de la sangre, originalmente producidas en la médula como partes diminutas del sistema hematopoyético.

De hecho, supe durante años que el cuerpo humano —y el cuerpo de toda cosa viviente, animal o planta— era un sistema. Pero antes de asistir a la facultad de medicina, no había sido consciente de la complejidad y belleza extraordinarias de esos sistemas. Fue en ese punto que estuve en condiciones de dar otro salto de conciencia a algo, otra vez, que sabía desde hacía tiempo pero sólo vagamente. Puesto que cada célula individual era un componente de un órgano y cada órgano individual un componente de un sistema del cuerpo y cada uno de esos sistemas un componente del cuerpo en su totalidad, ¿acaso no era posible que mi cuerpo fuera también parte de un sistema todavía más grande? En otras palabras, ¿podía ser que yo, mi persona individual, fuera una célula única de un órgano de algún organismo gigantesco? Por supuesto. Como médico inexperto, estaba conectado, directa o indirectamente, con otras innumerables células humanas individuales. Con mis padres, que pagaban mis estudios. Con los médicos de más edad que yo que me enseñaban. Con los técnicos del laboratorio que realizaban los análisis que yo pedía. Con los administradores del hospital. Con los fabricantes que hacían los equipos que yo utilizaba. Con los pacientes con quienes usaba esos equipos. Con los agricultores en Mississippi y California que vendían algodón a los trabajadores textiles de Carolina del Norte que hacían la ropa que yo usaba. Con los ganaderos en Kansas que criaban ganado y los granjeros en Nueva Jersey que sembraban la lechuga que yo comía. Con los camioneros que transportaban todas estas cosas hasta mí. Con mi arrendador. Con el peluquero que me cortaba el pelo. Y así sucesivamente.

Fue así como (aunque ni siquiera había oído el término) me convertí en un sincero creyente en la "teoría de los sistemas". El principio básico de la teoría de los sistemas (que en realidad no es una teoría sino un hecho) es que todo es un sistema. En un nivel más macroscópico que el de una célula o un órgano o un sistema de órganos o un individuo, todos somos partes componentes del tejido de la sociedad humana. Estamos apenas comenzando a tomar conciencia del hecho de que toda esa sociedad está conectada con las aguas, la tierra, los bosques y la atmósfera: con el "ecosistema". De hecho, los teóricos de los sistemas suelen imaginar la totalidad del planeta como un único organismo. Nuestra Tierra, desde luego, forma parte del sistema solar. Y cuando alcancemos distancias cada vez más lejanas en el espacio exterior, probablemente advertiremos una naturaleza sistémica en las galaxias y el universo mismo.

Más allá del hecho de que todo cuanto existe forma parte

de un sistema, la teoría de los sistemas también sostiene que si se cambia uno de los componentes del sistema todas las demás partes deben cambiarse también. No ha sido hasta las últimas décadas que hemos comprendido este hecho en nuestra sociedad. Hemos caído en la cuenta de que casi todo lo que hacemos afecta nuestro medio ambiente y que estos efectos poseen el potencial de nutrirnos o destruirnos.

Por ejemplo, casi todos los que poseemos un auto hemos pasado por la experiencia de llevarlo al taller para un arreglo menor y que se descomponga en el camino de regreso a casa. Cuando esto sucede, solemos insultar al mecánico por haber hecho algo mal. Pero en líneas generales, no se ha hecho nada mal. Ocurre que la presencia de una parte nueva ha provocado un cambio sutil en el motor —el sistema total— que requiere un ajuste en otras partes, un ajuste que a veces esas partes más viejas no son capaces de hacer sin romperse.

Las relaciones humanas son también un sistema: en particular el matrimonio. En nuestro trabajo como psicoterapeutas con parejas, Lily acuñó el término "ductilidad", con lo cual se refería a que en un matrimonio, la forma en que los miembros se definen el uno al otro debe ser dúctil, es decir, flexible antes que fija. Una y otra vez en nuestra práctica vimos que siempre que un miembro de una pareja cambiaba o crecía de manera significativa como resultado de la psicoterapia, el otro integrante tenía que cambiar o crecer en respuesta o de lo contrario el sistema, el matrimonio, se desmoronaba.

No pretendo sugerir que la psicoterapia es la única variable en la ecuación. Todo tipo de cosas pueden modificar la naturaleza de un matrimonio. La naturaleza de mi matrimonio con Lily se alteró cuando tuvimos hijos. Volvió a modificarse cuando los niños dejaron los pañales. Cambió una vez más cuando entraron en la adolescencia. Y se alteró otra vez cuando se marcharon de casa. A lo largo del camino, tuvo que modificarse cuando nuestra situación financiera cambió y pasamos de receptores de filantropía a casi veinte años de sacar sólo para los gastos y a contribuyentes significativos a causas benéficas. Y por cierto se ha alterado una vez más cuando pasamos de la mediana edad a la vejez y yo me jubilé.

De modo que la teoría de los sistemas implica que tenemos que ser capaces de ajustarnos, en ocasiones con mucha rapidez, o el sistema puede descomponerse. Pero para poseer la capacidad de efectuar estos cambios tan veloces, debemos tener una conciencia crítica de los sistemas a los que pertenecemos. Y allí reside la dificultad. Los seres humanos somos conscientes en distintos grados. Y aunque casi todos somos conscientes de nosotros mismos como una entidad y conocemos nuestras necesidades y deseos más urgentes, no poseemos esa misma conciencia cierta en lo que respecta a nuestras motivaciones sociales y a la Sombra de la que pueden surgir esas motivaciones. Aun con un grado bastante avanzado de conciencia, la mayoría permanecemos pasmosamente inconscientes de las organizaciones y los sistemas sociales complejos a los que pertenecemos.

Esta falta de conciencia social y de organización constituye un fenómeno tan importante que lo he dado en llamar "el agujero en la mente". Y si bien este agujero está con frecuencia abierto, en ocasiones se asemeja más a una tajada de queso suizo. Por ejemplo, es probable que un ejecutivo de negocios haya tomado conciencia de que su compañía es un sistema complejo, pero que jamás se haya detenido a pensar en su propia familia como un sistema. Otros pueden ser bastante conscientes de su familia como un sistema pero tener escasa conciencia acerca de la organización que los emplea.

Este agujero en la mente, esta falta de conciencia en lo que respecta a nuestras organizaciones, suele ser alimentada por nuestro narcisismo. Por ejemplo, en una empresa industrial grande, es probable que la mayoría de los trabajadores en la línea de montaje se consideren el centro de la compañía y tengan poca consideración o ninguna hacia los otros empleados y sus funciones. Después de todo, ellos son los que fabrican el producto, ¿no? Los vendedores también pueden pensar en sí mismos como el núcleo de la empresa. Después de todo, son los que venden el producto, y si éste no se vendiera, no habría compañía. Pero los encargados de la comercialización puede que se consideren el centro de la empresa porque el personal de ventas no podría vender el producto si ellos no lo comercializaran bien. Aquéllos en la sección financiera tal vez se crean el núcleo de la compañía porque hacen los balances y mantienen solvente a la empresa. Y los de la gerencia quizá se consideren los más importantes puesto que crean las políticas que guían a la corporación, pero es probable que sientan muy poca empatía por los otros en otras funciones que contribuyen a la totalidad de la empresa.

Lo mismo se aplica a nuestra sociedad en general y al racismo y clasismo que predominan en ella. La incapacidad de tomar conciencia de las contribuciones de los demás ha conducido a una falta de civismo, quizá porque nos sentimos abrumados tratando de volvernos más conscientes de nosotros mismos y no nos queda energía para desarrollar nuestra conciencia social y de organización. No obstante, no hay forma de que podamos evolucionar hacia una sociedad más civil hasta que un número mucho más grande de nosotros esté dispuesto a tomar la decisión de ser no sólo personalmente conscientes sino también de pensar en términos de sistemas enteros y de expandir nuestra conciencia con miras a llenar el agujero en la mente.

La ética

Tengo un amigo que fue uno de los primeros pilotos norteamericanos en ser derribado y capturado por los vietnamitas del norte. En los primeros días de su cautiverio de siete años, él y sus compañeros prisioneros de guerra fueron torturados en forma sistemática. En un libro extraordinario acerca de sus experiencias, deja bien en claro que sus captores desplegaban una conducta de organización totalmente consciente. Sabían muy bien lo que estaban haciendo. Eran conscientes de su intención y del efecto que sus palizas y otras prácticas más brutales ejercían sobre sus víctimas. Sabían que cualquiera se quebraría bajo el dolor suficiente y que sus torturas extraerían confesiones útiles —aun cuando fueran falsas— para fines propagandísticos y para la misión de su organización. Sin embargo, incluso aquellos norteamericanos horrorizados por la falta de civismo en nuestra prosecución de la Guerra de Vietnam jamás considerarían que la tortura fue una respuesta civil ni en modo alguno justificada.

De manera que el civismo es algo más que una conducta de organización que es tan sólo "conscientemente motivada". También ha de ser *ética*. Y todos salvo los moralmente locos convendrían en que la tortura es inherente y notoriamente poco ética. Empleo este ejemplo porque es muy burdo y no para eludir el hecho de que una falta de civismo mucho más sutil constituye el problema real y generalizado en nuestra sociedad. Y esa falta de civismo también es poco ética. Ser ético es, como mínimo, ser "humanístico", que por definición significa asumir la actitud de que la gente es valiosa y ha de ser tratada como tal en la medida de lo posible. No torturamos a la gente si la consideramos valiosa.

En los últimos tiempos ha habido mucha crítica del "humanismo secular" por parte de la derecha religiosa. Pienso que sería aconsejable que muchos de estos críticos se volvieran más humanísticos ellos mismos. Aunque también creo que tienen algo de razón. El humanismo secular es como una casa construida sobre arena. Cuando las cosas se ponen feas —cuando los negocios andan mal o reina la discordia—, las actitudes humanísticas seculares son arrasadas con facilidad por el viento. Por ejemplo, los medios de comunicación han sido reconocidos como un ámbito en particular secular. Y las personas que trabajan en los medios de comunicación no sólo se consideran a sí mismas humanistas sino que también piensan que su trabajo de mantener informada a la gente es importante para mantener a la sociedad al menos mínimamente civil y humanística. Hay algo de verdad en esto. Sin embargo, conozco demasiadas instancias de periodistas que no dudan en arrojar su humanismo por la ventana en su ansiedad por conseguir una nota.

El problema con el humanismo secular es que no dice nada acerca de por qué los seres humanos son valiosos ni por qué deberían ser tratados como tales. Por ende, el humanismo secular, al no estar arraigado en ningún tipo de teología, constituye un fenómeno inconstante. Por eso es que defino el comportamiento civil no sólo como "ético" sino específicamente como "ético en su sometimiento a un poder superior". Puesto que si como he dicho, la luz, la verdad y el amor son especies de sinónimos de Dios, y si estamos sometidos *de verdad* a estas cosas, nuestra conducta será divina aun cuando no nos consideremos religiosos.

Como ejemplo de este sometimiento, permítanme regresar al periodista capaz de arrojar su humanismo por la ventana para conseguir una nota. Aunque ese periodista quizá (no siempre) se empeñe en no mentir (por temor a que lo enjuicien) y por lo tanto, se "atenga a los hechos", es probable que se reserve el derecho de decidir cuáles hechos dará a conocer y cuáles no. En este sentido, los hechos son como las estadísticas. Pueden utilizarse para decir lo que uno quiera. En muchas circunstancias, un periodista es completamente libre de pintar una situación negra, una situación blanca o una situación gris. A menos que sea un individuo muy concienzudo, es muy posible que su elección sea determinada no tanto por un profundo sometimiento a la verdad sino por lo que parezca que conformará una buena noticia. Aun cuando el periodista sea devoto de la verdad, existe una cadena de mando involucrada en el proceso de cómo se interpreta una noticia. Después de que el periodista la ha escrito, sus editores —que no están directamente implicados en la acumulación inicial de información— agregarán sus propias perspectivas. Lo harán a través del título y de la extensión y ubicación de la noticia. A mi entender, las mejores noticias son las grises, puesto que la verdad suele ser compleja. Pero la experiencia me ha demostrado que muchos periodistas preferirán no someterse a esa complejidad porque no produce titulares buenos ni atractivos. Incluso admitirán haber buscado un "sesgo" en una noticia, olvidando que existe una diferencia entre noticias parciales y la verdad.

Al examinar esas complejidades éticas, he descubierto que la distinción entre ética de código y ética de situación resulta útil, casi esencial. La ética de código deriva de varios preceptos éticos que han estado en uso a través de la historia. El más antiguo conocido es el Código de Hammurabi. Mucho más conocidos para nosotros son los Diez Mandamientos. Lo que estos códigos hacen es declarar ciertos actos como malos, equivocados o no permisibles en ninguna circunstancia. Por ejemplo, uno de los Diez Mandamientos es "No matarás". No es "No matarás excepto en tiempos de guerra" ni "No matarás excepto en defensa propia"; es "No matarás", punto. Sin condiciones, agregados ni peros.

El principio básico de la ética de situación, no obstante, es que no se puede emitir un juicio ético acerca de un acto sin considerar las circunstancias en las que ocurre. A diferencia de los Diez Mandamientos, la ética de situación permitiría matar en ciertas circunstancias, como en tiempos de guerra o en defensa propia.

Nuestra sociedad ha evolucionado de la ética de código simplista hacia la ética de situación. Esto es especialmente visible en nuestro sistema legal. Vaya usted a ver a su abogado y comprobará que su despacho está lleno de estantes repletos de gruesos volúmenes. La mayoría de estos tomos pesados contienen precedentes legales de la naturaleza de distintas situaciones. Dichos precedentes establecerán: "No violarás un contrato excepto en un caso como el de *Jones contra Smith*, donde predominaron tales y tales circunstancias" o "No violarás un contrato excepto en una situación semejante a la ocurrida en *Brown contra Taylor*".

Para vivir en conformidad con la ética de situación es necesario que el individuo posea la capacidad de desempeñarse como todo un sistema legal en su interior. Para ser sanos e íntegros, hemos de poseer en nuestra mente un abogado defensor competente, un fiscal eficaz y un buen juez. Las personas con trastornos de carácter tienden a tener un abogado defensor interno muy fuerte pero una conciencia o un fiscal interno muy débil. Los que padecen neurosis son propensos a tener un fiscal muy poderoso pero un abogado defensor débil, incapaz de levantar la voz a favor de su cliente. Por fin, están aquellos que albergan en su mente un abogado defensor y un fiscal razonablemente idóneos pero que, por un motivo u otro, tienen mucha dificultad para tomar decisiones porque carecen de un buen juez.

Adhiero con entusiasmo a la tendencia de la sociedad (y de los individuos en su propia toma de decisiones personales) hacia una ética de situación. Como psiquiatra, estoy muy familiarizado con el hecho de que la rígida ética de código suele tener consecuencias inhumanas. Pero es preciso tener en cuenta dos advertencias. Una es que el empleo de la ética de situación significa que no existen fórmulas, de modo que los individuos sanos tienen la responsabilidad de reconsiderar su conducta cada vez que la situación se modifica en lo más mínimo. En tanto podría ser correcto culpar a alguien en una situación, podría ser correcto perdonarlo en una instancia sutilmente distinta. Sin fórmulas, nunca sabremos en su momento si lo que estamos haciendo es correcto. Debemos tener la capacidad de operar desde "el vacío de no saber".

Mi otra advertencia es que no quiero dar a entender que la ética de código es inútil. Nuevamente, en los últimos años, la derecha religiosa se ha tornado más y más crítica de la ética de situación y puede que tenga cierta razón otra vez, aunque sospecho que sus propuestas serían regresivas. Consideremos, por ejemplo, el concepto de una guerra justa. Dado el estado actual de la evolución humana, en el que librarnos de la guerra parece estar lejos de nuestro alcance, creo que fue apropiado que la Iglesia Católica utilizara la ética de situación en el desarrollo del concepto de una guerra justa. Pero no estoy seguro de que siquiera intentaríamos discriminar entre guerras justas e injustas de no ser por la existencia de una ética de código persistente que establece "No matarás".

Interdependencia y colaboración

En *La nueva psicología del amor* señalé que todos tenemos necesidades y sentimientos de dependencia pero que éstos no constituyen el amor y que ser regidos por ellos significa caer en la terrible trampa de la dependencia. Es una trampa porque hace que el individuo dependiente sienta continuamente que no puede ser íntegro ni feliz sin la atención casi constante de otras personas. Uno de los tantos problemas que la dependencia puede ocasionar son los celos patológicos. Nada de lo que dije acerca de la dependencia era erróneo pero debí haber equilibrado mi reprimenda de ella con un himno de alabanza a la interdependencia. Cuando escribí *La nueva psicología del amor* todavía operaba en cierto grado según la ética del viejo y bueno individualismo crudo norteamericano que sostiene que todos estamos llamados a ser independientes, a valernos por nuestros propios recursos y a convertirnos en capitanes de nuestro propio barco, y por qué no, en dueños de nuestro propio destino. Todo eso está muy bien; creo que todos estamos llamados a la independencia cuando sea posible. Pero el enorme problema con la ética del individualismo crudo es que desdeña la otra cara de la moneda: que también estamos llamados a entendernos con nuestro propio pecado, nuestra inevitable imperfección e insuficiencia y nuestra interdependencia mutua. Como la ética individualista es sólo una verdad a medias, nos alienta a ocultar nuestras debilidades y fracasos y a sentirnos avergonzados de nuestras limitaciones. Nos impulsa a intentar ser supermujeres y superhombres, no sólo a los ojos de los demás sino también a nuestros propios ojos. Nos impele día tras día a que simulemos "tener todo bajo control" y conduce a fenómenos como el de personas sentadas en el mismo banco de iglesia pero incapaces de hablar entre ellas de sus penas, deseos y desilusiones, ocultas detrás de sus máscaras de compostura de manera de poder aparentar que tienen el control absoluto de sus vidas.

En *La nueva comunidad humana*, escrita siete años después, denuncié esa ética simplista, unilateral, no paradójica y por lo tanto falaz, y al hablar de la comunidad, comencé a abogar por la interdependencia. Mis ejemplos más contundentes de las virtudes de la interdependencia han derivado de mi trabajo ayudando a grupos a formar comunidades. Pero permítanme cantar las alabanzas también de la más pequeña de las organizaciones: el matrimonio, y en particular, mi matrimonio con Lily. En nuestro matrimonio, el rol primario de Lily ha sido el de ama de casa y el mío, el de sostén de la familia.

Durante algunos años nos preocupó el grado en que estos roles estaban determinados por estereotipos culturales y sexuales. Poco a poco comprendimos pacíficamente que, de hecho, no estaban dictados por estereotipos sino más bien por nuestras personalidades muy diferentes.

Desde el comienzo de nuestro matrimonio advertí que Lily era un poco desorganizada. No era raro que estuviera tan absorta oliendo flores que olvidara una cita o dejara de escribir una carta prometida. Yo, por otra parte, fui desde el principio lo que podría denominarse orientado hacia un fin, por no decir algo peor. Nunca tenía tiempo de oler una flor a menos que coincidiera de casualidad con mi programa diario de actividades, según el cual uno de cada tres jueves por la tarde estaba destinado de dos a dos y treinta a oler flores si no llovía.

Asimismo, solía regañar a Lily por su inclinación a decir lo que yo consideraba irrelevancias —detalles que impedían ver el "panorama general"—, así como por su tendencia a ignorar el instrumento más importante de la civilización: el reloj. Ella era por igual severa acerca de mi enloquecedora puntualidad, mi pesadez y mi insistencia en hablar con párrafos que comenzaban con "En primer lugar...", "En segundo lugar...", "En tercer lugar..." y "Para concluir...". Lily creía que su enfoque era superior y yo defendía la excelencia del mío. Ella cargaba con la responsabilidad mayor en la crianza de los niños. No quiero decir que yo los desatendía, pero no puedo fingir que era un padre ideal y atento. Era en especial inadecuado a la hora de jugar con ellos. ¿Ha intentado alguna vez jugar bien con niños a una hora convenida? ¿O cuando ha pasado la hora fijada y en lo único que puede pensar es en el capítulo sin terminar que tiene que escribir? Lily, sin embargo, jugaba con nuestros hijos con una gracia sin fin. Y también contribuía a mis libros. De hecho, como escribí en la introducción de *La nueva psicología del amor*: "Ha entregado tanto de su persona a este trabajo que resulta difícil distinguir su saber... del mío propio". Pero no podría haber organizado su tiempo lo bastante bien para escribir (y reescribir) oraciones, párrafos y capítulos semana tras semana, mes tras mes.

En consecuencia, poco a poco, Lily y yo convinimos en

aceptar lo que otrora parecían vicios como virtudes, maldiciones como bendiciones, desventajas como ventajas. Lily tiene el don de fluir; yo tengo el don de la organización. Con los años he aprendido a seguir la corriente y a ser más paciente y atento con mis hijos y los demás. De la misma manera, Lily se dio cuenta de que aunque había mejorado nunca sería del todo organizada. Pero hemos llegado a apreciar como un don el estilo diferente del otro y hemos comenzado a incorporar el don del otro en nuestro interior. Por lo tanto, nos estamos volviendo gradualmente más íntegros como individuos. Pero esto no habría sido posible si primero no nos hubiéramos entendido con nuestras limitaciones individuales y hubiéramos reconocido el valor de nuestra interdependencia.

El único problema con la palabra "interdependencia" es que para algunos puede sugerir una "codependencia". La "codependencia", una palabra de moda en esta última década, se refiere a una relación en que los miembros complacen —y por lo tanto fomentan— sus debilidades mutuas. Se la suele censurar con razón. Pero creo que debemos ser cautos acerca de esto, porque una parte muy real del aprendizaje del matrimonio es aprender a aceptar las limitaciones del otro. Cuándo es apropiado aceptar esas limitaciones y cuándo criticarlas o confrontarlas es una decisión que puede tomarse, nuevamente, sólo a partir del doloroso "vacío de no saber".

Si bien no deseo descartar la palabra "interdependencia", sería útil pensar en términos de otra palabra, "colaboración": trabajar juntos. En nuestro trabajo con organizaciones más grandes, Lily y yo hemos caído en la cuenta de que tales organizaciones suelen tener mucho que aprender acerca de la colaboración. Pero al observar la organización de nuestro matrimonio, hemos concluido que hemos realizado un trabajo bastante bueno colaborando juntos. Cuando la colaboración en una organización es deficiente, el sistema puede parecer bastante desfavorable. Pero cuando la colaboración es buena, no sólo la organización es eficiente sino que su sistema puede ser tan hermoso de contemplar que se asemeja a una especie de gloria mística.

La responsabilidad y la estructura

La interdependencia no significa necesariamente que los individuos que colaboran tengan roles diferentes. Por lo general, sin embargo, es así; y tal como lo describí, Lily y yo hemos tenido roles muy distintos en los treinta y siete años de organización de nuestro matrimonio. Y siempre que hay roles diferentes en una organización, dos factores importantes entran en juego de inmediato: la responsabilidad y la estructura.

Puedo depender de Lily en casi todo lo que respecta a las tareas del hogar no sólo porque ella las hace sino porque las hace bien. Y ella puede depender de mí para el ingreso de dinero por el mismo motivo. Desempeñamos bien estos roles porque nos consideramos responsables de ellos. En otras palabras, nos hacemos responsables, cada uno de lo suyo. En su lado negativo, la responsabilidad implica que alguien está sujeto a ser juzgado. En su lado positivo, implica confianza en la persona que se hace responsable. Si Lily fracasara en su función de ama de casa, si dejara de hacerse responsable, yo ya no podría confiar en que ella desempeñara ese papel y tendría que intervenir para asumirlo. El hecho de que yo me hiciera cargo sería natural y simple si la pérdida de responsabilidad de Lily se debiera a una enfermedad física temporaria. Por ejemplo, cuando tuvo un absceso en el pecho después del nacimiento de nuestro tercer hijo, fue lógico que yo me hiciera cargo del cuidado del bebé y de nuestros otros dos hijos pequeños. De no haber sido una condición temporaria, sin embargo, habría significado una reestructuración importante de nuestro matrimonio.

De modo que los diferentes roles y responsabilidades entrañan una estructura. Dentro de una organización pequeña (pero no por eso simple) como el matrimonio, los roles y la estructura pueden ser relativamente informales. Pero cuanto más grande y más compleja es una organización, más esencial es que la estructura de responsabilidad esté formalizada. En este caso se requieren descripciones escritas de puestos (o como se los llama ahora, perfiles de responsabilidad) y así

189

hemos entrado en el ámbito de las organizaciones formales. Casi todas las facultades de administración de empresas tienen un curso obligatorio denominado algo así como "Teoría de la organización". Y un libro de texto enormemente grueso y estándar con el mismo título desplegará toda la variedad posible de estructuras de organización a disposición del empresario. Aunque esta variedad puede ser amplia y complicada, el tema es en realidad casi por demás simple. Posee un único principio básico que es la "teoría de la contingencia". La teoría de la contingencia (que al igual que la teoría de los sistemas no es una teoría sino un hecho) sostiene que no existe una organización óptima. La mejor estructura para una organización o esfuerzo particular depende del propósito del esfuerzo colectivo y colaborador así como de otros factores. Entre estos otros factores está la naturaleza de las personas involucradas. Una organización conformada por un grupo de expertos no atraerá a la misma clase de personas que una empresa industrial más tradicional. Las secciones de comercialización no atraerán al mismo tipo de personas que las secciones de ventas. La organización del matrimonio constituye la prueba más evidente de esto. Según la teoría de la contingencia, no existe una organización óptima del matrimonio. A pesar de que mi matrimonio y el de Lily ha sido organizado según lo que parecen ser roles estereotípicos, esta organización, como he sugerido, es en realidad resultado de nuestras personalidades y llamados muy diferentes y de ninguna manera la predicamos como el modelo correcto. Lo bueno no puede ser estereotipado. Podría ofrecer fórmulas estereotipadas para malos matrimonios; no puedo ofrecer una fórmula de organización para un buen matrimonio. Cada situación es diferente debido a la disimilitud de las partes integrantes.

Siempre que la responsabilidad está estructurada en un sistema, ya sea pequeño como un matrimonio o enorme como una corporación, existe también una estructura de autoridad. Esto no significa que la autoridad no pueda ser compartida. Por ejemplo, el dinero que Lily y yo ahorramos lo dividimos en partes iguales. Y siempre hemos tomado en conjunto toda

190

decisión de importancia relacionada con los niños y con inversiones o gastos de magnitud. Sin embargo, como individuos, ambos poseemos una autoridad limitada dentro de nuestras propias esferas.

El presidente de una corporación que integra el directorio de la FCE nos ha enseñado el término "la autoridad del conocimiento". Lily puede cumplir con su rol de ama de casa sin una supervisión diaria de mi parte precisamente porque posee esa autoridad. Por ejemplo, hace un par de semanas, cuando me disponía a hacer unas diligencias, Lily me pidió que comprara un poco de perejil en el supermercado. Aunque todo el perejil que había allí estaba muy marchito, decidí comprar un atado antes que hacer un viaje de ida y vuelta de más de sesenta kilómetros para conseguir algo fresco. De todos modos, entregué el perejil marchito a Lily con cierto pesar. Ella dijo enseguida: "Ah, no te preocupes; sólo hay que sumergirlo en agua". En un día, el perejil parecía tan fresco como cuando fue cortado. Lily conoce los trucos de su oficio.

Nuestro matrimonio no es en modo alguno jerárquico. Aunque existe un sistema de responsabilidad, ninguno de los dos es el jefe máximo. Pero es imposible que en sistemas más grandes, como en empresas, exista una estructura de responsabilidad sin una cadena de mando. El tipo de cadena de mando variará de manera considerable de empresa a empresa, dependiendo de la naturaleza de la compañía, pero alguien debe atajar la pelota. Como han tenido experiencias desagradables con sistemas de autoridad jerárquicos, muchas personas tienden a desconfiar de cualquier estructura. Necesitan tomar precauciones contra esta tendencia. Es posible que existan estructuras muy disfuncionales, pero la estructura no es mala en su totalidad. En su mayor parte es buena. De hecho, a lo largo de los años he aprendido que no sólo los niños sino también los adultos necesitan mucha estructura.

Los empleados suelen sufrir penosamente la falta de estructura. Tomé conciencia de esto a los treinta y un años cuando fui designado director de psiquiatría del Cuerpo Médico del Ejército en Okinawa. En este puesto tenía que manejar una sección de unas cuarenta personas. Hasta ese momento, nunca había manejado a nadie. Y nunca había recibido nada ni remotamente parecido a una formación administrativa. No obstante, desde el momento en que me hice cargo de la sección, supe cuál sería mi estilo de gestión. Iba a ser lo más diferente posible de todos los jefes autoritarios que alguna vez había tenido.

No tenía idea de cómo definir el consenso, pero me empeñaría en conseguirlo. Por cierto, mi modelo era consultivo en alto grado. No sólo no tomé nunca una decisión administrativa sin consultar a todos los involucrados sino que me esforcé, dentro de las restricciones de la competencia profesional, para que las personas bajo mi mando tomaran sus propias decisiones siempre que fuera posible acerca de los asuntos que afectaban sus propias vidas. Puesto que nuestra sección era médica y "profesional", decidí que podíamos dejar a un lado el tema del grado. Disuadí a los hombres de que me llamaran mayor Peck. Pronto todos me decían Scotty. Yo era el señor Buen.Tipo. Y funcionó. El humor era eufórico. Todos comentaban con entusiasmo acerca de lo buen líder que era yo y de lo aliviados que se sentían de haberse desembarazado de aquel estúpido y viejo teniente coronel, su comandante previo. El trabajo transcurría sin dificultades. La moral de la sección era óptima.

Al cabo de seis meses, sin embargo, las cosas empezaron a andar mal. Al principio, el cambio fue imperceptible. La euforia había desaparecido. Los hombres ya no hablaban acerca de lo maravilloso que era trabajar allí. "De acuerdo, la luna de miel se acabó. ¿Qué otra cosa podías esperar? Esto es lo normal, pero no pasa nada malo", me dije. Pero a los nueve meses, las cosas comenzaron a empeorar. Mientras el trabajo continuaba, empezaron a suscitarse altercados menores. Me pregunté si habría algún problema, pero no hallé ningún motivo. Sin duda no tenía nada que ver conmigo, ¿acaso no había demostrado ser un líder nato? Cumplido el año, sin embargo, se hizo evidente que existía un problema. Las disputas se habían intensificado y el trabajo se estaba resintiendo. Ciertas cosas quedaban sin hacer.

En este punto, el destino pareció venir en mi rescate. Un

nuevo e importante complejo médico para pacientes ambulatorios se encontraba en las últimas etapas de construcción y el comandante del hospital me comunicó que la clínica, la parte más grande de nuestra sección, se trasladaría allí. Nuestras oficinas actuales eran estrechas, frías y oscuras. Las nuevas serían modernas y ventiladas, con vista al Pacífico y pisos alfombrados. Sin duda la moral mejoraría ante la perspectiva de un traslado tan agradable.

No fue así. Empeoró. A medida que se acercaba el día del traslado el personal se volvió más irritable que nunca. Comenzaron a discutir entre sí acerca de quién se quedaría con cuál oficina en el nuevo edificio. El embalaje de archivos se atrasó mucho. Por fin se tornó obvio que era mi responsabilidad hacer algo. ¿Pero qué? Anuncié al personal que nos reuniríamos en la nueva sala de conferencias durante toda la mañana siguiente. Y que seguiríamos reuniéndonos de ese modo cada mañana —aunque significara trabajar de noche— hasta que llegáramos al fondo del problema.

Las dos reuniones de cuatro horas que mantuvimos fueron las reuniones más tumultuosas a las que jamás he asistido. Todos me criticaban a mí y se criticaban entre sí. Todos estaban enojados. Todos tenían de qué quejarse. Sin embargo, las quejas eran quisquillosas, superficiales y en apariencia irrazonables. Era un caos monótono. Pero hacia el final de la segunda mañana, uno de los jóvenes reclutas comentó: "No sé dónde estoy parado". Le pedí que se explayara. No pudo. Se quedó mudo y el grupo continuó con su conflicto casual. Pero las palabras del joven reverberaban en mi mente. Esa misma mañana más temprano alguien había dicho: "Aquí todo es confuso". Y el día anterior, otro hombre joven había dado expresión a la queja: "Es como si estuviéramos perdidos en el mar". Dije al grupo que necesitaba tiempo para pensar, que regresaran al trabajo y que no habría más reuniones en el futuro cercano.

Volvimos al antiguo edificio y me senté en mi oficina, con la vista clavada en el cielo raso, el almuerzo junto a mí sobre el escritorio, intacto. ¿Era posible que la sección necesitara más estructura de la que yo había provisto? ¿Qué clase de estructura? ¿Un sentido de grado más claro? ¿Qué esperaban de mí... que los dirigiera como a una banda de niños? Eso iba en contra de mi naturaleza. Aunque después de todo, la mayoría de ellos eran bastante jóvenes. ¿Podía ser que buscaran en mí una especie de figura paterna? Y si empezaba a mandarlos de acá para allá como un autócrata, ¿acaso no me odiarían? Yo quería ser el señor Buen Tipo. Aunque pensándolo bien, mi trabajo no era ser popular; mi trabajo consistía en dirigir la mejor sección posible. Tal vez necesitaran un liderazgo más fuerte.

Llamé al suboficial a cargo de la sección y le pedí que me trajera lo antes posible los planos del nuevo edificio. Cuando regresó, desplegamos sobre mi escritorio el plano de planta de la clínica para pacientes psiquiátricos ambulatorios y señalé la oficina más grande. "Ésa será la mía", declaré. Luego, después de una pausa lo bastante larga para que él pudiera tomar nota, procedí sobre el plano hacia las oficinas más pequeñas: "Pondremos al capitán Ames aquí, usted aquí, el sargento Ryan allí, el teniente Hobson aquí, el soldado raso Cooperman allí, el capitán Marshall aquí, el sargento Mosely aquí, el soldado raso Enowitch allá", y así sucesivamente a lo largo del plano. "Ahora, por favor, vaya y notifique a cada uno la oficina que le he asignado."

Los gemidos de consternación casi podían escucharse a través de toda la isla. Pero para el atardecer, la moral había comenzado a mejorar y al día siguiente noté que se intensificaba. A fines de esa semana, había vuelto a ser como en los mejores tiempos. Todos seguían llamándome Scotty y en líneas generales mi estilo de liderazgo continuó siendo bastante —aunque ya no rígidamente— poco autoritario. Pero la moral se mantuvo alta durante el resto del año de mi gestión.

Se podría pensar que ésta fue una historia exitosa. Al fin y al cabo reconocí que existía un problema y que era mi responsabilidad. Finalmente tomé las medidas correctas para diagnosticarlo y fui capaz de readaptar mi conducta para satisfacer las necesidades de la organización. De hecho, fue un ejemplo preciso de cómo un sistema puede ser alterado con éxito gracias a una simple intervención. Sin embargo, también puede ser considerada una historia de fracaso, puesto que la realidad es que la sección —la organización y los individuos dentro de ella— sufrió durante más de seis meses a causa de mi liderazgo deficiente. Fue indeleblemente obvio que teníamos un importante problema de moral al menos seis meses antes de que yo tomara las medidas correctivas. ¿Por qué me llevó tanto tiempo?

Una razón fue mi autoestima. Me rehusaba a creer que tuviera un problema o que mi liderazgo no fuera perfecto. Mis necesidades alimentaron esa vanidad: mi necesidad de ofrecer a la sección un estilo de supervisión excesivamente compasivo y no autoritario y mi necesidad de recibir a cambio el afecto y la gratitud constantes de mis subordinados. Hasta ese día final ni siquiera me detuve a pensar si mis necesidades coincidían con las de la organización. Necesité casi una revelación para darme cuenta de que no era mi trabajo —mi función en la organización— ser popular.

Tampoco se me ocurrió nunca que existiera otra manera de manejar una organización que no fuera la óptima. En ese entonces no había oído hablar de la teoría de la contingencia. Mi conciencia de grupo era tan limitada que no reparé en la juventud de los miembros de la sección y, por lo tanto, tampoco consideré la posibilidad de que la sección pudiera requerir un estilo de liderazgo diferente del de una organización compuesta por personal más maduro. Todos habíamos sufrido innecesariamente durante meses debido a una falta de estructura.

Aunque la gente no suele darse cuenta de ello, las estructuras pueden ser flexibles. Una parte importante del trabajo de la FCE es enseñar a las organizaciones, tanto a las grandes como a las pequeñas, a "operar en comunidad". Cuando se opera en comunidad, el grupo no posee una estructura de autoridad rígida; la autoridad y el liderazgo se comparten, como debe hacerse para maximizar la comunicación. Pero no podríamos hacer esto si significara que las organizaciones tienen que abandonar por completo su estructura de autoridad jerárquica. Podemos hacerlo sólo porque es posible que una organización opere con una modalidad jerárquica la mayor parte del tiempo, en la resolución de las operaciones cotidianas, pero que adopte una modalidad comunitaria en respuesta a ciertas cuestiones y problemas (tales como el de la diversidad y la moral) y siempre que se requiera una toma grupal de decisiones.

Como señalé en *La nueva psicología del amor*, una característica de la salud mental individual es lo que denomino sistemas flexibles de respuesta. Éstos también caracterizan la salud de las organizaciones. Una organización que tiene dos modalidades de operación a su disposición y que puede emplear una u otra, dependiendo de las circunstancias, será sin duda más sana que una organización que sólo puede funcionar de una sola manera.

Las fronteras y la vulnerabilidad

Dondequiera que se haya establecido una estructura de responsabilidad y funciones disímiles encontraremos fronteras. Esas fronteras son una espada de doble filo. Por un lado son esenciales. Si el personal de la sección ventas se sintiera con total libertad de irrumpir en la sección de comercialización para explicar cómo se comercializa el producto, el resultado sería el caos. Por otro lado, si las fronteras de estas dos secciones diferentes son tan rígidas que obstaculizan la comunicación entre ellas, el resultado será la paralización y la competitividad ineficiente. Un motivo por el que la FCE es llevada a las corporaciones para organizar comunidades es para suavizar aquellas fronteras entre secciones que se han vuelto tan rígidas que impiden una importante comunicación e interdependencia funcional.

Las opciones que tiene un alto ejecutivo de negocios para resolver esos problemas de fronteras son opciones que muy pocos deben ejercer. Pero todos los seres humanos tienen que resolver problemas de fronteras dentro de la organización de su matrimonio, la familia cercana, la familia lejana, la red de amigos y el trabajo. Cada uno de nosotros como individuos tenemos que hacer elecciones día tras día al definir nuestras fronteras dentro del marco de referencia de cualquier organización.

La elección tal vez más fácil está relacionada con el grado en que uno va a respetar las fronteras de otras personas. Lo que hace más fáciles estas decisiones es que en definitiva uno será castigado, de un modo u otro, por no percibir esas fronteras y actuar en conformidad. Estas fronteras variarán de individuo a individuo y de cultura a cultura. Los psicólogos, por ejemplo, han discernido la existencia de una pequeña distancia a la que la mayoría de las personas de una cultura determinada se sienten a gusto comunicándose con sus pares. En los Estados Unidos, esa distancia es relativamente grande y rara vez conversamos con una amistad nueva sin que nuestros rostros estén a un metro de distancia el uno del otro. En la India, por otra parte, la norma es de más o menos treinta centímetros. La relación entre este concepto de espacio físico real y fronteras es reconocido en nuestra jerga actual psicológica con la expresión "darse espacio mutuamente".

Este espacio, desde luego, es mucho más complejo que una mera distancia en metros. Doce años atrás, por ejemplo, Lily viajaba en el ferry de Staten Island con su madre, quien en ese entonces se encontraba en las etapas tempranas de la senilidad. Mientras estaban sentadas en el ferry, la madre divisó una cana en la hermosa coronilla negra de Lily y, sin permiso, se inclinó hacia adelante de pronto y la arrancó. Por supuesto, Lily se sintió violada. Claro está, no fue el mismo nivel de agresión de una violación, robo o asesinato, pero el episodio sirve para demostrar que en formas menores violamos las fronteras de otras personas todo el tiempo y que cada vez que lo hacemos ocasionamos resentimiento.

Sin embargo, las fronteras han de ser violadas en ciertas ocasiones. Tal vez las decisiones más dolorosas que debamos tomar estén relacionadas con cuándo intervenir en los asuntos de nuestros hijos, nuestros amigos y, a medida que crecemos, de nuestros padres. ¿Cómo sabemos cuándo intervenir en la vida de un adolescente o joven adulto y cuándo confiar en el rumbo en que está encaminado? ¿O cuándo confrontar a un amigo que al parecer ha tomado el camino equivocado?

¿O cuándo inmiscuirnos para insistir en que padres ancianos reciban el cuidado que obviamente necesitan pero que rechazan tan a las claras? No lo sabemos. No existe una fórmula. Todas esas decisiones han de tomarse a partir de la "agonía de no saber". Nos enfrentamos una vez más a las paradojas de la vida y al hecho de que estamos llamados a respetar las fronteras de los demás pero al mismo tiempo a interferir de tanto en tanto en sus vidas aunque nos odien por ello.

En mi experiencia, no obstante, un problema mayor que el de aprender a tomar conciencia de las fronteras de los demás y cuándo y cómo respetarlas es el problema de escoger y fijar nuestras propias fronteras. Cuando ejercía la psicoterapia, tenía la impresión de que al menos la mitad de mis pacientes padecía de lo que di en llamar "problemas de puente levadizo". Tarde o temprano, les decía: "Todos vivimos en un castillo. Alrededor del castillo hay un foso y sobre el foso hay un puente levadizo que podemos bajar o levantar a nuestra voluntad". El problema era que los puentes levadizos de mis pacientes no funcionaban muy bien. O quedaban abiertos todo el tiempo, de manera que cualquiera podía ingresar en su espacio personal, merodear, quedarse cuanto quisiera y hacer todo el mal que deseara, o de lo contrario, los puentes levadizos permanecían levantados y cerrados de modo que nada ni nadie pudiera penetrar su soledad aislada. Ninguno de los casos era favorable.

Estos pacientes carecían de la libertad y de los sistemas flexibles de respuesta que constituyen una característica tan importante de la salud mental. Por ejemplo, en *La nueva psicología del amor* expuse el caso de una mujer que se acostaba con todos los hombres con quienes salía, después de lo cual se sentía tan degradada que dejaba de salir con ellos. Fue una verdadera revelación para ella aprender que hay algunos hombres a los que no debemos dejar pasar de la puerta de calle, otros a los que podemos hacer entrar en el living pero no en nuestro dormitorio y algunos a los que podemos introducir en nuestro dormitorio. Esta mujer nunca había considerado que pudieran existir —que fuera necesario que existieran— al menos tres maneras diferentes de responder a hombres distintos en una situación determinada. Tampoco había advertido que tenía el poder de hacer esas elecciones discriminadoras, de trazar una línea para establecer y proteger sus fronteras.

Debemos elegir cuándo bajar nuestros puentes levadizos y cuándo levantarlos. Pero esta elección nos conduce a otra complejidad. Si mantenemos nuestros puentes levadizos bajos, las personas o los problemas podrán entrar en nuestra vida y lastimarnos, no tanto física como emocionalmente. Muchos individuos responden a este dilema manteniendo sus puentes levadizos físicos un poco abiertos pero sus puentes levadizos emocionales bien cerrados. Es como si un ejecutivo ejerciera una política de "puertas abiertas" pero al mismo tiempo evitara que cualquiera que atraviesa esa puerta lo afectara. Uno de nuestros problemas actuales en la vida es escoger sin cesar el grado en que permitiremos que los problemas y las personas nos afecten emocionalmente. Éste es el dilema de la vulnerabilidad.

La palabra "vulnerabilidad" significa la capacidad de ser lastimado. Al elegir cuán vulnerables seremos como seres humanos es fundamental que establezcamos la distinción entre herir y lastimar a alguien y herir e infligir un daño. Para ayudar a hacer esta distinción en mis conferencias, a veces solía preguntar si alguien del público estaba dispuesto a ofrecerse como voluntario para un experimento desconocido pero doloroso. Por suerte, siempre había algún valiente. Entonces pedía al voluntario que subiera al escenario y le pinchaba el antebrazo con bastante fuerza. Luego retrocedía y le preguntaba: "¿Le dolió?". El voluntario respondía con vigor que sí. Acto seguido yo le preguntaba: "¿Sufrió usted algún daño?". Con frecuencia —y en ocasiones con renuencia— el voluntario admitía que aunque había sentido dolor no había padecido un daño permanente como resultado.

En casi todas las circunstancias, sería muy estúpido involucrarse en una situación en la que es probable que uno sufra un daño permanente. Pero sería muy inteligente abrirse —dentro de ciertos límites— a situaciones en que es probable que uno experimente cierto dolor emocional, como el arriesgarse a entablar una relación que pueda resultar en un posible compromiso. Una vez más, es necesario distinguir entre el camino del egoísmo inteligente y el camino del egoísmo estúpido. El egoísmo estúpido, recordará usted, es intentar eludir todo sufrimiento emocional y existencial, mientras que el egoísmo inteligente es distinguir entre el sufrimiento que es neurótico, innecesario e improductivo y el sufrimiento que es inherente a la vida y productivo para el aprendizaje.

De modo que es necesario para nuestra salud emocional y nuestro aprendizaje que retengamos la capacidad de escoger estar abiertos a ser una persona vulnerable. También es necesario para la comunicación significativa y la conducta de organización. Como escribí en *What Return Can I Make?*:

> ¿Qué sucede cuando una persona se arriesga a decir a otra: "Estoy confundida, no sé cuál es mi rumbo, me siento sola y perdida, cansada y asustada. ¿Me ayudarás?". Esa vulnerabilidad suele desarmar a la gente. "Yo también estoy sola y cansada", es muy probable que respondan y nos abran los brazos.
>
> ¿Pero qué ocurre si pertrechados tras nuestras defensas psicológicas intentamos mantener una imagen machista de triunfadores, de que tenemos todo bajo control? Nos tornaremos inabordables, nuestros vecinos se escudarán tras sus defensas y nuestras relaciones humanas se volverán tan poco significativas y productivas como dos tanques vacíos chocando entre sí en la noche.

No estoy aconsejando a nadie que sea del todo vulnerable ni tampoco que sea vulnerable todo el tiempo. Sin embargo, si elige usted ser una presencia curativa en el mundo, tendrá que elegir durante toda su vida conservar la capacidad de ser lastimado al menos en cierto grado. Un justificadamente famoso libro de Henri Nouwen se titula *The Wounded Healer* (El sanador herido). El mensaje de ese libro, como sugiere el título, es que si queremos ser sanadores efectivos hemos de permitirnos dentro de ciertos límites ser lastimados continuamente y que, en realidad, es sólo a través de esa capacidad de ser lastimados que podemos sanar o ser sanados. Pero otra vez, deben existir límites. Un hombre llamado John Kiley me enseñó una expresión de tipo budista Zen: "llorar con un solo ojo". Llorar con un solo ojo no significa que el dolor de la vulnerabilidad debe ser insípido sino que en líneas generales no tiene que dañarnos. La expresión recalca la distinción entre empatía y simpatía. La empatía, la capacidad de sentir y hasta cierto punto asumir el dolor de otra persona, es siempre una virtud. La simpatía, por otro lado, es más como una simbiosis o una identificación total con la otra persona. No estoy diciendo que toda simpatía es mala, pero si uno se revuelca en la depresión de otro al punto tal de deprimirse uno mismo no sólo ha asumido una carga innecesaria sino que se ha tornado incapaz de ayudar a esa persona. Esta distinción, desde luego, resulta fundamental para los psicoterapeutas. El mayor talento que un psicoterapeuta puede poseer es la capacidad de estar a la vez comprometido y apartado. Éste es el significado de llorar con un solo ojo. No es, sin embargo, un talento que sólo los psicoterapeutas deban adquirir; es una capacidad que ha de ser adquirida por cualquiera que desee ser una presencia sanadora en el mundo.

El poder

En *La nueva psicología del amor* tracé la distinción entre poder espiritual y poder político. El poder político es en esencia la capacidad de ejercer coacción o influencia sobre otros para que hagan lo que nosotros deseamos. Es una función de la estructura de las organizaciones. El poder político no reside en la persona misma sino en la posición que ocupa en una jerarquía o en el dinero que posee para crear organizaciones con el fin de que hagan lo que ella desea. El poder político es siempre "temporal". Se puede poseer por un tiempo, pero en definitiva siempre será arrebatado, por una sustitución o por una jubilación obligatoria, por la vejez o en última instancia por la muerte, ya sea por causas naturales o por asesinato.

El poder espiritual, por otra parte, tiene poco que ver con la organización o la estructura. Reside no en la posición ni en el dinero sino en la persona misma. Es la capacidad de influir sobre otros, a menudo a través del ejemplo, simplemente en virtud de la clase de persona que uno es. Las personas de gran poder político no suelen poseer mucho poder espiritual. A la inversa, los individuos de gran poder espiritual suelen hallarse entre los pobres y los no privilegiados.

No quiero sugerir que no pueda existir una superposición entre el poder político y el poder espiritual. Los dirigentes están sujetos a las mismas tentaciones a las que se enfrentó Jesús en el desierto. A diferencia de Jesús, es muy probable que no pasen la prueba. Son reflejos de la famosa máxima de Acton: "El poder tiende a corromper y el poder absoluto corrompe absolutamente". Aunque esto suele ser así, he tenido la buena fortuna de conocer a varios dirigentes muy poderosos que no eran corruptos; antes bien, eran personas excepcionalmente introspectivas, con una percepción y un interés por los demás extraordinarios. Y sufrían mucho en su trabajo. Lloraban con un solo ojo por necesidad, pero mantenían su capacidad para la vulnerabilidad.

Ninguna experiencia en mi vida fue más dolorosa que cuando la FCE cayó víctima de la recesión y, en 1991, al cabo de dos años de funcionar en rojo, debió reducirse. Como parte de la gerencia de esa organización, tuve que participar en la penosa decisión de despedir a ocho personas muy competentes. Ese dolor constituye uno de los motivos por los que gran parte de los ejecutivos se vuelven insensibles y pierden su capacidad para la vulnerabilidad. No obstante, sólo aquellos que son capaces de conservar su capacidad para la vulnerabilidad se convierten en grandes líderes de verdad. Una vez más, como escribí en *La nueva psicología del amor:* "Quizá la mejor medida de la grandeza de una persona es su capacidad de sufrimiento".

Es fácil sobrevalorar el poder político de los ejecutivos. En una posición ejecutiva de alto rango, suelen tener las manos atadas. Pero no con respecto a esta superposición de poder político y poder espiritual. El mayor poder de un alto funcionario ejecutivo es la habilidad de determinar el espíritu de la organización. Si su espíritu personal es en alguna forma mezquino, esa mezquindad se diseminará en toda la organización. Tomé conciencia de esto cuando trabajé en el gobierno federal en Washington desde 1970 a 1972 durante la presidencia de Nixon. El espíritu de "juego sucio" predominaba en casi todas partes. Por otro lado, en aquellas tal vez raras ocasiones en que un ejecutivo es una persona muy honesta, es probable que uno encuentre una organización inusitadamente honesta.

En tanto que el poder político está por lo general al alcance de unos pocos, el poder espiritual está al alcance de la mayoría. Si bien se trata en gran medida de un don de Dios, empezando por la creación del alma individual, las personas pueden elegir descuidar o cultivar sus almas. Cuando elegimos la conciencia, el aprendizaje y el crecimiento, también elegimos la senda del poder espiritual, que reside en nuestra persona y no en nuestra posición.

A lo largo de los siglos, al considerar la dicotomía entre ser y hacer, los teólogos se han inclinado de manera invariable a favor del ser. En otras palabras, lo que somos —la clase de persona que somos— es mucho más importante que lo que de hecho hacemos. Esto es difícil de comprender en nuestra cultura orientada a la acción. No recuerdo la cantidad de veces que me acerqué a Lily al final de un día de mi práctica psiquiátrica y le dije: "Hoy hice algo fenomenal con Tom. Tuve una intervención magnífica. Fue una maniobra hermosa". El problema era que después Tom regresaba a su siguiente sesión y actuaba como si nada hubiera ocurrido. Al cabo de un rato yo le preguntaba qué pensaba acerca de la sesión previa. "¿Qué hay con ella?", contestaba Tom. Entonces yo le recordaba la cosa brillante que había hecho o dicho y Tom se rascaba la cabeza y comentaba, "Tengo un vago recuerdo".

Por otro lado, Tom podía llegar a su próxima sesión y exclamar, "Por Dios, doctor Peck, lo que me dijo la semana pasada ha revolucionado por completo mi vida". Entonces era mi turno de rascarme la cabeza y preguntar qué había dicho o hecho que fuera tan importante. Tom contestaba: "¿No recuerda que al final de la última sesión, justo cuando estaba por marcharme del consultorio, me dijo tal y tal cosa? Gracias. Gracias". Yo no recordaba nada que hubiera dicho que pudiera ser tan curativo. No había sido nada que yo hubiera hecho sino más bien algo que sólo había "fluido" fuera de mi persona.

Como psicoterapeuta solía estar muy interesado en las curas "instantáneas" de Jesús (aunque al científico en mí le hubieran gustado unos buenos estudios complementarios). No son la norma en la práctica psiquiátrica. En realidad, he tenido una sola cura instantánea en toda mi carrera, que aconteció en el contexto de una comunidad. Era un curso de organización comunitaria de cinco días de duración para casi cuatrocientas personas en un hermoso centro de convalecientes en Carolina del Norte. Al final del tercer día, el grupo en su totalidad había llegado a ser una "comunidad", pero todavía quedaban algunos rezagados que no se habían unido y tal vez nunca lo harían. En la mañana del cuarto día, estaba llevando dos tazas de café del comedor a mi habitación para mi momento de plegaria solitaria cuando avisté a una mujer sentada en el parapeto sosteniendo una toalla contra su rostro, en un estado de angustia evidente. Me detuve, no porque quisiera entrometerme sino simplemente por curiosidad.

—Mi Dios, luce usted muy mal —comenté—. ¿Qué le sucede?

La mujer apretó la toalla con más fuerza y masculló en agonía:

—Tengo una migraña.

—Lo siento —respondí—. Espero que se le pase. —Y proseguí caminando.

Pero cuando me alejaba, la oí decir:

—Estoy enojada. ¡Estoy tan enojada!

Me detuve de nuevo, no para tratar de curarla sino una vez más, por curiosidad.

—¿Por qué está tan enojada?

—Estoy furiosa con esos carismáticos farsantes —explicó—. Los que durante los cánticos levantan las manos y las agitan de un lado a otro. Sólo fingen ser piadosos.

—Es probable que muchos intenten parecer piadosos —convine—. Pero tal vez algunos sólo se diviertan.

La mujer me miró con los ojos muy abiertos.

—Oh, mi Dios, yo jamás me he divertido —exclamó.

—Bueno, espero que algún día lo haga —acoté y me marché con el café hacia mi momento de plegaria.

Al finalizar ese día me comunicaron que la mujer ya no tenía una migraña. Había sido capaz de entrar en comunidad y había pasado toda la tarde diciendo a los otros miembros de su grupo: "El doctor Peck me curó. Nunca me he divertido. El doctor Peck me curó". Ésa fue mi única cura "instantánea". Creo que no fue casual que ocurriera en un momento en que ni siquiera intenté curar.

En realidad, los mejores psicoterapeutas finalmente aprenden, si se mantienen allí el tiempo suficiente, a dejar de intentar curar a los pacientes. Lo que pueden proponerse de manera realista es construir la mejor relación, o comunidad, posible con sus pacientes; en el marco de esa relación, la curación sobrevendrá naturalmente sin que tengan que "hacer" algo. Pienso que el poder de curar, un poder espiritual, proviene de Dios. Es un don. Y creo que la intención de Dios es que sea utilizado de modo tal que en última instancia sea cedido. En otras palabras, el mejor motivo por el cual poseer cualquier tipo de poder, espiritual o temporal, es emplearlo para conferirlo a otros.

La cultura

La cultura puede definirse como el sistema entrelazado de normas y valores, implícitos o explícitos, dentro de una organización. Toda organización, incluso un matrimonio, posee su propia cultura. Hablamos de culturas familiares. Se está escribiendo mucho acerca de la cultura en los negocios. Desde luego, cada sociedad tiene su cultura propia e incluso aquéllos no acostumbrados a pensar en términos de sistemas son conscientes de que la cultura norteamericana difiere de la cultura francesa, la cual a su vez difiere de la cultura japonesa, y así sucesivamente.

Uno de los libros más influyentes de este siglo fue *Patterns of Culture* (Modelos de cultura) de Ruth Benedict. En él, Benedict describió en detalle tres culturas "primitivas" significativamente diferentes. En una de las tres, los roles según el género que conocemos estaban por completo invertidos. Los hombres eran responsables de las tareas del hogar y la crianza de los hijos mientras que las mujeres eran responsables de las actividades comerciales y las decisiones políticas de importancia. En contraste, otra de las culturas que Benedict estudió era incluso más patriarcal que la de los Estados Unidos en el siglo XVIII o XIX.

El mensaje de este libro poderoso era que ninguna cultura es mejor que otra. Y aunque un miembro de cualquiera de ellas se habría sentido desorientado al ingresar en otra, las tres funcionaban al parecer bien. El libro de Benedict expone el concepto del relativismo cultural, cuyo principio fundamental es que lo que se considera bueno en una cultura puede considerarse malo en otra. En otras palabras, la ética está sujeta a la cultura. En cierta forma como la ética de situación, el relativismo cultural sostiene que no se pueden emitir juicios acerca de ninguna cultura excepto desde dentro de ella.

La noción del relativismo cultural ha hecho mucho por ensanchar nuestras mentes, mentes que necesitaban mucho ser ampliadas. Por ejemplo, recuerdo con suma claridad que a los diecinueve años, un grupo de norteamericanos y yo nos bajamos de un crucero que había atracado en Nápoles. A las once de la noche, nuestro grupo se paseaba por las calles a orillas de la hermosa bahía de Nápoles y junto a nosotros, caminaban multitudes de napolitanos de todas las edades. No fueron los bebés ni los adultos quienes llamaron la atención de mis compatriotas sino los niños de entre dos y doce años que correteaban por todas partes. "¡Deberían estar en la cama!", exclamaban. "¿Qué clase de personas son estos italianos que permiten que los niños estén levantados a las once de noche? Qué manera terrible de tratar a los niños."

Lo que mis compatriotas no entendían ni tenían en cuenta es que la siesta constituía una parte sagrada de la cultura italiana, al menos en ese entonces, hace más de cuarenta años. Todos, adultos y niños por igual, dormían de dos a cinco de la tarde. Los comercios cerraban y reabrían a las cinco o seis de la tarde, y la gente no solía cenar hasta las nueve de la noche. Los niños no permanecían "levantados más allá de la hora de dormir" ni tampoco eran maltratados en ningún sentido. Si mis compatriotas hubieran estado más familiarizados con el concepto del relativismo cultural, no habrían demostrado esa tendencia arrogante a emitir juicios que tantos turistas norteamericanos despliegan incluso en nuestros días.

En ocasiones, no obstante, abstenerse de emitir juicios puede ser inapropiado. En 1969, Lily y yo fuimos a la India en un viaje de turismo. Entre los norteamericanos que visitan la India, parecerían existir dos grupos diferentes. Un grupo regresa enamorado de la belleza de la India. El otro vuelve a casa horrorizado por la experiencia. Nosotros pertenecimos al grupo horrorizado. Nos horrorizó no sólo la pobreza y la suciedad sino también la increíble falta de eficiencia. Durante los once días de nuestra estada vimos hacer cosas mal a diario que podrían haber sido hechas bien con igual facilidad. Por primera vez en la vida tomamos conciencia de que aunque la tolerancia es a menudo una virtud, existe asimismo un exceso de tolerancia. La India parecía sufrir el vicio de la tolerancia. Vimos a personas soportar sin alterarse lo que a nosotros se nos antojaba una ineficiencia intolerable.

Todo esto nos resultó bastante misterioso hasta el penúltimo día, cuando estábamos desayunando. Un camarero derramó una jarra de crema en el piso del comedor y, en vez de limpiarlo, el hombre desapareció. Otros camareros, jefes de camareros y luego gerentes se acercaron, observaron la mancha de crema y procedieron a pasar sobre ella, diseminando huellas de crema por todo el comedor. Estábamos presenciando un ejemplo del origen de la suciedad de la India. ¿Pero por qué? Y en ese momento, por fin lo entendimos: no era tarea de los camareros ni de nadie allí presente limpiar manchas de crema. Era tarea del barrendero, y éste no comenzaba a trabajar hasta la tarde. Al reflexionar sobre ese incidente, comprendimos que casi toda la ineficiencia que habíamos visto era resultado del sistema de castas que, aunque supuestamente proscrito, estaba tan arraigado en la cultura de la India como para regir la vida de cada uno de sus habitantes. El relativismo cultural insistiría en que no hay nada inherentemente malo en el sistema de castas. No estoy de acuerdo. A mi entender, constituye una falla cultural grave, no sólo debido a su falta de civismo inherente sino también a causa de su extraordinaria ineficiencia y su degradación de toda una sociedad.

La cultura norteamericana tiene sus defectos, aunque tal vez no sean de la misma magnitud de la falla del sistema de castas. Podría señalar una docena de defectos importantes en la cultura de esta nación, pero en mi opinión, el principal problema de los Estados Unidos en este momento no son las fallas de su cultura sino el hecho de que su cultura se está desmoronando. Desde principios de la década de 1960, todas nuestras normas culturales más significativas han sido cuestionadas con seriedad. Me parece apropiado. Pero nos ha dejado en una condición tal que muchos de nuestros ciudadanos se sienten cada vez más inseguros sobre cómo comportarse. Hemos demolido muchas de las viejas y rígidas normas culturales y todavía seguimos haciéndolo. La gran pregunta ahora es si seremos capaces de desarrollar normas nuevas y más viables. Ignoro la respuesta a esa pregunta. El futuro de nuestra sociedad parece ser cada vez más oscuro.

En líneas generales, las normas son establecidas o restablecidas, mantenidas o descartadas por aquellos que sustentan el poder en las organizaciones, ya se trate de familias o empresas. Ya indiqué que uno de los más grandes poderes que poseen los ejecutivos es el de crear, a través de su espíritu, el espíritu de las organizaciones a su cargo. El otro gran poder es análogo a éste. Es crear la cultura de la organización. No es fácil para un ejecutivo nuevo de alto rango cambiar la cultura de una compañía, pero en la medida en que ésta puede ser modificada, el cambio comenzará en la cima. Nadie tiene más responsabilidad por la cultura de una organización que aquellos que están en las posiciones de autoridad más elevadas.

Es frecuente que muchos renuncien a esta responsabilidad, no sólo los líderes empresariales sino también los líderes de familias. En esta época de colapso cultural, más y más padres se sienten inseguros de cómo actuar como padres. Con frecuencia pareciera que ahora recurren a sus hijos para determinar la cultura familiar, como si fueran renuentes a ejercer la autoridad necesaria para fijar valores y normas familiares claras. Los padres no han de ser déspotas, pero tampoco los niños deben tener la responsabilidad de crear la cultura familiar. Si se les da esa responsabilidad, o se confundirán mucho o se tornarán tiránicos. El poder de crear el espíritu de una organización es más que análogo al poder de crear su cultura. Son inseparables. En última instancia, es en la cultura de una organización que se encarna su espíritu.

Disfunción versus civismo

Hoy en día se ha puesto muy de moda utilizar el término "disfuncional" para las organizaciones, ya sean empresas o familias. En realidad, está tan de moda que al igual que "comunidad" y "civismo", la palabra está rápidamente perdiendo su sentido. Cuando todavía dictaba conferencias, solía pedir al público: "El que no haya sido criado en una familia disfuncional, por favor, levante la mano". Nadie lo hacía. Todas las organizaciones, ya se trate de familias o empresas, son disfuncionales. Pero algunas son más disfuncionales que otras.

Un par de años atrás me consultaron acerca de una importante sección de un gigantesco organismo federal que era a las claras muy disfuncional. Había muchos problemas en esa sección pero de inmediato detecté el más significativo cuando estudié el diagrama de organización jerárquica. El jefe de la sección (un hombre a quien llamaré Peter) era un antiguo funcionario público. Y cuando vi que dos de sus asistentes tenían cargos políticos, me sorprendí mucho. En los años en que trabajé en la administración pública, nunca había oído de alguien en un cargo político que se reportara a un funcionario público. Las designaciones políticas eran siempre para los puestos gerenciales más altos. Peter y estos dos asesores intentaron convencerme de que esto no era inusitado y que no había nada malo en el sistema. Pero era obvio que muchas cosas andaban mal y por fin conocí a otro experimentado funcionario público de alto rango que estuvo dispuesto a ser honesto conmigo. "Por supuesto", dijo, "le hicieron la cama a Peter". Al parecer, los políticos al frente del organismo desconfiaban tanto de Peter que habían puesto a dos de los suyos en el área para que actuaran de espías y socavaran su autoridad cuando lo consideraran necesario.

No hallé motivo para que se desconfiara de Peter. De hecho, era un hombre muy maduro y competente. Lo que descubrí en este organismo, más bien, fue toda una cultura de desconfianza tan grave que podía ser catalogada como una cultura de la paranoia. Puesto que esta cultura había sido generada en la cima por los políticos de más alto rango, a los cuales yo no tenía acceso, todas mis recomendaciones fueron pasadas por alto y la organización permaneció tan disfuncional cuando me fui que como cuando había llegado.

"Disfuncional" y "cultura de la paranoia" son términos abstractos. Menos abstracto era el hecho de que un ejecutivo de categoría hubiera sido tornado impotente y que el tiempo de otros dos funcionarios fuera desperdiciado espiándolo. Esto significaba una pérdida de cientos de miles de dólares de los contribuyentes. Pero más que eso, la moral de los miles de empleados del área estaba hecha añicos y, por lo tanto, su rendimiento era comprensiblemente flojo. El costo real para los contribuyentes, de esa sección sola, ascendía a millones. Sólo Dios sabe a cuánto ascendía en la totalidad del organismo.

Esta historia tiene dos moralejas. Si como he dicho, el uso más civil del poder es concederlo, entonces, en esta instancia, aquellas personas en las posiciones más altas del poder no sólo no lo concedían sino que lo arrebataban. La primera moraleja es que esa falta de civismo no es eficaz en función de los costos. Por el contrario, es terriblemente cara y antieconómica. La otra moraleja es que es en extremo difícil cambiar una cultura, por más poco civil, improductiva o disfuncional que sea. Hemos visto que un principio de la teoría de los sistemas es que siempre que se cambia una parte del sistema, todas las demás partes tienen que cambiar. Ahora hemos arribado a otro principio: los sistemas resisten el cambio en forma inherente. Se resisten a la curación. Lo cierto es que la mayoría de las organizaciones, pese a su flagrante disfunción y a su ineficacia en función de los costos, preferirán seguir siendo disfuncionales antes que evolucionar hacia un mayor civismo. ¿Por qué sucede esto? Reflexionemos sobre la complejidad de la definición de civismo: "una conducta de organización conscientemente motivada que es ética en su sometimiento a un poder superior".

El civismo no se da de modo natural. Para alcanzarlo, precisa conciencia y acción. La falta de civismo se da con más naturalidad en los seres humanos, y a causa de la pereza, es más fácil no ser civil.

Si esto parece una visión pesimista, todavía hay lugar para el optimismo. Es posible concluir de mis aseveraciones que todas las organizaciones son disfuncionales. Lo que esto significa para usted como jefe de familia o de una empresa es que no puede hacer todo a la perfección. Las cosas nunca saldrán prolijas y perfectas. Pero no debe usted sentirse mal por sus fracasos ordinarios. Son inherentes a la complejidad de las funciones de padre, madre y ejecutivo. De hecho, si espera usted la perfección, es posible que empeore las cosas. Tiene usted derecho a sentirse bien por arreglárselas lo mejor posible en este mundo. Pese a las escasas probabilidades de hacer las cosas a la perfección, usted hará todo lo mejor posible. Ser lo más civil posible en estos roles complejos y exigentes constituye el camino del egoísmo inteligente, a pesar de que requiere una gran dosis de esfuerzo psicoespiritual. ¿Para qué molestarse, entonces, si la falta de civismo se da con más facilidad que el civismo? La respuesta a esa pregunta, como he sugerido en *Un mundo por nacer*, es que mientras que la falta de civismo es más fácil, la creación de una organización o cultura relativamente civil es a la larga más efectiva en función de los costos. Es también el camino hacia la creación de algo más curativo y vivo.

CAPÍTULO VI

Elecciones sobre la sociedad

Debemos hacer muchas elecciones en tanto desempeñamos distintos roles y asumimos diversas tareas, responsabilidades y desafíos en nuestra familia, vida de trabajo y afiliaciones de grupo. Pero nuestra vida se torna más compleja cuando miramos más allá de nuestra familia cercana y de las organizaciones particulares a las que pertenecemos o con las que tenemos contacto de manera regular. Ya seamos niños, jefes de familia, estudiantes o empleados, también pertenecemos a una organización mayor que denominamos sociedad. Coexistimos como un conjunto de seres humanos extendiéndose más allá de las fronteras de diferentes pueblos y ciudades, condados y estados, regiones y naciones. Todos somos inevitablemente ciudadanos del mundo. Y como miembros de este orden social, nos enfrentamos a elecciones profundas acerca de lo que significa la ciudadanía.

Un psiquiatra secular y viejo amigo, que fue uno de los primeros lectores de *La nueva psicología del amor*, me escribió lo siguiente acerca del libro: "Lo que extraigo de él es que no existe nada gratis en la vida". Tenía razón en cierto sentido. El apoyo y la nutrición que recibimos de la sociedad no son gratis. Los beneficios de la ciudadanía implican un cierto grado de responsabilidad más allá del mero pago de los impuestos. Pero que estemos o no interesados en ser buenos ciudadanos es otro asunto. Si poseemos la energía y la voluntad para hacerlo, afrontamos la elección de cómo ser el mejor ciudadano posible. También tenemos la opción de rehusar comprometernos, de ser indiferentes, de eludir toda responsabilidad por el bienestar de la sociedad. Como sucede con todas las decisiones que tomamos en la vida, la ruta que escojamos acarreará sus propias consecuencias.

Si examinamos con más detalle las complejidades de la ciudadanía y observamos la sociedad con realismo nos toparemos de manera inevitable con varias paradojas. Siempre que uno tome en consideración las múltiples dimensiones de cualquier situación, y si todos los fragmentos de la realidad están allí, es probable que uno se encuentre frente a una paradoja. En otras palabras, casi toda verdad es paradójica y esto es particularmente cierto en la tarea de hacer elecciones sobre la sociedad.

La paradoja del bien y el mal

En una de sus cartas, el apóstol Pablo escribió que esta sociedad humana estaba regida por "principados y poderes", su frase para definir "lo demoníaco". Ya sea que interpretemos lo demoníaco como una fuerza externa o simplemente nuestra naturaleza humana y "pecado original", la noción de que el diablo es el soberano de este mundo tiene mucho de verdad. Dado el predominio de la guerra, el genocidio, la pobreza, el hambre, las evidentes desigualdades en la distribución de la riqueza, el racismo y el sexismo, la angustia y la desesperanza, el abuso de drogas, el delito oficializado en nuestras instituciones, la violencia en las calles y el abuso de menores y cónyuges en nuestros hogares, el mal parece estar a la orden del día.

Por cierto parece ser así la mayor parte del tiempo, puesto que las fuerzas del mal son reales y variadas. Algunas religiones alegan que los factores que perpetúan el mal se originan en el pecado humano. Las explicaciones psicológicas suelen atribuirlo a la falta de conciencia individual y grupal. Muchos comentaristas sociales consideran el caos en nuestra cultura, incluyendo el colapso de los valores familiares y el énfasis en el materialismo y el bienestar a cualquier precio, como el determinante primario del mal. También es frecuente culpar a los medios de comunicación por su influencia maligna. Consideremos estos factores brevemente para verificar la realidad paradójica del bien y el mal, que produce un impacto significativo en nuestras decisiones acerca de la sociedad. En su origen, la palabra "Satanás" quería decir adversario. En la teología cristiana, Satanás también es llamado el diablo. Cuando hablamos de "actuar como el abogado del diablo" estamos siendo adversativos. Mitológicamente, en un principio Satanás o el diablo era un ángel "bueno" que fue arrojado del cielo por desobediencia y orgullo y se convirtió en la personificación del mal y en el adversario del hombre. Una cierta dosis de actitud adversativa es buena para nuestro pensamiento y crecimiento. Su práctica ligera, sin embargo, puede esconder un indicio de lo siniestro. Cualquier posición adversa que sea persistentemente contraria y opuesta al crecimiento humano —y se halle en oposición directa a lo divino— contiene los crueles ingredientes para la perpetuación del mal.

Entre esos ingredientes puede figurar la naturaleza humana misma. Tengo poca idea de qué papel desempeña el diablo en este mundo, pero como dejé bien en claro en *El mal y la mentira*, dada la dinámica del pecado original, la mayoría de las personas no necesitan que el diablo las reclute para el mal; son bastante capaces de reclutarse ellas mismas. En *La nueva psicología del amor* sugerí que la pereza podría ser la esencia de lo que los teólogos denominan pecado original. Por pereza no me refiero tanto al letargo físico sino a la inercia mental, emocional o espiritual. El pecado original también incluye nuestras tendencias hacia el narcisismo, el temor y el orgullo. Combinadas, estas debilidades humanas no sólo contribuyen al mal sino que impiden a las personas reconocer su Sombra. Ajenos a sus propios pecados, aquellos individuos que carecen de la humildad para ver sus imperfecciones son los más capaces de contribuir al mal, ya sea de forma consciente o inconsciente. Las guerras tienden a ser iniciadas por personas o grupos carentes de conciencia y desprovistos de integridad y totalidad. Escribí sobre esto en *El mal y la menti-ra*. Utilizando a My Lai como ejemplo, demostré que el mal a nivel institucional y de grupo ocurre cuando existe una fragmentación de la toma de conciencia... y de la conciencia.

En *El crecimiento espiritual* y *La nueva comunidad humana* escribí sobre el mal de dividir en compartimientos. Describí la época cuando trabajaba en Washington entre 1970 y 1972 y solía deambular por los pasillos del Pentágono y conversar con la gente acerca de la Guerra de Vietnam. Me decían: "Bueno, sí, doctor Peck, apreciamos su preocupación. Sí, lo hacemos. Pero verá usted, éste es el sector de pertrechos de guerra y nuestra única responsabilidad es que el napalm sea manufacturado y enviado a tiempo a Vietnam. En realidad, no tenemos nada que ver con la guerra. La guerra es responsabilidad del área política. Vaya al otro extremo del corredor y hable usted con la gente de esa área".

De manera que iba a la otra punta del pasillo y hablaba con la gente de política. Me contestaban: "Sí, doctor Peck, entendemos su preocupación. Sí, lo hacemos. Pero en esta área, simplemente ejecutamos las políticas, no las hacemos. Las políticas se hacen en la Casa Blanca". Así, parecía que el Pentágono entero no tenía absolutamente nada que ver con la Guerra de Vietnam.

Este tipo de división en compartimientos puede ocurrir en cualquier organización grande. Puede darse en empresas y en otras áreas gubernamentales, en hospitales y universidades y también en las iglesias. Cuando cualquier institución se vuelve tan grande y dividida en compartimientos, la conciencia de esa institución suele fragmentarse y diluirse tanto que acaba siendo casi inexistente y la organización se torna inherentemente mala.

La palabra "diabólico" proviene del griego *diaballein*, que significa "separar, fragmentar o dividir en compartimientos". Entre los aspectos más diabólicos de la fragmentación de nuestra conciencia colectiva están aquellas cosas tan comunes que han sido institucionalizadas. Donde existen, por ejemplo, males institucionalizados como el racismo, el sexismo, la discriminación a los ancianos y la homofobia, encontramos los mecanismos duales de la opresión y la deshumanización. Cuando algunos segmentos de la humanidad son considerados en forma sistemática como descartables o extraños o son tratados con mofa, es inevitable que se sucedan consecuencias espantosas para la integridad de toda la sociedad. Para luchar contra los males sociales institucionalizados debemos recordar que lo que llamamos bueno debe ser bueno para la mayoría de la gente la mayor parte del tiempo y no meramente un asunto de: "¿Es bueno para mí?". Esta variante de la Regla de Oro significa que cuando empleamos criterios no equitativos, y perdonamos nuestro comportamiento pero juzgamos con severidad a otros por la misma falta o por algo menor, estamos en peligro. Por ejemplo, según las estadísticas del Proyecto Nacional de Condenas con asiento en Washington DC, los habitantes de los centros urbanos del país reciben condenas bastante más prolongadas que otros por delitos menores, como ser la posesión de cantidades pequeñas de *crack*. Las personas de los suburbios que consumen cocaína en polvo y los consumidores de clase media a clase alta raras veces son condenados a prisión si no tienen antecedentes. Suelen obtener la libertad condicional y son alentados a recibir tratamiento para sus problemas de adicción.

Las fuerzas del mal son a menudo más sutiles que notorias. Casi tan horroroso como el mal mismo es su negación, como es el caso de aquellas personas que transitan por la vida con lentes color de rosa. En realidad, la negación del mal puede en cierta forma perpetuarlo. En *In Search of Stones* escribí acerca de esta tendencia entre las personas de buen pasar económico cuyo dinero las aísla en su mundo de opulencia. No logran percibir la pobreza que existe tan cerca de ellas y, por ende, se rehúsan a aceptar ninguna responsabilidad posible por el problema. Muchas van a trabajar en tren todos los días desde sus refugios en los suburbios hacia el centro de la ciudad de Nueva York, sin alzar nunca la vista de sus periódicos cuando atraviesan las secciones más empobrecidas de Harlem. Los barrios pobres se tornan invisibles y también los individuos atrapados en ellos.

Por otra parte, están aquellos que poseen una visión cínica del mundo y parecen creer que el mal acecha detrás de todo. Su visión es lúgubre y fatalista, aun en medio de la inocencia y la belleza. Buscan lo peor en todo y jamás advierten las cosas positivas y alentadoras de la vida. Cuando la desesperación y el cinismo son como demonios para nosotros, también corremos el riesgo de perpetuar el mal. Aunque no podemos evitar a nuestros demonios, podemos escoger no recibirlos ni aliarnos con ellos. Para ser sanos, tenemos que librar una batalla personal contra ellos.

La influencia de los medios de comunicación puede empañar aún más una visión desesperanzada de la sociedad. A través de su concentración en el drama del mal, los medios de comunicación perpetúan una imagen desequilibrada de la realidad. Cuando una tarjeta de crédito ha sido robada, se convierte en una estadística y los titulares nos bombardean con informes de delitos. Pero rara vez nos enteramos de alguna estadística sobre tarjetas de créditos olvidadas sobre mostradores que han sido devueltas en silencio (como suele ocurrir). La exclusión general de buenas noticias por parte de los medios de comunicación deja al público con la impresión de que el mal prevalece en nuestros días. Si "ninguna noticia quiere decir buenas noticias", también parecería que "las buenas noticias no son noticias". No oímos ni leemos sobre lo bueno que ocurre en forma habitual, día tras día, en el mundo.

Es fácil desesperarse, bajar los brazos y creer que como el mundo es tan malo, nada ni nadie importa demasiado. Pero si hemos de observar nuestra sociedad con realismo, reconoceremos las poderosas influencias tanto de las fuerzas del bien como las del mal. El mundo no es todo hermoso. Ni tampoco es todo malo. Por lo tanto, el desafío más crítico que enfrentamos es desarrollar la capacidad de alcanzar y mantener una perspectiva equilibrada. Y desde esta perspectiva, hay motivo para el optimismo, no para la desesperanza.

Mi padre me contó una historia que ayudará a demostrar este punto. Es la historia de un sabio oriental que en la década de 1950 fue entrevistado por un periodista que le preguntó si era optimista o pesimista.

—Soy optimista, por supuesto —contestó el sabio.

—¿Cómo puede ser optimista con todos los problemas que hay en el mundo... la superpoblación, el colapso cultural, la guerra, el crimen y la corrupción? —inquirió el periodista.

—Oh, no soy optimista acerca de este siglo —explicó el sabio—. Soy muy optimista acerca del próximo siglo. Considerando la realidad del mundo actual, mi respuesta se asemejaría bastante. No soy optimista acerca del siglo XXI, pero sí muy optimista acerca del siglo XXII... si es que llegamos.

Conservar una perspectiva equilibrada resultará esencial. Del mismo modo en que es necesario desarrollar la conciencia propia con el fin de reconocer la realidad del mal y nuestro propio potencial para el pecado y para contribuir al mal, también precisamos tornarnos cada vez más conscientes para identificar todo lo bueno y hermoso en esta vida y gozarlo. Si vemos el mundo como inherentemente malo, no hay razón para creer que pueda mejorar. Pero si creemos que las fuerzas del bien en el mundo están al menos en un pie de igualdad con las fuerzas del mal, habrá gran esperanza para el futuro.

En muchos sentidos, el mundo está cambiando para mejor. Como escribí en *La nueva psicología del amor*, hace más de cien años, el abuso de menores en los Estados Unidos no sólo era desenfrenado sino tolerado. En ese entonces, un padre podía golpear con severidad a su hijo y no cometer ningún delito. Doscientos años atrás, muchos niños, incluso a los siete años de edad, eran forzados a trabajar en las fábricas y minas prácticamente todo el día. Cuatrocientos años atrás, nuestra sociedad no consideraba que los niños merecieran atención y respeto como individuos con sus propias necesidades y derechos. Pero los esfuerzos a favor de la protección de la infancia han progresado de una manera increíble en nuestro siglo. Hemos establecido números telefónicos de emergencia para denunciar casos de explotación de niños; las investigaciones son rutinarias y a veces extensivas en casos de sospecha de abuso y negligencia infantil. A menos que los árboles no nos permitan ver el bosque, es indudable que la sociedad ha hecho grandes progresos en lo que respecta a la protección de los intereses y el bienestar de sus ciudadanos más pequeños y vulnerables.

También existen pruebas sólidas de un cambio para mejor a nivel mundial. Consideremos el tema de los derechos humanos. Los gobiernos son controlados de modo regular para determinar cómo tratan a sus ciudadanos y algunos han sufrido sanciones económicas en respuesta a importantes violaciones a los derechos humanos, como sucedió con el sistema de segregación racial en Sudáfrica. En siglos anteriores, la noción de crímenes de guerra no existía. Las mujeres y los niños capturados solían ser violados y esclavizados, y el destripamiento de prisioneros de guerra masculinos constituía una conducta ritualista. Las guerras y los crímenes persisten, pero en tiempos recientes hemos comenzado a plantear el problema de por qué los seres humanos no parecen escatimar esfuerzos para matarse unos a otros cuando una paz más decente sería bastante viable si tan sólo trabajáramos un poquito en ella. Hemos erigido tribunales para intentar castigar a los individuos culpables de crímenes de guerra. Y ahora también debatimos si una guerra ha de considerarse justa o injusta e innecesaria. El solo hecho de que expongamos estos temas constituye una señal del cambio positivo que se está dando en esta sociedad y en todo el mundo.

Es posible argumentar que un motivo por el que muchos creen que el mal está más generalizado que nunca es resultado del hecho de que nuestros estándares han mejorado. En cualquier caso, las pruebas sugieren que en líneas generales la sociedad está evolucionando para mejor. Esto sería imposible si la sociedad fuera inherentemente mala. Lo cierto es que tanto el bien como el mal coexisten como fuerzas en este mundo; siempre lo han hecho y siempre lo harán. Hace tiempo que he reconocido este hecho. Pero me resulta más fácil determinar con mayor claridad por qué existe el mal y de dónde proviene que indagar los orígenes del bien en este mundo sin remitirme a Dios. Lo que San Pablo denominó "el misterio de la iniquidad" es en última instancia menos misterioso que el misterio de la bondad humana.

Mientras que la noción judeocristiana dominante es que éste es un mundo bueno un poco contaminado por el mal, como cristiano moderado prefiero la noción de que éste es un mundo por naturaleza malo algo contaminado por el bien. Podemos contemplar a los niños, por ejemplo, y regocijarnos con su inocencia y espontaneidad. Pero la verdad es que todos somos mentiroscs, tramposos, ladrones y manipuladores natos. De modo que no es de extrañar que muchos nos convirtamos en adultos mentirosos, tramposos, ladrones y manipuladores. Lo que es más difícil de explicar es por qué tantas personas llegan a ser adultos buenos y honestos. Aun siendo capaces del mal, los seres humanos suelen ser en general mejores de lo que cabría esperarse.

En mi experiencia con los cursos de organización comunitaria auspiciados por la FCE me ha impresionado mucho lo que he dado en llamar "el heroísmo habitual de los seres humanos". También es común descubrir cómo las personas en situaciones trágicas, como la bomba de la ciudad de Oklahoma o en otras situaciones de crisis, se ponen a la altura de las circunstancias. Existen sobradas pruebas de que la gente puede ser increíblemente buena cuando se une en un esfuerzo común. Aun así, muchos tienden a dar la bondad por sentado. Hay una lección para todos nosotros en estas sabias palabras pronunciadas por algún alma anónima: "Una vida de bienestar y comodidad puede no ser tan maravillosa como creemos. Sólo a través de la enfermedad apreciamos mejor la buena salud. El hambre nos enseña el valor de la comida. Y conocer el mal nos ayuda a apreciar lo bueno".

Si la coexistencia del bien y el mal es paradójica, debemos abrazar esa paradoja para poder vivir nuestra vida con integridad. La clave de la integridad es la totalidad. Y a través de la totalidad como seres humanos podremos ejercer la paradoja de la liberación y la celebración. La teología de la liberación proclama que los cristianos están llamados a desempeñar un rol activo en la batalla contra los pecados y los males sistémicos de la sociedad, es decir, están llamados a hacerse responsables de liberar a las personas de las cargas de la pobreza y la opresión. La teología de la celebración ha fomentado históricamente el énfasis en la bondad y la belleza existentes en el mundo y su celebración.

En su libro *Christian Wholeness* (Integridad cristiana), Tom

Langford sondea las múltiples paradojas que los cristianos han de aceptar para ser personas realistas e íntegras, entre las cuales la paradoja de la celebración y la liberación no es más que una. Como señala Langford, los individuos que se centren exclusivamente en la liberación se volverán fanáticos y melancólicos mientras que los que se centren sólo en la celebración serán frívolos, superficiales e insinceros de palabra. Una vez más, estamos llamados a la integración. El esfuerzo por la integridad requiere que reconozcamos y libremos batalla sin cesar contra las fuerzas del mal. Al mismo tiempo debemos ser conscientes de las fuerzas del bien y estar muy agradecidos por ellas.

En la batalla entre el bien y el mal hemos de estar dispuestos a luchar durante toda la vida. Aunque hay motivos para ser pesimistas, también hay motivos para creer que cada uno de nosotros puede influir, aunque al parecer de modo minúsculo, en que el mundo se incline a cambiar hacia el bien o hacia el mal. En un comentario atribuido a Edmund Burke, encontramos la base para determinar cuál de las dos fuerzas vencerá en última instancia: "La única cosa necesaria para el triunfo del mal es que los hombres buenos (y las mujeres, debo agregar) no hagan nada".

La paradoja de la naturaleza humana

La paradoja del bien y el mal es esencialmente inherente a la naturaleza humana. Ya he hablado acerca del "pecado original". Para equilibrar la paradoja, necesito hablar acerca de lo que Matthew Fox ha denominado "la bendición original". Es, para expresarlo con sencillez, nuestra capacidad para cambiar. Si como he dicho, todos somos mentirosos, tramposos, ladrones y manipuladores natos, comportarnos de otra manera como adultos parecería ser contrario a la naturaleza humana. Pero poseemos la habilidad de alterar la naturaleza humana... si escogemos hacerlo.

Siempre que alguien es lo bastante audaz para preguntarme: "Doctor Peck, ¿qué es la naturaleza humana?", la primera

221

respuesta que doy es: "La naturaleza humana es hacerse encima".

Después de todo, ésa es la forma en que cada uno de nosotros empezó: haciendo lo que sentíamos naturalmente cada vez que experimentábamos la necesidad. Pero luego, cuando teníamos alrededor de dos años, nuestra madre o tal vez nuestro padre se nos acercó y nos dijo: "Eres un buen niño y te quiero mucho, pero me gustaría que aprendieras a no hacerte encima". Al principio, este pedido no tiene sentido alguno para el niño. Para él, lo que sí tiene sentido es hacer lo que siente naturalmente cada vez que experimenta la necesidad, y los resultados siempre parecen interesantes. Para el niño, mantener el trasero apretado y arreglárselas para llegar a tiempo al baño para ver cómo esta hermosa materia desaparece inútilmente es por completo antinatural.

Sin embargo, si existe una buena relación entre el niño y la madre, y si la madre es paciente y no demasiado autoritaria —por desgracia estas circunstancias se dan con poca frecuencia, motivo por el cual los psiquiatras nos ocupamos tanto del control de esfínteres—, ocurre algo bastante extraordinario. El niño se dice a sí mismo: "Mamá es muy buena y ha sido muy buena conmigo en los últimos años. Me gustaría hacer algo en retribución, hacerle algún tipo de regalo. Pero soy un pequeño indefenso de dos años, así que, ¿qué puedo darle que ella podría querer o necesitar, excepto esta cosa tan absurda?".

De modo que el niño —como regalo de amor a su madre— comienza a hacer lo antinatural y mantiene su trasero apretado y aprende a ir al baño. Y para cuando ese mismo niño cumple cuatro o cinco años, ha llegado a sentir que lo natural es usar el baño. Si por otro lado, en un momento de tensión o fatiga se olvida y tiene un "accidente", siente que lo que ha hecho es antinatural. Lo que ha sucedido en este breve período de dos o tres años es que como un regalo de amor a su madre, el niño ha cambiado su naturaleza.

Esta capacidad de cambio que se nos ha concedido —esta bendición original, la habilidad de transformarnos— es tan extraordinaria que en otras ocasiones cuando me preguntan: "¿Qué es la naturaleza humana?" respondo con jocosidad que no existe. Puesto que lo que más nos distingue a los seres humanos de otras criaturas no es nuestro pulgar opuesto ni nuestra estupenda laringe ni nuestra inmensa corteza cerebral, sino nuestra falta relativa de instintos o pautas de conducta preformadas y heredadas que hasta donde podemos comprobar, confieren a otras criaturas una naturaleza mucho más estable y predeterminada que la nuestra. En otras palabras, los seres humanos estamos dotados de acceso a un abanico de opciones mucho más amplio —social, psicológica y físicamente— que nos proporciona flexibilidad para responder y manejar una variedad de circunstancias y situaciones.

He dedicado gran parte de mi vida a actividades pacifistas. Quienes creen que un mundo de paz es un imposible suelen referirse a sí mismos como realistas. Me han llamado idealista, o con más frecuencia, idealista necio o idealista tonto. Y han tenido razón hasta cierto punto. No, espero, con respecto a lo de necio y tonto sino a lo de idealista. Definiría a un idealista como una persona que cree en la capacidad de transformación de la naturaleza humana. No soy, sin embargo, un romántico. Definiría a un romántico como un individuo que no sólo cree en la capacidad de transformación de la naturaleza humana sino que cree que ésta debería ser fácil. Los románticos tienden a las fórmulas simplistas del tipo "El amor todo lo puede". En mi trabajo como psiquiatra descubrí que muchas personas no cambiarán ni crecerán a pesar de todo el amor del mundo. Modificar la naturaleza humana no es fácil. Pero es posible.

Existen razones profundas para que no sea fácil. Lo que denominamos personalidad puede definirse mejor como un esquema *consistente* de organización de elementos psíquicos, una combinación del pensamiento y la conducta. "Consistente" es la palabra clave en esta definición. Hay consistencia en la personalidad de los individuos —y también en la "personalidad" de las culturas y las naciones—, una consistencia que posee un lado oscuro y uno claro, uno bueno y uno malo.

Por ejemplo, cuando ejercía la psicoterapia y venían a verme pacientes nuevos era muy probable que me encontraran vestido con una camisa con el cuello desprendido, un suéter cómodo y tal vez hasta unas chinelas. Si regresaban a verme una segunda vez y me encontraban de corbata y traje, listo para partir a dictar una conferencia, no había problema. Pero si hubieran vuelto una tercera vez, sin embargo, y yo los hubiera recibido con una túnica azul larga y ondeante, todo enjoyado y fumando un cigarrillo de marihuana es muy posible que no hubieran regresado una cuarta vez. Uno de los motivos por los que muchos de mis pacientes seguían requiriendo mis servicios era que yo seguía siendo el mismo Scotty de siempre cada vez que regresaban. Había una consistencia en mi personalidad que les permitía saber dónde estaban parados. Les daba algo que les permitía "sentirse como en su casa". Necesitamos una cierta dosis de consistencia —un grado de predicción— en nuestra personalidad para poder funcionar de manera efectiva en el mundo como seres humanos confiables.

El lado oscuro de esa consistencia, no obstante, es lo que los psicoterapeutas denominamos resistencia. La personalidad, ya sea la de un individuo o de una nación, se resiste inherentemente al cambio. El cambio es amenazador, aun cuando sea para mejor. La mayoría de los pacientes acuden a la psicoterapia requiriendo cambiar de un modo u otro. Pero desde el momento en que se inicia la terapia, empiezan a actuar como si cambiar fuera lo último que desearan hacer y a menudo lucharán contra ello con uñas y dientes. La psicoterapia, concebida para liberar, hace brillar la luz de la verdad sobre nosotros. El adagio "La verdad te hará libre, pero antes te volverá loco" refleja la resistencia al cambio de nuestra naturaleza humana. Es evidente que no nos resulta fácil cambiar. Pero es posible, y ésa es nuestra gloria como seres humanos.

Nuestra resistencia natural a cambiar, un resultado de nuestra pereza, temor o narcisismo, es lo que creo que se quiere decir con "pecado original". Al mismo tiempo, la característica más distintiva de nuestra naturaleza humana, nuestra "bendición original", es nuestra capacidad para cambiar si así lo deseamos. Dado nuestro libre albedrío, es decisión individual nuestra el ceder al pecado original, resistir el cambio, estancarnos e incluso deteriorarnos o trabajar en nuestra transformación individual y también social. No tendría sentido trabajar para el progreso social si las personas no pudieran cambiar. Sin embargo, los individuos poseen la libertad de no cambiar. Este conflicto entre la inercia de no cambiar y el esfuerzo de cambiar fue resumido por un teólogo cristiano muy antiguo, Origen, quien dijo: "El Espíritu representa el progreso, y el mal, por definición, es aquello que rechaza el progreso".

La paradoja del derecho

Ya he explorado un aspecto del "pensamiento criminal" conocido como la psicología del derecho. Muchas personas —ya sean ricos o pobres— tienden a creer que tienen derecho a algo a cambio de nada, o a comportarse como si el mundo estuviera en deuda con ellos en vez de ellos deberle algo al mundo. Algunos se sienten con derecho debido a un complejo de superioridad; para otros, la sensación de derecho proviene de un complejo de inferioridad. Estos últimos piensan que no son responsables de su destino en la vida. Los primeros creen que merecen todo su "éxito", incluso a expensas de otros, a quienes consideran menos merecedores que ellos, a menudo por motivos menores e insignificantes.

Existen numerosas razones detrás de esta actitud de derecho al parecer generalizada. En *In Search of Stones* cité un ejemplo particularmente norteamericano. Es la noción expuesta por la Declaración de la Independencia: "Sostenemos estas verdades como evidentes en sí mismas, que todos los hombres son creados iguales, que han sido dotados por su Creador de ciertos derechos inalienables, que entre éstos están la Vida, la Libertad y la prosecución de la Felicidad". A mi entender, estas palabras son quizá, paradójicamente, las palabras más profundas y más tontas que jamás se han escrito. Constituyen una visión sublime y divina que capta con precisión la esencia de la condición humana. Al mismo tiempo, son terriblemente engañosas.

225

Todos somos iguales ante los ojos de Dios. Más allá de eso, sin embargo, somos muy desiguales. Poseemos distintos dones e impedimentos, diferentes genes, distintas lenguas y culturas, valores y estilos de pensamiento disímiles, historias personales diferentes, distintos niveles de competencia, etcétera, etcétera. De hecho, la humanidad podría rotularse adecuadamente como la especie desigual. Lo que más nos distingue de todas las otras criaturas es la extraordinaria diversidad y variabilidad de nuestra conducta. ¿Iguales? Tan sólo en la esfera moral, fluctuamos entre lo demoníaco y lo gloriosamente angélico.

El falso concepto de nuestra igualdad nos impulsa a la pretensión de la seudocomunidad —la idea de que todos somos iguales— y cuando esa pretensión fracasa, como lo hará si actuamos con intimidad o autenticidad, nos impele al intento de alcanzar la igualdad a través de la fuerza: la fuerza de la persuasión gentil seguida de persuasión menos y menos gentil. Interpretamos erróneamente nuestra tarea. La tarea de la sociedad no es establecer la igualdad. Es desarrollar sistemas que afronten humanamente nuestra desigualdad, sistemas que dentro de lo razonable celebren y alienten la diversidad.

El concepto de los derechos humanos es esencial para el desarrollo de esos sistemas. Apruebo de corazón la Declaración de Derechos anexada a la Constitución de los Estados Unidos y en líneas generales, la interpretación que los tribunales hacen de ella. Sin embargo, soy mucho más receloso de los vastos derechos que afirma la Declaración de la Independencia: el derecho a la vida, a la libertad y a la prosecución de la felicidad. A medida que me aproximo a la vejez, por ejemplo, dudo cada vez más de mi derecho a la vida en ciertos aspectos. Como autor y maestro, debo cuestionar mi libertad a mentir o incluso a distorsionar sutilmente. Como psiquiatra y teólogo, conocedor de que la felicidad es un efecto secundario de alguna búsqueda más profunda o de lo contrario consecuencia del autoengaño, no estoy seguro de cuán meritoria sea la prosecución de la felicidad. Mi problema todavía más importante es con el conjunto de estos derechos. Unamos los derechos a la vida, la libertad y la prosecución de la felicidad y parecería que tuviéramos derecho a la paz.

Nuevamente, esto presenta una paradoja. Un lado de la paradoja es que la paz constituye una aspiración propia del ser humano. Hay una diferencia, sin embargo, entre un conflicto letal y uno no letal. Necesitamos este último. Si se lo maneja con propiedad, tiende a promover la dignidad humana. Pese a sus supuestas glorias, la guerra suele destruir nuestra dignidad. Si definimos la paz como la ausencia de la guerra abierta, es en realidad noble aspirar a ella, y no podemos aspirar a algo que sentimos que no merecemos. En este sentido, debemos considerar la paz como un derecho. El otro lado de la paradoja es que no tenemos derecho a aspirar a la paz sin trabajar en pos de ella. Todo cuanto he dicho acerca de la comunidad y todo cuanto sabemos sobre la paz indica que no existe motivo alguno para esperar alcanzarla sin esfuerzo ni para creer que una vez alcanzada a través del sacrificio perdurará mucho tiempo sin que tengamos que volver a levantar un dedo.

Tal vez no exista una trampa más peligrosa que asumir que tenemos derecho a la paz. Una forma en la que se desarrolla esta noción de derecho a la paz es a partir de la hipótesis de un gran número de norteamericanos en cuanto a que todos los conflictos pueden resolverse de manera pacífica. Eso es ingenuo. Pero muchos otros individuos operan a partir de la suposición opuesta, que ningún conflicto puede resolverse excepto a través de la fuerza, por medio de la violencia o la amenaza de ella. Esta suposición es cínica y se satisface a sí misma. La realidad paradójica en este punto de la evolución humana es que algunas guerras son inevitables o "justas" y otras son injustas, innecesarias y libradas a costos horripilantes por mera pereza o estupidez.

Aunque he estado hablando de la paz entre las personas, los mismos principios paradójicos son válidos para alcanzar esa condición tan anhelada llamada paz interior. Si bien tenemos derecho a desearla, tenemos tan poco derecho a ella como a la paz externa. Sin embargo, muchos protestan con indignación cuando la vida misma interrumpe la felicidad o serenidad que han llegado a considerar un derecho. Asimismo, para poseer paz interior se nos requiere con frecuencia

227

que primero estemos dispuestos a renunciar a ella. Sólo aquellos que son capaces de mentirse todo el tiempo a sí mismos sin escrúpulos tienen paz mental. Pero si no queremos tener un problema mental de este tipo, debemos recordar que existe algo mucho más importante que la paz interior: la integridad. La integridad exige, entre otras cosas, la disposición a tolerar la aflicción por amor a la verdad.

Para recordar esto, me ayuda el pensar en Jesús, quien tan a menudo se sintió frustrado, enojado, asustado, solo, triste y deprimido, un hombre que sin duda deseaba popularidad pero que no recurrió a la traición para obtenerla y que nos enseñó que la vida es algo más que un concurso de popularidad; un hombre que no parecía tener mucha "paz mental" tal como el mundo está acostumbrado a imaginar que sea y que sin embargo ha sido llamado el Príncipe de la Paz. Debemos ser conscientes de que existe una falsa clase de paz mental que deriva de no estar en contacto con nosotros mismos. La verdadera paz interna requiere que estemos en estrecha relación con cada faceta de nosotros mismos, para que la invitamos no sólo en nuestros derechos sino también en nuestras responsabilidades.

La paradoja de la responsabilidad

Como ciudadanos, nos afectan una variedad de asuntos a nivel local, estatal y nacional. Según sea el impacto de estas cuestiones en nuestra vida diaria y en las vidas de otros, se nos podrán requerir diferentes roles y responsabilidades. Algunos tratan de hacer frente a este desafío —de establecer una diferencia— votando con diligencia en cada elección local y nacional. Otros escogen el camino de participar en los esfuerzos de las organizaciones comunitarias para ayudar a los más necesitados. Y otros realizan contribuciones financieras para apoyar causas que les interesan y les preocupan. Pero muchos se resisten a asumir ningún tipo de responsabilidad. En cambio, les resulta más fácil acudir a otros para que sean los mesías que resuelvan todos los problemas del mundo. Antes que asumir cualquier rol activo en obtener y mantener ciertos derechos, no se sienten responsables de tomar decisiones claras acerca de la calidad de su ciudadanía. Tal vez aleguen que no hacen ningún daño a la sociedad, pero el dicho (atribuido a Eldridge Cleaver durante la década de 1960) es cierto: "Si uno no es parte de la solución, entonces es parte del problema".

La paradoja es que somos responsables de todo y al mismo tiempo no podemos ser responsables de todo. La respuesta a esto —y a todas las paradojas— no es adoptar un solo lado de la ecuación sino abrazar ambos lados de la verdad. El escritor William Faulkner, en un discurso que dio cuando su hija Jill se graduó en la escuela secundaria, dijo: "Nunca temas alzar tu voz por la honestidad, la verdad y la compasión y contra la injusticia, la mentira y la codicia. Si la gente en todo el mundo, en miles de habitaciones como esta, hiciera eso, el mundo cambiaría".

En 1955, Rosa Parks, una costurera anónima de una gran tienda en Montgomery, Alabama, ayudó a cambiar a nuestra nación cuando su negativa a ceder su asiento en un colectivo a un hombre blanco provocó un boicot de colectivos que duró trescientos ochenta y un días. Con los pies cansados y su dignidad puesta a prueba una y otra vez, esta mujer negra de cuarenta y dos años fue arrestada y luego despedida de su empleo. Su simple acción —y las acciones subsiguientes por parte de muchos otros— estimuló un movimiento que condujo a una reforma legal tremenda en este país.

No todos pueden lograr el impacto de Rosa Parks, pero todos podemos tomar una posición en la lucha contra todo tipo de males en nuestro mundo. De hecho, la batalla contra el mal comienza en el hogar. Debemos ocuparnos de nosotros mismos y de nuestras familias primero y trabajar para crear una comunicación e interacción más sanas. "Pensar globalmente, actuar localmente" es una buena pauta general.

Teniendo en cuenta las limitaciones geográficas y de otra clase con las que se enfrenta el ciudadano medio, actuar localmente sea tal vez la única forma viable de establecer una diferencia. Pero eso no significa que nuestro pensamiento tenga que limitarse a lo local. Siempre tenemos la opción de pen-

229

sar globalmente sobre muchas cuestiones. Si lo decido, puedo escoger interesarme nada más que en el costo de la atención médica en los Estados Unidos, simplemente porque me afecta. Pero como soy un ciudadano del mundo, no puedo cerrar los ojos a los hechos en el resto del mundo. Tengo la responsabilidad de pensar acerca de las guerras civiles, el genocidio y otros crímenes de guerra tan difundidos hoy en Ruanda, Yugoslavia y otras partes del mundo. Con todo, no me he tomado tiempo para estudiar estos lugares con el mismo detenimiento con que estudié la Guerra de Vietnam. Con tantas exigencias en mi vida, ya tengo suficiente. Nadie puede estudiar todo ni tomar parte en todo ni responsabilizarse por todo sin exponerse en última instancia a ser recluido en un manicomio.

Sin embargo, no siempre es suficiente interesarnos sólo en las cuestiones que nos afectan de un modo directo. Más allá de nuestros derechos y de defender nuestra persona, a veces necesitamos estar dispuestos a tomar posición por los demás aun cuando no nos beneficie de manera directa. En ocasiones tenemos que estar dispuestos a hacerlo a riesgo propio. La responsabilidad de discernir cuándo arriesgarse es una decisión que cada individuo debe tomar según a qué esté dispuesto a renunciar o perder por defender algo.

Hay momentos en que nos encontramos en un verdadero aprieto con respecto a dónde trazar con exactitud los límites de la responsabilidad. En esos casos debemos hacer todo lo que esté a nuestro alcance y conceder el resto a la incertidumbre. Nunca sabremos con certeza si pudimos haber hecho más, si debimos haber alzado la voz cuando escuchamos un comentario racista o intervenido cuando oímos a un vecino agredir verbalmente a su esposa. Frente a las complejas y abrumadoras responsabilidades sociales, hemos de recordar que si nos dejamos sobrecoger por la desesperanza y el agotamiento nos tornaremos inútiles no sólo para nosotros mismos sino para los demás.

Recuerdo un curso de organización comunitaria de la FCE durante el cual un hombre blanco del grupo envió una nota a una mujer negra que estaba hablando sobre el sentimiento de agonizante responsabilidad que experimentaba por promover una imagen positiva de su raza. Era como si hubiera decidido cargar el peso del mundo entero sobre sus hombros. La nota decía: "No te sientas total, personal e irrevocablemente responsable por todo. Ésa es mi tarea". Lo sorpresivo es que la nota estaba firmada "Dios". En otras palabras, hay momentos en la vida —y en el mundo en general— cuando lo mejor que podemos hacer, temporariamente, es adherir al dicho de Alcohólicos Anónimos: "Despreocúpate y déjalo a Dios".

Si bien todos podemos decidir hacer algo para ayudar a nuestra familia y nuestra comunidad, no puedo decirle a alguien específico qué debería hacer. Como no podemos estar involucrados en todo, tenemos que ser selectivos acerca de nuestro nivel de acción. Para esto hemos de discernir nuestro llamado. La forma en que Dios llama a una persona no será la forma en que llama a otra. Ningún llamado me parece más noble que el de trabajar con los pobres. Sin embargo, he comprendido con los años que por más noble que deseara ser, no parezco estar llamado a trabajar con los pobres.

Nunca entendí mejor esto que hace una década cuando se nos pidió a Lily y a mí que realizáramos un trabajo voluntario de una semana con la Iglesia del Salvador en Washington DC, parte de cuyo ministerio estaba dirigido a las personas en el poder en nuestro gobierno federal. Durante esa semana, esperábamos tener la oportunidad de reunirnos brevemente con Gordon Cosby, el dinámico fundador de la iglesia, cuyo ministerio primario estaba dirigido a los habitantes pobres del centro de la ciudad. Nuestro último día allí comenzó con una reunión en el Banco Mundial a las siete y media de la mañana; a continuación asistimos a numerosas citas con varios representantes y senadores norteamericanos, una reunión con los organizadores de los desayunos de plegaria y muchas reuniones más en la tarde con gente del Congreso. A las seis de la tarde, estábamos completamente atontados y exhaustos. Entonces se nos informó que podíamos encontrarnos con Cosby en uno de los centros del gueto de la iglesia. Cuando Lily y yo llegamos allí, nos hicieron pasar a una habitación en el sótano abarrotada con varios cientos de personas sin techo que comían de bandejas de lata mientras una banda de rock tocaba en un escenario minúsculo. El ruido era ensordecedor. Cosby sugirió con hospitalidad que tomáramos una bandeja de lata y nos sentáramos junto a él. Pregunté si podíamos hablar en un sitio tranquilo, fuera del comedor. Cosby accedió. Cuando por fin nos reunimos unos minutos en una habitación silenciosa, fue un momento personal de crisis para mí. "Nadie admira tu trabajo más que yo, Gordon, precisamente porque no estoy capacitado para hacerlo. No parezco estar llamado para él. Desearía haber sido llamado para lo mismo que tú, pero no es así", le dije.

Esto no significa que no me haya comprometido de otras maneras trabajando en favor de los pobres y los sin techo. La Fundación para el Fomento de la Comunidad ha realizado una enorme cantidad de trabajo en áreas de pobreza. Y durante dos décadas me he manifestado abiertamente en contra de la decisión estatal de cerrar los hospitales psiquiátricos y dejar en la calle a la mayoría de sus enfermos mentales graves y crónicos. Aunque esta decisión estaba adornada con palabras dulces acerca del respeto a las libertades civiles de los enfermos mentales y los beneficios de los tranquilizantes modernos, además de una fantasía sobre "los centros de salud mentales de la comunidad" que se harían cargo de estas personas, supe desde un principio que los motivos eran en esencia económicos y percibí el problema de todas las personas que quedarían sin techo como resultado inevitable de esta economía insensata.

Pero por más detestable que fui (como en muchas de mis actividades en pro de la paz), la gente por lo general no escuchaba. En este caso, como en otros, he sentido muchas veces que he malgastado mis energías. Pero durante años me ha consolado el relato de un paciente mío que asistió a una conferencia en la que hablaba uno de los hermanos Berrigan (quien había estado implicado desde hacía tiempo en la desobediencia civil radical a favor del desarme). Mi paciente me contó que en esta conferencia alguien preguntó al padre Berrigan cómo era posible que continuara con su trabajo durante décadas cuando al parecer no obtenía resultados evidentes. El padre contestó: "Ni siquiera pensamos en los resultados. Si lo hiciéramos, ya estaríamos muertos. Los resultados no nos interesan. Sólo hacemos lo que consideramos correcto, lo que sentimos que tenemos que hacer y dejamos los resultados a Dios".

Las paradojas del tiempo y el dinero

No sólo debemos escoger el nivel de nuestra participación y nuestra responsabilidad como ciudadanos, sino también considerar la cuestión del tiempo. Decidir cuándo comprometernos es crucial, puesto que nunca podremos hacer todo lo que queramos hacer en esta vida y dada la realidad de que nuestros recursos —de tiempo, energía y dinero— son limitados. Una vez conocí a una mujer de cincuenta y cinco años con hijos grandes que estaba involucrada en la desobediencia civil. No sólo tenía el tiempo y la energía sino también la tolerancia para ese activismo; de hecho, consideraba improductivo si no iba a la cárcel al menos una vez por mes. Pero dudo de que Dios llame a una madre o a un padre cuyos ingresos deban mantener a su familia para que vayan presos por desobediencia civil.

Como dice el refrán, "todo a su tiempo". Muchas personas ya están demasiado ocupadas ganándose la vida y criando a sus hijos. Otros eligen algo diferente. He sabido de activistas civiles que han tenido éxito movilizando y agitando a la sociedad pero que han fracasado como padres. Al parecer dedicaban mucho más tiempo a las causas sociales que a sus propios hijos y hogares. Sin embargo, algunos de estos activistas estaban sin duda llamados a su trabajo y aunque hayan lamentado no pasar más tiempo con sus hijos, es muy posible que el mundo esté mejor gracias a sus sacrificios.

Muchos individuos de principios que consideran su ciudadanía como una responsabilidad realizan contribuciones de importancia a la sociedad a través de la donación de su tiempo, dinero u otros recursos. "Voluntariado" es el término que empleamos para describir los esfuerzos por tratar de ha-

233

cer el bien en esferas más allá de los intereses económicos personales y la familia. Cuando una persona defiende algo sin esperar una recompensa, su participación en una causa es en esencia voluntaria. Un filántropo ofrece voluntariamente su dinero. Una maestra puede proveer enseñanza gratuita después del horario escolar a niños de un barrio pobre. Un estudiante puede colaborar en un refugio para personas sin techo. Un ama de casa puede realizar visitas semanales para proporcionar compañía a residentes solitarios de un geriátrico.

Realizar trabajos voluntarios constituye un llamado. Es una elección tan legítima y compleja como la decisión de una carrera. Creo que casi todas las personas deberían servir como voluntarias en algún momento u otro y que el proceso y los resultados de hacerlo son siempre beneficiosos tanto para la sociedad como para el individuo. Ya sea que se realice en la juventud, a mediana edad o la vejez, el trabajo voluntario ofrece una oportunidad de aprender y crecer a través de la asistencia a otros. El entusiasmo y la energía de los jóvenes y la disponibilidad, experiencia y compasión de las personas mayores los convierte en voluntarios potencialmente muy dedicados.

Pero la elección del trabajo voluntario ha de tener en cuenta muchos factores, entre los cuales la oportunidad tal vez sea el más fundamental. En las concisas palabras del Eclesiastés:

Hay un tiempo para cada cosa, y un momento para hacerla bajo el cielo.
Hay tiempo de nacer y tiempo para morir; tiempo para plantar, y tiempo para arrancar lo plantado.
Un tiempo para dar muerte, y un tiempo para sanar; un tiempo para destruir, y un tiempo para construir.
Un tiempo para llorar y otro para reír; un tiempo para los lamentos, y otro para las danzas.
Un tiempo para lanzar piedras, y otro para recogerlas; un tiempo para abrazar, y otro para abstenerse de hacerlo.
Un tiempo para buscar, y otro para perder; un tiempo para guardar, y otro para tirar afuera.

Un tiempo para rasgar, y otro para coser; un tiempo para callarse, y otro para hablar.

Un tiempo para amar, y otro para odiar; un tiempo para la guerra, y otro para la paz.

Así como el tiempo es importante, otros recursos también pesan en nuestra capacidad para servir a la sociedad. Muchos interpretan, en forma simplista, el activismo como un llamado a la pobreza radical y, por lo tanto, lo rechazan. Trabajar en aras del bien de la sociedad no necesita ser sinónimo de sacrificar todo nuestro bienestar. Un par de años atrás leí las actas de una conferencia de activistas de la comunidad en Nova Scotia. Uno de los oradores, que había pasado muchos años en las líneas del frente de la acción social y el trabajo voluntario, dijo: "La mayor contribución que podemos hacer a los pobres es no convertirnos en uno de ellos". Esta aseveración puede parecer dura, pero de acuerdo con mi experiencia, creo que al menos en parte posee un timbre de verdad. La FCE, por ejemplo, ha podido efectuar su trabajo en pos de la paz y de asistencia a la pobreza sólo porque es una organización financieramente solvente y sin fines de lucro.

Si bien no existe virtud alguna en la pobreza abyecta per se, subsiste la pregunta real de si la gran fortuna constituye una mera codicia. Depende, por supuesto, de cómo se gaste el dinero. Hay más de una pizca de verdad en el dicho de que el dinero es la raíz de todo mal. Pero la otra cara de la moneda es por igual atractiva. Puesto que el capital también puede utilizarse para hacer el bien, un hombre llamado Leonard Orr sugirió en una ocasión que el dinero puede ser considerado como "Dios en circulación".

¿Pero cuándo el dinero suficiente es suficiente? Las personas empeñadas en hacer dinero o en conservar el que ya han hecho podrían sentirse inclinadas a responder: "Nunca". En mi opinión, el dinero es el medio para un fin, no el fin en sí mismo. Y si ese fin es hacer el bien, entonces tal vez nunca haya el dinero suficiente. En cualquier caso, la pregunta rara vez surge a menos que "no haya suficiente" y se deben tomar decisiones sobre qué hacer al respecto.

Se suele admitir que el dinero tiende más a esclavizar que a liberar. El dinero es una amante seductora. En *In Search of Stones* escribí que me preocupo mucho más por el dinero de lo que solía hacerlo cuando teníamos mucho menos. Parte de esta preocupación es apropiada. "El tonto derrocha pronto su dinero." Pero también me he preocupado por el dinero más de lo necesario y de maneras inadecuadas que podían convertirse fácilmente en una obsesión. Hacer las cuentas puede por cierto aliviar nuestra angustia acerca del futuro. Pero también puede conducir al falso orgullo y la autosatisfacción, como si el dinero constituyera la medida de nuestro valor.

Es posible que yo sea más propenso a esta obsesión que la mayoría de la gente. Nacido en mayo de 1936, soy un hijo de la Depresión. Durante mi infancia en Park Avenue, mi padre no sólo solía comentarnos a mi hermano y a mí, "Deben aprender el valor de un dólar, muchachos", sino que también proclamaba repetidamente, "Nos vamos al asilo de pobres". En ese entonces, una parte de mí sabía que eso era ridículo. Pero me quedó grabado. De adolescente, cuando invitaba a cenar a una chica, permanecía sentado en silenciosa agonía si pedía algo que no fuera una de las entradas más baratas. Logré superar esto, pero durante muchos años ya casado y con hijos me inquietó la posibilidad de que pudiéramos acabar en un asilo. ¿Qué pasaría si tenía una hemiplejía y debía dejar de trabajar? ¿Y si nos iniciaban un juicio? ¿Y si se caía la Bolsa de valores? ¿Y si se desataba la inflación? ¿Y si? ¿Y si?

Para muchos, dinero y seguridad son equivalentes. Pero la seguridad total es una ilusión. La vida es inherentemente insegura. A edad muy temprana tuve una revelación: que la única seguridad verdadera en la vida está en saborear la inseguridad de la vida. He predicado esta revelación desde entonces y, sin embargo, hasta el día de hoy sigo necesitando aprenderla. El dinero constituye una clase de seguridad y tal vez nunca sea suficiente, al menos no cuando perseguimos la ilusión de la seguridad total.

236

Sé perfectamente bien que las personas muy acaudaladas que nunca dan nada han sido condenadas a perseguir esa ilusión vana. Lo sé porque parte de ellas está en mí. Tal vez yo no haya caído presa de la idolatría del dinero de una forma tan total, pero lo cierto es que nada continúa interfiriendo más con mi vida de oración que las preocupaciones por mis ingresos, inversiones y ventas de libros. Algunos escritores espirituales han diagnosticado que la raza humana padece de una "psicología de la escasez"; nos urgen a una "psicología de la abundancia", un sentimiento de que siempre habrá suficiente y de que Dios proveerá en abundancia. Creo en estas enseñanzas. Es sólo que como hijo de la Depresión, me cuesta mucho seguirlas, por mucho que lo intente.

¿Qué constituye la verdadera riqueza? En términos del mundo, la posesión de dinero y objetos valiosos. Pero si midiéramos la riqueza de otra manera, además de en meros dólares, muchos que son pobres en posesiones son espiritualmente ricos y muchos que poseen en cantidad son pobres de espíritu. Desde una perspectiva psicoespiritual, los ricos de verdad son aquellos que tienen una relación constante con Dios y han aprendido que al entregarse a sí mismos también reciben mucho.

Ya sea que estemos dotados de dones espirituales o de riqueza mundana, o de ambos, estos dones conllevan exigencias. Hemos oído decir que de quien mucho recibe (en la forma de talento, dinero u otros recursos) mucho se espera. Por lo tanto, uno de los grandes dilemas de quienes han acumulado cualquier grado de riqueza es la decisión de si deberían —y hasta qué punto— compartir esa riqueza para beneficiar a otros. ¿Cuándo deben las personas con dinero comenzar a desprenderse de él? No existe una fórmula definida, por supuesto. Pero lo que me resulta evidente es que al igual que con el poder, el verdadero objetivo de tener dinero es compartirlo con los demás. Demasiado dinero, como demasiado poder, representa un peligro para la sociedad y también para el individuo que lo guarda para sí en vez de compartirlo.

Estudio de un caso personal

Lily y yo nos abocamos con intensidad al trabajo voluntario a fines de la edad madura, entre finales de 1984 y fines de 1995. Estuvimos en condiciones de dedicar tanto tiempo y otros recursos gracias al éxito comercial de *La nueva psicología del amor*. Y en 1984, el segundo año que ganamos bastante más de lo que necesitábamos, empezamos a considerar dónde ofrecer voluntariamente nuestro tiempo o contribuir dinero a una causa importante. La causa que más atrapó nuestro interés fue la paz, y comenzamos a evaluar la posibilidad de iniciar algún tipo de fundación. Durante un par de meses dimos vueltas a la idea de crear algo que unificara a las quinientas organizaciones de paz diferentes. Pero cuanto más lo considerábamos, más se hizo evidente que cualquier fundación que creáramos se convertiría en la quingentésima primera organización de paz.

Poco a poco, nos dimos cuenta de que la organización de la comunidad era más fundamental que la paz; que de hecho, la organización de la comunidad debe preceder a la paz. De manera que en diciembre de 1984, junto con otras nueve personas, creamos la Fundación para el Fomento de la Comunidad. La FCE es una fundación de educación pública libre de impuestos y sin fines de lucro, cuya misión consiste en enseñar los principios de la comunidad, es decir, los principios de la comunicación sana dentro de los grupos y entre ellos. La declaración de la visión fundacional reza:

> Existe un anhelo de paz en el corazón. Debido a las heridas —los rechazos— que hemos recibido en el pasado, los riesgos nos asustan. En nuestro temor, descartamos el sueño de una comunidad auténtica como meramente visionario. Pero existen reglas a través de las cuales las personas pueden volver a reunirse, a través de las cuales se pueden curar las viejas heridas. Es misión de la Fundación para el Fomento de la Comunidad ense-

ñar estas reglas —despertar la ilusión de nuevo— para que la visión se torne manifiesta en un mundo que casi ha olvidado la gloria de lo que significa ser humano.

En *La nueva comunidad humana* expuse el valor de la organización de la comunidad como precursora crucial de la paz. La organización de la comunidad ayuda a eliminar las barreras de la comunicación, como la vanidad con que muchas personas emprenden algo debido a su posición laboral, ingresos, títulos e identidades religiosa, cultural y racial. Cuando estas barreras caen a través del aprendizaje del vacío, experimentamos un estado de conciencia temporario en que la mente se encuentra totalmente abierta y receptiva y, por lo tanto, alerta. A través de este proceso también hacemos lugar a la curación e incluso a los milagros. La organización de la comunidad ayuda a atravesar la sofisticación de la gente para llegar al corazón de su inocencia. Alienta a los individuos a examinar en profundidad sus motivos, sentimientos, juicios y reacciones y, por ende, a expandir la conciencia de su propia persona y, en última instancia, la conciencia de los demás.

Durante esos once años, Lily y yo consagramos voluntariamente una tercera parte de nuestros ingresos y de nuestro tiempo a trabajar con la FCE. Dedicamos casi veinte horas semanales trabajando en pro de la organización. Ser parte de la FCE se asemejaba mucho a tener hijos. Nunca soñamos que sería tanto trabajo. Tampoco soñamos nunca cuánto ganaríamos y aprenderíamos de ello.

Como escribí en *In Search of Stones*, cuando creamos la FCE éramos un grupo de benefactores sin la menor idea de cómo hacer el bien dirigiendo una organización sin fines de lucro. Si me hubieran preguntado en ese entonces qué era planificación estratégica, habría contestado que algo que probablemente hacían en el Pentágono. En particular, no sabíamos nada acerca de cómo manejar un negocio, lo cual toda organización sin fines de lucro debe ser, al igual que cualquier empresa rentable, si desea ser exitosa. Nuevamente, operábamos en la ignorancia. Tuve que aprender. Tuvimos que aprender. Debimos aprender no sólo sobre planificación estratégica sino todo lo concerniente a comercialización, coordinación de conferencias, manejo de voluntarios, expansión y reducción, recaudación de fondos y desarrollo, sistemas informáticos y listas de direcciones, declaraciones de misión y visión, procedimientos contables, etcétera, etcétera. También tuvimos que aprender cosas más importantes, como que más grande no implica mejor, cómo coordinar y cómo clarificar el reparto de funciones y de poder.

Gran parte de lo que aprendimos en esa docena de años fue el resultado de trabajar con muchos otros en la administración de la FCE y ha constituido a menudo un aprendizaje doloroso. En algún punto u otro, hemos cometido casi todos los errores administrativos conocidos. Ya he mencionado que la decisión financiera más terrible que tuvimos que tomar no estuvo relacionada con nuestras finanzas personales sino con esta organización benéfica. La recesión de 1990-1992 golpeó duramente a la FCE y sólo sobrevivió porque en el curso de seis meses, recortamos el presupuesto anual de 750.000 dólares a 250.000 dólares a través de una "reducción", ese eufemismo para el despido de empleados competentes.

Como hombre blanco, anglosajón y protestante que creció con ciertas instrucciones sobre cómo conducirse en la vida con al menos un ápice de dignidad, lo más difícil que me tocó hacer para la FCE fue recaudar fondos. Me habían enseñado a no mendigar jamás. Al cabo de tres años de hacerlo, expresé mi agonía y frustración en un poema que escribí en 1987 y que titulé "La vida de un mendigo (Confesiones de un recaudador de fondos)":

Mendigo
rondando las calles,
acechando presas.
¿Acaso veo
las caras?
¿O sólo la ropa?

Los juzgo por la ropa.
Ése parece pobre. Luce desaliñado. Ella
parece ordinaria. Aquél, insignificante.
¡Ah, pero éste!
Éste parece rico.
Éste parece acaudalado.
Éste parece influyente.
Me apresto para el golpe mortal, y
no me prestan atención.

¿Acaso no soy como todos ellos,
no busco una vida mejor?
El problema, verán, es que no soy
un buen mendigo.
Vago sin cesar, pero por las noches
sueño sueños de mala muerte,
sin saber si lograré
pagar la renta de la semana próxima.

Me pregunto:
¿No me iría mejor si los mirara
a la cara?

Tengo colegas
en esta profesión. La mayoría
me dice que hago bien en no mirar
a la cara. Tienen la misma
categoría de ropa
que yo, pero algunos parecen más exitosos, y
me pregunto, ¿por qué?

¿Mirarán
a la cara? Unos pocos dicen
que sí,
en la cara puedes ver la culpa
y abusarte de ella.

No puedo usar
ese ardid. No es
que sea moralista. Es que podría también
ver la necesidad de otros, y entonces ¿cómo sabría
quién es quién,
quién el mendigo, y si no soy yo,
con tan escasos recursos,
quién está llamado a dar?

Recursos limitados,
ése es el problema. No se puede
abarcar todo, dicen, y es verdad.
No puedo caminar todas las calles
a toda hora y, por cierto,
no puedo mirar a todos
a la cara.

Pero no me va bien.
Algunos días, también me pregunto
si no me iría mejor quedándome quieto.
Tengo un amigo, un hombre ciego,
a quien le va muy bien.
Se queda allí sentado,
sin necesidad de moverse,
con sus ojos heridos vueltos hacia arriba,
y le dan y le dan.

¿Pero a mí no me darían,
verdad,
por el solo hecho de estar allí?

Y no tengo el coraje,
de arrancarme los ojos
aun cuando no tendría que preocuparme
acerca de tomar todas esas decisiones
y mirar a la cara.
Ya no más.

Así que sigo andando,
tratando de mirar sólo la ropa,
consiguiendo todo lo que puedo,
pero no me va bien.
Es la vida de un mendigo.

Ése era el lado malo. No podría haberlo hecho de no haber sido por el lado bueno. Por empezar, sabía que mendigar era respetado en muchas religiones y que la humillación que entrañaba podía ser considerada una disciplina espiritual. Por cierto, creo que fui afortunado por el hecho de que en el preciso momento en que pude empezar a relajarme y depender de mi cartera de acciones y bonos, Dios me puso en una situación en que debía depender de la providencia de los demás. Y también estaba el asunto de hacer amigos nuevos y buenos. Es difícil no amar a alguien que nos da dinero por una causa que uno cree digna. Y extrañamente, las donaciones grandes solían sobrevenir cuando más las necesitábamos pero menos las esperábamos, como si fueran manifestaciones de gracia.

Dar dinero puede ser muy fácil o muy difícil. Julius Rosenwald, el genio empresarial detrás de Sears, Roebuck y fundador del Fondo Julius Rosenwald, declaró en una ocasión: "Es casi siempre más fácil hacer un millón de dólares honestamente que disponer de él con sabiduría". Varios pequeños donantes y algunos de los más grandes de la FCE manifestaban con sencillez: "Aquí está el cheque. Parece que están haciendo un buen trabajo y nos gustaría ayudarlos, pero no deseamos involucrarnos más allá de esto". Les estábamos muy agradecidos. Pero otras personas que donaban grandes sumas de dinero a veces sentían que era su obligación ver que se lo administrara bien. Eso significaba una inversión adicional de tiempo y en consecuencia tornaba más difícil el dar dinero que el hacerlo. A pesar de ello, tal vez fuera emocionalmente más gratificante, como lo fue para Lily y para mí.

Muchos han donado cientos de miles de dólares a la FCE, pero casi tan importante, muchos han contribuido también con su tiempo. En la actualidad, la FCE tiene nada más que cuatro empleados de jornada completa. Sin embargo, su influencia es mayor que nunca porque cientos de personas han ofrecido voluntariamente su tiempo. El trabajo voluntario es penoso. Como no se les paga, muchos voluntarios asumen que pueden aparecer cuando lo desean, pero el verdadero trabajo voluntario exige mucho más. Los que dependen de los voluntarios para que los ayuden a que sus organizaciones triunfen suelen tener dificultades para obtener un compromiso de parte de ellos. A lo largo de los años, nuestra organización ha tenido la fortuna de contar con un ejército de voluntarios muy comprometidos.

En retrospectiva, creo que la FCE ha sobrevivido y actualmente prospera gracias al duro trabajo de estos voluntarios comprometidos y debido a su integridad como organización. Aunque cometimos todas las equivocaciones posibles, lo hicimos con integridad y, de alguna manera, eso pareció evitar que los errores fueran desastres totales. Actuar con integridad también significó que tuvimos que unir principios comerciales buenos con nuestros principios de la comunidad. Eso se logró a un costo muy elevado. Requirió que aprendiéramos todavía más acerca de la gestión administrativa, la naturaleza de la cultura de la organización y la toma de decisiones consensual, y que aprendiéramos con más detenimiento sobre la comunidad misma. "La FCE ahonda más" se convirtió en uno de nuestros lemas informales. De manera que nos aventuramos aún más en las honduras de lo que significa una comunidad dentro del marco de nuestra propia organización, descubriendo para nosotros mismos las profundas limitaciones y las por igual profundas virtudes de la comunidad en el lugar de trabajo.

Fue positivo que lo hiciéramos. Cuando creamos la FCE, el mercado para la organización de la comunidad era esa parte del público general interesado en una experiencia temporaria e individual de crecimiento personal. Poco a poco, no obstante, en tanto más personas pasaban por la experiencia de la comunidad, las organizaciones que aspiraban a una mayor eficacia y creatividad se convirtieron en el mercado primario. Y estuvimos en condiciones de satisfacer con integridad esta demanda creciente sólo porque sabíamos algo acerca de las complejidades de integrar los principios de la comunidad con las actividades comerciales, lo cual fue en gran medida resultado de haberlo practicado nosotros mismos.

Más que nada, lo que he aprendido a través de la FCE es cuán diferentes son las personas y cuánto necesitamos esas diferencias. En *Un mundo por nacer* escribí que años antes de la FCE uno de mis primeros maestros en esta esfera era diez años menor que yo. Peter era un joven soldado, un "técnico en psiquiatría" que estuvo bajo mi mando en Okinawa. Cuando llegué a mi nuevo destino, descubrí que no había suficientes psicoterapeutas capacitados para satisfacer la demanda; sin embargo, una docena de estos técnicos de veintiún años se lo pasaban sentados sin hacer demasiado. De modo que les dije que comenzaran a hacer psicoterapia y les proporcioné formación práctica. Pronto fue evidente que la mitad de ellos no eran competentes y les asigné otras tareas. Pero seis poseían un talento natural para esa función. Uno era Peter. Durante dos años se desempeñó con distinción como psicoterapeuta. Luego, su reclutamiento terminó y regresó a su hogar en los Estados Unidos. Cuando nos despedimos, le pregunté acerca de sus planes y me quedé estupefacto cuando me reveló que tenía intenciones de iniciar una empresa distribuidora de leche.

—Pero eres un psicoterapeuta excelente —exclamé—. Yo podría ayudarte a que obtuvieras una licenciatura. El ejército pagaría los gastos.

—No, gracias, mis planes ya están decididos —replicó Peter con firmeza.

Pero yo insistí, esbozando todas las ventajas de una carrera como psicoterapeuta. Por fin, con un comprensible tono irritado, Peter me acalló diciendo:

—Mire, Scotty, ¿no puede entender que no todos somos como usted, que no todos los que tienen la oportunidad *desean* ser psicoterapeutas?

Además de ilustrar mi propio narcisismo, la historia demuestra que el hecho de que las personas posean un talento para algo no necesariamente implica que tengan una vocación para ello. Los consejeros vocacionales seculares saben que las mejores ocupaciones para las personas son aquellas en las que coinciden sus aptitudes e intereses. Pero Dios es generoso con todos y nos concede múltiples dones, intereses además de talentos. El esquema de esos dones, sin embargo, es siempre único para cada individuo. Cada uno de nosotros es creado de una manera diferente. Yo poseo dones que otros carecen. Otros tienen dones que yo no poseo. Y éste es el motivo por el que nos necesitamos mutuamente.

Nuestra incapacidad narcisista común de percibir el carácter individual y diferente de los demás crea confusión en la vida empresarial del mismo modo en que lo hace en nuestra familia y vida personal. Permítanme dar un ejemplo de esta misma dinámica enferma —la incapacidad de apreciar la diversidad entre nosotros— obrando en un marco todavía más amplio, creando un cisma odioso y destructivo dentro de toda una profesión. Hace un tiempo se me consultó acerca de un conflicto entre los dos organismos gobernantes de una de las especialidades médicas de los Estados Unidos. El American College representaba en esencia a los practicantes de esa esfera, mientras que la American Academy representaba básicamente a los investigadores. Los miembros de ambos grupos eran médicos muy inteligentes, en extremo bien educados y supuestamente civilizados. No obstante, durante más de una década, la relación entre estas organizaciones "hermanas" había degenerado en una incivilidad extrema.

Pronto aprendí que el ejercicio de esta especialidad, en las fronteras de la medicina, era más un arte que una ciencia. Los que pertenecían al College estaban tratando pacientes en las líneas del frente y tenían que operar casi por adivinación e intuición. Por lo tanto, no era casual que fueran hombres y mujeres no sólo acostumbrados a la ambigüedad sino de hecho estimulados por ella. Por otra parte, como toda investigación científica, la investigación médica exige una precisión y claridad extremas. En virtud de la naturaleza pionera de la especialidad, requería una exactitud mucho más rigurosa que otras especialidades. Por ende, los miembros de la Academy eran hombres y mujeres que detestaban la imprecisión y consideraban la ambigüedad como un enemigo.

Al cabo de sólo dos llamadas telefónicas, logré cerciorarme de que la principal fuente de conflicto entre las dos organizaciones era la diferencia en las personalidades de sus miembros. Esto se extendía incluso a sus estilos de comunicación, que más allá de cualquier asunto de importancia, parecían casi concebidos para ser antagónicos. Al no reconocer sus tipos de personalidad predominantes —mucho menos apreciar la necesidad de ellos— cada organismo había terminado por suponer que la hostilidad del otro era de intención maligna. Por desgracia, ambos tomaron la decisión de no buscar una reconciliación. Una vez atrapadas en el conflicto, muchas organizaciones, al igual que los individuos, prefieren pelear antes que cambiar.

Si estos cuerpos de organización separados hubieran estado dispuestos a proseguir con la consulta, habrían descubierto que ahora poseemos una "tecnología" educativa precisa para sanar esos innecesarios conflictos de organización. Esto, que denominamos tecnología de la organización de la comunidad, constituye un sistema de técnicas de aprendizaje de grupo que atraviesa el narcisismo cotidiano de la gente y le permite no sólo ver las diferencias de unos y otros sino también aceptarlas. No es un aprendizaje indoloro, pero es efectivo. A través de él, los individuos experimentan la interdependencia mutua de los dones de unos y otros. Aprenden en sus corazones lo que el apóstol Pablo quiso decir por "cuerpo místico" cuando expresó:

> Hay diferentes dones espirituales, pero el Espíritu es el mismo. A uno se le da hablar con sabiduría, por obra del Espíritu. Otro comunica enseñanzas conformes con el mismo Espíritu. Otro recibe el don de la fe, en que actúa el Espíritu. Otro recibe el don de hacer curaciones, y es el mismo Espíritu. Otro hace milagros; otro es profeta; otro reconoce lo que viene del buen o del mal Espíritu; otro habla en lenguas, y otro todavía interpreta lo que se dijo en lenguas... del mismo modo que el cuerpo es uno y

247

tiene muchos miembros, y todos los miembros, aun siendo muchos, forman un solo cuerpo... el cuerpo no se compone de un solo miembro, sino de muchos. Aunque el pie diga: Yo no soy mano, y por eso no soy del cuerpo, no por esto deja de ser del cuerpo. Asimismo, aunque la oreja diga: Ya que no soy ojo, no soy del cuerpo, no por eso deja de ser del cuerpo. Si todo el cuerpo fuera ojo, ¿cómo podríamos oír? Y si todo el cuerpo fuera oído, ¿cómo podríamos oler? Pero Dios ha puesto cada parte del cuerpo como ha querido. Si todos fueran la misma parte, ¿dónde estaría el cuerpo? El ojo no puede decir a la mano: No te necesito. Ni tampoco la cabeza puede decir a los pies: no los necesito... Dios dispuso el cuerpo, dando más honor al que le faltaba para que no haya divisiones dentro del cuerpo, sino que más bien cada uno de los miembros se preocupe de los demás. Cuando uno sufre, todos los demás sufren con él, y cuando recibe honor, todos se alegran con él.

¿Es un accidente, supone usted, que los seres humanos seamos creados con tanta variedad y llamados de tantas maneras divergentes? ¿De qué otro modo podría existir una sociedad? Nosotros, la raza colectiva, el cuerpo de la humanidad, necesitamos a nuestros médicos practicantes y a nuestros investigadores, nuestros poderes ejecutivos y legislativos, nuestros hombres de comercialización y de ventas, nuestros agricultores y obreros del acero, sacerdotes y plomeros, autores y editores, atletas y artistas del espectáculo, profetas y burócratas. ¡Sí, de tanto en tanto las fibras pueden deshilacharse un poco, pero qué tejido maravillosamente variado somos!

Ésa es la lección que aprendimos a través de nuestro trabajo en la FCE. Pero por todo lo que Lily y yo hemos dado, hemos recibido mucho más a cambio. Hemos ganado amigos entre una comunidad global y acumulado una gran cantidad de conocimiento nuevo acerca de nosotros mismos y de los demás. Sin la FCE, al igual que sin mis hijos, sería un hombre muy estúpido.

Ahora que Lily y yo nos acercamos a la vejez, nos hemos retirado bastante de la FCE y de otras actividades que otrora formaron parte de nuestra rutina. Pero el aprendizaje continúa, inclusive el de aprender a retirarse con gracia. En realidad, desde un principio nuestra intención fue trabajar para ayudar a que la FCE se volviera independiente de nosotros. Éramos muy conscientes de eso y estábamos muy preocupados por lo que tiende a suceder cuando los individuos crean organizaciones y luego las abandonan. Hay incontables ejemplos de "evangelistas" exitosos que iniciaron organizaciones y después sufrieron un ataque apoplético o cometieron una indiscreción y sus iglesias o parques de diversiones se derrumbaron. Nuestro objetivo era evitar eso en la FCE. De manera que hemos cedido el mando, alentando a otros a ser independientes de nosotros, renunciando a nuestro poder para cederlo a otros que son de hecho bastante capaces de continuar con la misión de la FCE.

Mi padre no se retiró hasta que se vio obligado a hacerlo por la edad —tenía más de ochenta años—, de modo que me ha resultado extraño romper con la tradición de mi educación de que hay que morir con las botas puestas. Pero he aprendido que hacer las cosas de una manera diferente no tiene nada de malo. De hecho, una fundadora de la FCE y miembro de su directorio, Janice Barfield, constituyó un importante modelo para mí en este sentido. Me contó que Dios le estaba diciendo que se retirara, y lo hizo con gracia después de haber trabajado ocho años. A través de su iniciativa me dio permiso para seguir su ejemplo cuando llegó el momento. La decisión de retirarse es una elección personal y cada cual ha de seguir su propio camino.

Creo que Dios me ha dado luz verde para abstenerme de asumir ninguna responsabilidad importante más allá de mis proyectos literarios en curso. Puesto que he sido un adicto a la responsabilidad toda mi vida, no fue un paso fácil de dar. Tuve que aprender a decir que no y a estimular a otros a asumir las responsabilidades que yo ya no me sentía capaz de aceptar. El juego ha pasado a desempeñar un papel mucho más importante en mi vida. Pero me parece bien —hasta creo que a Dios también— que yo disfrute de mi retiro. En una vida juntos colmada de bendiciones, Lily y yo experimentamos la aventura del retiro como otra bendición. No hemos dejado de aprender. Sigo escribiendo; la familia y los amigos continúan siendo esenciales en nuestra vida y tenemos la intención de hacer contribuciones a esas causas sociales que siempre han sido importantes para nosotros. Ahora jugamos mucho al golf y lo disfrutamos, no sólo como esparcimiento sino como una experiencia de aprendizaje nueva y desconocida. Incluso viajamos al exterior con más frecuencia, otra experiencia de aprendizaje.

No hace mucho comenté a Lily:

—Estos son en verdad nuestros años de oro.

—¡Diablos, son nuestros años de platino! —replicó ella.

PARTE III

El otro lado de la complejidad

CAPÍTULO VII

La "ciencia" de Dios

Al final, todas las cosas conducen a Dios...

Dije antes que la organización de este libro se desarrolló a partir de una única oración, una cita atribuida al juez Oliver Wendell Holmes, hijo: "Me importa un comino la simplicidad de este lado de la complejidad, pero moriría por la simplicidad al otro lado".

Para viajar al otro lado de la complejidad, se nos desafía a efectuar un cambio radical en nuestra forma de pensar. Se nos invita a ir mucho más allá de cualquier entendimiento simplista con el fin de considerar lo que los científicos rigurosos podrían denominar la Teoría de Dios. Transitar este otro lado implica embarcarse en un sendero hacia el reino invisible. No podemos descubrir las verdades radicales de Dios a través de una postura rígida de certidumbre estática. Se requiere un sentimiento cauto pero imperante de "conocer con humildad".

Al igual que la vida, el otro lado de la complejidad no es siempre lineal ni estático. En última instancia y de manera muy similar a la vida misma, es un proceso. Este proceso contiene el misterio en su esencia, pero también incluye un viaje de cambio, de curación y de adquisición de sabiduría. En este viaje al otro lado podemos experimentar una sensación de Epifanía: esos destellos de discernimiento en los que muchas cosas que parecían bastante complejas comienzan a tener más

253

sentido cuando se las considera desde una perspectiva espiritual. Para hacerlo, no podemos seguir interpretando la vida de un modo simplista a través de la lente limitada del materialismo.

Como todas las transiciones en la vida, las transiciones que debemos realizar hacia la comprensión del otro lado de la complejidad serán probablemente difíciles, incluso caóticas. Nos toparemos con la paradoja, y al aprender a comprender la paradoja, experimentaremos dolor psíquico. En particular, el dolor que supone la pérdida de viejas ideas y de la sensación de certeza que éstas nos proporcionaban. En el instante en que nos sentimos cómodos con todo lo que creemos que sabemos, algo sobrevendrá para sacudirnos de nuestra complacencia. Como consecuencia, es imperativo que seamos abiertos de mente y valientes en este viaje. Hemos de reunir todos nuestros recursos —emocionales, intelectuales y espirituales— para soportar la sensación de pérdida que entraña el dejar caer las barreras de nuestra capacidad de pensar paradójicamente, de pensar con integridad.

Una paradoja es que la simplicidad al otro lado no siempre parece simple. Dios, por ejemplo, suele parecer un ser extraordinariamente complejo. Como cristiano, con frecuencia me ha resultado útil dividir a Dios en las tres partes tradicionales: Padre, Hijo y Espíritu Santo. Al mismo tiempo acepto la paradoja y sé que en el sentido más profundo Dios es Uno. Pero cuando digo que al final todas las cosas conducen a Dios, ¿a qué cosas me refiero?, ¿y qué pruebas hay para ofrecer, si es que las hay? Exploremos la "Teoría de Dios" y las pruebas científicas —aunque en su mayoría indirectas— que no parecen conducir a otra cosa que a Dios.

La ciencia y Dios

¿Dónde encaja la ciencia en el esquema de cosas en torno de Dios? Los genios científicos, incluyendo a Carl Jung y Albert Einstein, se cuentan entre aquellos que a través de su trabajo han dejado legados al mundo que contribuyeron a la búsqueda de significado en la vida y la comprensión del universo. Y ambos realizaron declaraciones personales en cuanto a que sus investigaciones científicas los habían llevado a concluir que Dios es de hecho real. Pero pese a las observaciones ciertas sobre la divinidad por parte de algunas de las mentes más brillantes de la ciencia, todavía no podemos citar ninguna prueba científica específica para demostrar la existencia de Dios.

Toda declaración respecto de la existencia de Dios produce al menos un poco de escepticismo —por cierto adecuado— precisamente porque no puede ser probada a través de los métodos científicos tradicionales. En realidad, en esta Era de la Razón, la ciencia misma se ha convertido en una especie de dios. El problema, no obstante, es que Dios no puede ser medido ni aprehendido. Medir algo es experimentarlo en cierta dimensión, una dimensión en la cual podemos hacer observaciones de gran precisión. El uso de la medición permitió a la ciencia enormes progresos en la comprensión del universo material. Pero en virtud de su éxito, la medición llegó a convertirse en una especie de ídolo científico. Esto determinó de parte de muchos hombres de ciencia la adopción de una actitud no sólo de escepticismo sino de repudio directo de todo aquello que no puede medirse. Es como si dijeran: "No podemos conocer lo que no podemos medir; no tiene sentido preocuparse por lo que no podemos conocer; por lo tanto, lo que no puede medirse carece de importancia y no es digno de nuestra observación". A causa de esta actitud muchos científicos excluyen de sus consideraciones serias todas las cuestiones que son intangibles o parecen serlo. Incluso, desde luego, la cuestión de Dios.

Pero si no podemos aprehender ni medir a Dios, tampoco podemos medir ni "aprehender" la luz, la gravedad o las partículas subatómicas, pese a su existencia obvia. De hecho, estudiando fenómenos como la naturaleza de la luz, la gravedad, el electromagnetismo y la mecánica cuántica, la ciencia física maduró en estos últimos cien años hasta el punto de que cada vez más se reconoce que cierto nivel de realidad es paradójico. Como cité a J. Robert Oppenheimer en *La nueva psicología del amor*:

Tendemos a no dar respuesta alguna a las que parecen ser las preguntas más simples o bien a darles una respuesta que a primera vista hará pensar más en un extraño catecismo que en las categóricas afirmaciones de la ciencia física. Por ejemplo, cuando preguntamos si la posición del electrón continúa siendo la misma, debemos decir "no"; cuando preguntamos si la posición del electrón cambia con el tiempo, debemos decir "no"; cuando preguntamos si el electrón está en reposo, debemos decir "no"; cuando preguntamos si está en movimiento, debemos decir "no". Buda dio respuestas como estas cuando se lo interrogó sobre la condición de la persona de un hombre después de su muerte; pero éstas no son las respuestas habituales de la tradición de la ciencia de los siglos XVII y XVIII.

Pero existen suficientes indicios acerca del comportamiento humano espiritual para constituir una ciencia de algún tipo y una profusión de sucesos que no pueden ser explicados sin recurrir a la "Teoría de Dios". En realidad, muchas cosas en la ciencia que consideramos grandes verdades son en su mayor parte teorías en las mentes de casi todos los científicos. La teoría del Big Bang del origen del universo, por ejemplo, es sólo eso: una teoría. De manera que todas las cosas conducen a Dios sólo para ciertas personas. Y teniendo en cuenta que Dios no puede ser medido, muchos no creen en su existencia. Los materialistas y aquellos individuos muy seculares exigen pruebas en la forma de evidencia visible. Básicamente, los materialistas viven según una creencia fundamental de que la realidad es sólo aquello que los cinco sentidos pueden detectar. En otras palabras, su lema es: "Lo que se puede ver, es".

El secularismo constituye un fenómeno más complejo. Tal vez pueda definirse más simplemente comparándolo con su opuesto. Esto es lo que hizo con tanta claridad el teólogo Michael Novak cuando distinguió entre lo que él denominó la conciencia sagrada y la conciencia secular. El individuo con una conciencia secular piensa en esencia que él es el cen-

tro del universo. Estas personas tienden a ser bastante inteligentes. Saben muy bien que son apenas uno de los seis mil
millones de seres humanos afanándose en una existencia sobre la superficie de un planeta de tamaño medio, que es un
pequeño fragmento de un diminuto sistema solar dentro de
una galaxia entre incontables galaxias y que cada uno de esos
otros seres humanos también piensa que él es el centro del
universo. En consecuencia, a pesar de su inteligencia, las personas con una conciencia secular son propensas a sentirse un
poco perdidas dentro de esta vastedad y, pese a su
"centralidad", a experimentar una sensación de falta de sentido e insignificancia.

El individuo con una conciencia sagrada, por otra parte,
no se considera el centro del universo. Para él, el centro reside en otro lado, específicamente en Dios, en lo sagrado. Sin
embargo, pese a esta falta de centralidad, es menos probable
que se sienta insignificante o vacío como el individuo secular, puesto que se considera a sí mismo como existiendo en
relación con ese Otro Sagrado y esta relación es lo que le proporciona su sentido y significado.

En ocasiones, las personas adoptan una actitud interme-
dia, con un pie en la conciencia sagrada y el otro en la conciencia secular. Asimismo, existen diferentes tipos de
secularismo y religiosidad. De modo que parte de la "ciencia"
de Dios no es sólo considerar aquello que es inexplicable para
los materialistas, sino también entenderse con el hecho de que
las personas son distintas en su relación con Dios. Para hacer
esto, es necesario explicar brevemente la diferencia entre
espiritualidad y religión.

Espiritualidad y religión

Cuando todavía dictaba conferencias, estos términos solían confundir al público. Por ese motivo, he restringido poco
a poco mi definición de la religión a aquello que comprende
un cuerpo organizado de creencias con un credo específico y
miembros limitados. La espiritualidad es mucho más amplia

y para mi definición de espiritualidad recurro a las palabras que utilizó William James para definir la religión. En su obra clásica, *The Varieties of Religious Experience* (*Las variedades de la experiencia religiosa*), James la describió como "el intento de estar en armonía con un orden invisible de las cosas". Para mí, eso cubre la espiritualidad o falta de espiritualidad de cada uno de nosotros. Como autodesignado cristiano, sin embargo, creo personalmente que no sólo existe un "poder superior" detrás del orden invisible de las cosas, sino que ese poder no es neutral, que desea activamente estar en armonía con nosotros.

Sin duda, muchas personas son religiosas pero no espirituales, y viceversa. Una de las personas más seculares que conocí fue una monja católica con quien trabajé durante un año. Había pasado veinticinco años en un convento y no deseaba ser otra cosa que una monja. A pesar de que hacía todo lo que hacen las monjas —se confesaba y servía a la comunidad, por ejemplo— casi no pensaba en Dios en su vida diaria.

También existen muchas personas espirituales pero no religiosas. Y están aquellas que son una combinación de ambas, como yo. Soy específicamente cristiano pero bastante ecuménico. Me crié en un medio en esencia secular; mi desarrollo espiritual fue facilitado por todas las grandes religiones del mundo y me bauticé como cristiano a los cuarenta y tres años, en un acto no religioso. Salvo excepciones menores, creo de todo corazón en la doctrina cristiana. Por otro lado, también me sirvo de las enseñanzas de otras grandes religiones. *What Return Can I Make? Dimensions of the Christian Experience (Gifts for the Journey)* es el único libro específicamente cristiano que he escrito; el resto han sido más espirituales que religiosos.

Creo que las diferencias entre las personas activamente religiosas o espirituales y las que no lo son no son tanto producto de la casualidad como del desarrollo. Las personas, como en mi caso, cambian en su vida según la naturaleza de su espiritualidad y he advertido que existe una profunda tendencia a que estos cambios sigan una secuencia o etapas.

Las etapas del crecimiento espiritual

Mi teoría de las etapas del crecimiento espiritual fue sugerida por primera vez en *La nueva psicología del amor*, pero en ese entonces no lo tenía tan claro como lo tengo ahora. La persona más conocida por su labor sobre este tema es el profesor James Fowler, de la Facultad Candler de Teología de la Universidad de Emory, autor, entre otras obras, de *Stages of Faith* (Etapas de la fe). Atendiendo al trabajo de Fowler y a mi propia experiencia como psiquiatra, comprendí que existían etapas más o menos precisas de crecimiento espiritual. Fowler describe seis etapas, que yo condensé en cuatro y sobre las que escribí con mucho más detenimiento en *La nueva comunidad humana* y en menor grado en *El crecimiento espiritual*. Lo que sigue es una descripción muy concisa:

• Etapa Uno, que califico de Caótica, Antisocial. En esta etapa más primitiva, las personas pueden parecer religiosas o seculares pero de una u otra forma su "sistema de creencias" es profundamente superficial. Carecen por completo de principios. La Etapa Uno puede ser considerada la etapa de Desenfreno.

• Etapa Dos, que denomino Formal, Institucional. Ésta es la etapa de la Letra de la Ley, en la que encontramos a los "fundamentalistas" religiosos (refiriéndome a las personas más religiosas).

• Etapa Tres, que llamo Escéptica, Individual. Aquí encontramos a la mayoría de las personas seculares. Los individuos en esta etapa son de mentalidad científica, racionales, morales y humanos. Su punto de vista es predominantemente materialista. Tienden a ser no sólo escépticos de lo espiritual sino indiferentes a todo lo que no puede ser demostrado.

• Etapa Cuatro, que denomino Mística, Comunal. En esta etapa más madura de desarrollo religioso y que podría considerarse la etapa del Espíritu de la Ley, los hombres y las mujeres son racionales pero no convierten el racionalismo en un fetiche. Han comenzado a dudar de sus propias dudas. Se encuentran en extremo unidos a "un orden invisible de las cosas", aun cuando no puedan definirlo en su totalidad. Se sienten a gusto con el misterio de lo sagrado.

Debo advertir que estas etapas no han de considerarse de una manera simplista. En la superficie, muchas personas podrían aparentar estar en una etapa más avanzada de la que en realidad están. Un número considerable de partidarios de la New Age y los científicos, por ejemplo, son básicamente "fundamentalistas", en tanto que algunos "evangélicos" son místicos de la Etapa Cuatro. Es más, no sólo existen gradaciones dentro de cada etapa sino personas en transición entre una etapa y otra. Y mientras que algunos evolucionan, otros, por varias razones, están muy estancados o fijados en una etapa determinada. No obstante, las etapas son esencialmente de desarrollo, lo que significa, en primer término, que las personas seculares de la Etapa Tres están de hecho más desarrolladas espiritualmente que la mayoría de la gente religiosa. Muchos de la Etapa Dos son en extremo críticos de los "humanistas seculares" en la Etapa Tres pero harían bien en tornarse más humanistas ellos mismos.

A algunos les preocupa que el categorizar a las personas en etapas de crecimiento espiritual pueda provocar un efecto fragmentario, que la designación de diferentes tipos de creyentes pueda resultar destructiva para la comunidad en general y para la "comunidad de fieles" en particular. Aunque entiendo la preocupación acerca de las jerarquías y su potencial para el elitismo, no creo que la inquietud sea justificada. La supuesta "comunidad" de fieles ha sido famosa en la historia por excluir, castigar y a menudo incluso asesinar al incrédulo, al escéptico y a los que no encajaban en el molde. Y mi experiencia personal repetida con el conocimiento de que nos encontramos en distintas etapas de crecimiento espiritual facilita antes que obstaculiza la formación y el mantenimiento de verdaderas comunidades. De todos modos, es importante recordar que las personas poco desarrolladas son bastante capaces de alcanzar la comunidad y el crecimiento avanzado y que los más desarrollados entre nosotros todavía conservan vestigios de etapas anteriores. Como lo describió Edward Sanford Martin en su poema: "Mi nombre es Legión":

En mi templo terrenal hay una multitud;
uno es humilde; otro orgulloso,
uno acongojado por sus pecados,
otro sin arrepentirse sonríe sentado;
uno que ama al vecino como a sí mismo,
y a otro sólo le importan la fama y el dinero.
De mucha inquietud corrosiva me liberaría
si pudiera determinar cuál soy yo.

En este viaje común de crecimiento espiritual puede ayudarnos el recordar el significado básico de la palabra "Israel". El Antiguo Testamento, bastante al principio, nos habla de Jacob. Era sin duda un hombre de la Etapa Uno: un mentiroso, ladrón y manipulador que había despojado a su hermano de su herencia. Cuando esta parte de la historia o mito comienza, Jacob está en dificultades, lo cual es típico de los individuos en la Etapa Uno. Huyendo de su hermano, vagando por el desierto, una noche abandona a su familia para dormir solo. En mitad de la noche, sin embargo, un extraño corpulento lo agrede. Pelean en la oscuridad. La lucha desesperada dura hora tras hora en tanto forcejean uno con otro. Pero por fin, cuando las primeras tenues luces del amanecer asoman en el horizonte, Jacob empieza a sentir que lleva las de ganar. Jubiloso, utiliza todos sus recursos para derrotar a este extraño que lo ha atacado sin motivo aparente.

Luego ocurre algo extraordinario. El extraño estira un brazo y toca con ligereza el muslo de Jacob; al instante, el miembro se disloca sin esfuerzo y se quiebra. Lisiado, Jacob se aferra ahora al extraño, no para continuar una lucha a las claras perdida —es un hombre completamente derrotado y quebrado—, sino porque ahora sabe que se encuentra en presencia de la divinidad. Así, a la débil luz del amanecer, ruega a su adversario que no se marche antes de haberlo bendecido. El extraño asiente y no sólo bendice a Jacob sino que le dice: "En adelante te llamarás Israel, que significa aquel que ha luchado con Dios". Y Jacob se aleja cojeando hacia el futuro.

La palabra "Israel" posee en la actualidad tres significados. Uno se refiere a un área bastante pequeña de la superficie de la Tierra, en la costa este del Mediterráneo, hoy un estado con una breve y ya torturada historia. El segundo se refiere al pueblo judío disperso en todo el mundo, con una larga y atormentada historia. Pero el significado más básico se refiere a las personas que han luchado con Dios. Como tal, incluye a todos los individuos de la Etapa Uno que apenas han comenzado la lucha, que todavía ignoran la identidad de su atacante, que aún se encuentran en medio de la oscuridad total antes de contemplar su primer amanecer, antes de siquiera ser quebrados y bendecidos por primera vez. Israel también abarca a aquellas personas antaño quebradas y antaño bendecidas, los fundamentalistas hindúes y musulmanes y judíos y cristianos y budistas de la Etapa Dos en todo el mundo. Comprende asimismo a aquellos dos veces quebrados y dos veces bendecidos: los ateos, los agnósticos y los escépticos, ya sea en Rusia o Inglaterra o Argentina o los Estados Unidos, que cuestionan y por lo tanto continúan la gran lucha. Y por fin, incluye a los místicos tres veces quebrados y tres veces bendecidos de todas las culturas del mundo, quienes incluso han buscado ser quebrados por las bendiciones que ahora saben que sobrevendrán. Israel abarca la totalidad de nuestra humanidad infantil en pugna. Constituye toda la comunidad potencial en el planeta. Todos somos Israel.

Bagaje psicoespiritual e histórico

Es frecuente que no logremos reconocer este aspecto de nuestra humanidad común, en parte debido al bagaje psicoespiritual que solemos acarrear, inconscientes de cómo moldea nuestra visión del mundo en lo que hace a la religión y a las cuestiones espirituales que influyen en nuestra vida y nuestras percepciones de la función de Dios en ella. Este bagaje psicoespiritual suele ser no constructivo e innecesario. Parte es resultado de excesos religiosos, como la Inquisición.

La relación original entre la religión y la ciencia era una relación de integración. Y esta integración tenía un nombre: filosofía. Los antiguos filósofos como Platón y Aristóteles y Santo Tomás de Aquino eran hombres de inclinación científica. Pensaban en términos de pruebas y cuestionaban premisas, pero también estaban totalmente convencidos de que Dios era una realidad esencial.

Pero en el siglo XVI, la relación entre la ciencia y la religión comenzó a agriarse y tocó fondo en 1633 cuando Galileo fue llamado a comparecer ante la Inquisición. Los resultados de ese acontecimiento fueron sin duda ingratos. Fueron desagradables para Galileo, quien fue forzado a retractarse de sus creencias en la teoría de Copérnico —que los planetas giran alrededor del Sol— y luego confinado a arresto domiciliario por el resto de su vida. Sin embargo, pronto las cosas se volvieron aún más desagradables para la Iglesia, quien hasta el día de hoy se ha ido retractando.

En respuesta a esta gran tensión, hacia fines del siglo XVII y principios del XVIII, se gestó un contrato social implícito que dividió el territorio entre el gobierno, la ciencia y la religión. No fue algo consciente. Fue una reacción casi espontánea a las necesidades de la época y ha influido más que nada desde entonces en la determinación de la naturaleza de nuestra ciencia y nuestra religión.

A principios de la década de 1700, Isaac Newton era presidente de la Sociedad Real de Londres para el Fomento del Conocimiento Natural. El contrato implícito en ese entonces vigente distinguía entre el conocimiento natural y el conocimiento sobrenatural. El "conocimiento natural" era competencia de la ciencia, mientras que el "conocimiento sobrenatural" era incumbencia de la religión y, según las normas del contrato, debían mantenerse separados. Una consecuencia de esa separación fue la mutilación de la filosofía. Dado que el conocimiento natural se convirtió en competencia de los científicos y el conocimiento sobrenatural en incumbencia de los teólogos, los pobres filósofos se quedaron únicamente con lo que se filtraba entre ambos, que no era mucho.

En algunos sentidos, este acuerdo social implícito podría

263

ser considerado uno de los grandes acontecimientos intelectuales de la humanidad. Generó muchos beneficios: la Inquisición desapareció, la gente religiosa dejó de quemar brujas, las arcas de la Iglesia permanecieron llenas durante varios siglos, se abolió la esclavitud, se estableció la democracia sin anarquía y quizá porque se restringió a los fenómenos naturales, la ciencia prosperó y dio a luz una revolución tecnológica inimaginable, incluso al punto de allanar el camino para el desarrollo de una cultura planetaria.

El problema es que este contrato social implícito ya no funciona. De hecho, en la actualidad, se está convirtiendo en algo diabólico. Como ya señalé, la palabra "diabólico" proviene del griego *diaballein*, que significa "dividir o separar, fragmentar en compartimientos". Es lo opuesto de "simbólico", que proviene de la palabra *symballein*, que significa "juntar, unificar". Este contrato social implícito nos está fragmentando.

Gracias a la secularización de la educación, por ejemplo, ni siquiera podemos enseñar valores en nuestras escuelas públicas. Aunque las escuelas públicas enseñan la ciencia, parecería existir la noción de que la religión no debe tocarse. Nadie ha entablado una demanda —excepto unos pocos fundamentalistas que objetaban la teoría de la evolución— por la enseñanza de la ciencia, pero los temas de la religión y la espiritualidad son considerados tan controvertidos que nadie se atreve a idear un plan de estudios razonable y básico. No existe ningún motivo válido para no enseñar la religión; se puede hacer con la misma objetividad con que se enseña la ciencia, con un enfoque hacia todas las religiones y sus conceptos clave. Puesto que los valores están en definitiva relacionados con ideas religiosas básicas, el criterio para la enseñanza de valores podría seguir la misma línea, sin inclinación hacia ninguna idea en particular pero con una visión general con conceptos y teorías específicos.

En realidad, al no enseñar actualmente la espiritualidad a nuestros niños, les enseñamos el materialismo y, por añadidura, enviamos un mensaje que los valores no son importantes. Aquellos que objetan la enseñanza de los valores son incapaces de ver que ya hemos interpuesto un valor nihilista básico en los planes de estudio escolares. El nihilismo sugiere que no existe un orden invisible de las cosas, que todo vale y que no hay ningún significado particular en las experiencias de la vida. Enseñar valores es sugerir que las cosas importan. ¿Pero qué valores y los valores de quién debemos enseñar? He ahí el dilema, y la solución no es enseñar un conjunto determinado, sino presentar a los estudiantes una visión global completa y luego atrevernos a permitir que ellos decidan por sí mismos.

Permítanme señalar el efecto del contrato implícito no sólo en toda la cultura norteamericana sino en mi propia esfera especial de la psiquiatría. La psiquiatría, definida a sí misma como científica, ha descuidado por completo lo espiritual. Dudo de que un psiquiatra complete su residencia sin una exposición significativa a la teoría de las etapas: a las etapas de desarrollo psicosexual de Freud, las etapas de desarrollo cognoscitivo de Piaget y las etapas de maduración de Erikson y sus crisis predecibles. Sin embargo, hasta donde yo sé, durante la residencia, los psiquiatras no reciben exposición alguna a las etapas de desarrollo espiritual. El motivo principal de este hecho es que los programas de residencia psiquiátrica no han considerado de su responsabilidad el saber o enseñar nada sobre la espiritualidad.

Acarreamos no sólo este bagaje histórico colectivo sino también el bagaje de nuestras experiencias personales de cómo fuimos tratados por la Iglesia cuando tuvimos dudas o experimentamos períodos de alienación de nuestros pares humanos y también alienación de Dios. La Inquisición desapareció pero los excesos religiosos actuales todavía inducen a muchos individuos a estancarse en el secularismo de la Etapa Tres. El dogmatismo y el fanatismo entre los fundamentalistas de todas las religiones no dan cabida a la duda ni a la incertidumbre. Muchas personas están profundamente enojadas con su iglesia por haber sido rechazadas a causa de sus dudas. A menudo, la primera reacción a cualquier cosa espiritual después de años de sufrir ese rechazo es: "Oh, no, otra vez eso". Para avanzar en vez de quedarse atascados tendrán que aprender a perdonar a su religión por su rigidez e intolerancia, típicas de la Etapa Dos.

Luego está el bagaje puramente psicológico que hace que muchos se estanquen en su crecimiento espiritual. Cuando todavía ejercía la psiquiatría, me desempeñé como consultor de un convento que requería que sus postulantes se sometieran a una evaluación psicológica antes de ser investidos como novicios. Me tocó evaluar a una mujer de unos cuarenta y cinco años que había sido descripta por la novicia superiora e instructora religiosa como una "postulante maravillosa". La única señal de alarma era que las demás postulantes no le tenían mucha simpatía. No había nada en particular que les desagradara, pero no le respondían con afecto.

Cuando la conocí, enseguida me llamó la atención que su conducta se parecía más a la de una niña de ocho años un poco tonta que a la de una mujer de cuarenta y cinco. Cuando habló de su vida espiritual, no sonó espontánea. Parecía una niñita obediente que sabía muy bien lo que tenía que decir y que se enorgullecía de recitar su catecismo.

Me sentí urgido a indagarla más allá de su vida religiosa. Cuando le pregunté sobre su infancia, contestó que había sido "increíblemente feliz". Como nuestros primeros años suelen ser dolorosos, desconfié de inmediato y le requerí más información acerca de esa infancia increíble. Procedió a contarme un incidente en el que habían participado ella y su hermana, por ese entonces de ocho y nueve años, respectivamente. Un día en que se encontraban juntas en la bañera, su hermana le había advertido en tono bromista: "¡Cuidado! Ahí viene Oogle", una referencia a un fantasma amigo, un compañero de juegos que las hermanas habían inventado. La pequeña de ocho años había hundido la cabeza en el agua instintivamente. Su madre, recordó luego, la había golpeado.

—¿La golpeó? —inquirí—. ¿Por qué?

—Porque me mojé el pelo, por supuesto.

A medida que emergían otros recuerdos de hechos importantes en su vida durante la sesión juntos, se tornó evidente que la descripción de la mujer de una infancia "increíblemente feliz" era sólo una versión de la historia, una versión sim-

266

plista y tal vez consoladora. Me enteré de que la madre había contraído esclerosis múltiple cuando la postulante tenía doce años y había fallecido siete años después. Para entonces ya era obvio que la modalidad tonta e infantil de la mujer era el resultado de haber quedado estancada en una etapa emocional preadolescente.

En muchos sentidos, las personalidades de los niños en su período de estado latente se asemejan a la espiritualidad de la Etapa Dos. De hecho, denominamos período de latencia a los años entre los cinco y los doce justamente porque los niños de esta edad están "latentes", o sea que no causan muchos problemas. Tal vez sean dañinos, pero tienden a creer naturalmente todo lo que dicen mamá y papá. Con la adolescencia, sin embargo, se desata un infierno, ya que pasan a cuestionarlo todo. ¿Pero cómo puede una joven rebelarse contra una mujer que no sólo la golpea cuando se moja el cabello sino que contrae una enfermedad mortal en el momento en que ella entra en la adolescencia y muere justo cuando este período normal de rebelión adolescente debería completarse idealmente? El hecho de no haber experimentado la rebelión adolescente también se reflejaba en la espiritualidad de esta mujer de cuarenta y cinco años. Los orígenes de su personalidad infantil y de su deferencia hacia cualquier cosa relacionada con la autoridad religiosa fueron fáciles de precisar.

Ya he escrito que existen paralelos entre las etapas de desarrollo espiritual y las etapas de desarrollo psicosexual con las que suelen estar familiarizados los psiquiatras: la Etapa Uno corresponde en cierta forma a los primeros cinco años de vida; la Etapa Dos, al período de estado latente; la Etapa Tres, a la adolescencia y adultez temprana, y la Etapa Cuatro, a la última mitad de la vida en el desarrollo humano saludable. Al igual que las etapas de desarrollo psicosocial, las etapas de desarrollo espiritual son consecutivas. No pueden ser omitidas. Del mismo modo en que hay fijaciones de desarrollo psicosexual, la gente puede quedarse espiritualmente estancada en una de las etapas espirituales, en ocasiones por algunos de los mismos motivos.

También debo señalar de nuevo que el "diagnóstico" de

la espiritualidad de un individuo no ha de hacerse sobre la base de apariencias superficiales o suposiciones simplistas. Si un hombre es un científico, tal vez parezca que está en la Etapa Tres cuando de hecho posee una espiritualidad de la Etapa Dos. Otro quizá venda dichos místicos en el lenguaje de la Etapa Cuatro cuando en realidad es un falso artista en la Etapa Uno. Y una pequeña minoría puede no encajar muy bien en ninguna de las etapas de desarrollo. Aquellos que denominamos personalidades *borderline* tienden a tener un pie en la Etapa Uno y otro en la Etapa Dos, una mano en la Etapa Tres y otra en la Etapa Cuatro. No es casual que se los llame "*borderlines*", puesto que tienden a estar en todas partes.

El peor problema en todas las etapas es que excepto por las personas en la Etapa Cuatro (quienes se imaginan a sí mismas como peregrinos en un viaje en curso), muchos piensan que han llegado a destino. Un fundamentalista de la Etapa Dos puede creer que tiene todo resuelto y a Dios asegurado en su bolsillo trasero mientras que un individuo secular intransigente quizá se considere tan sofisticado como para afirmar: "Ya no me queda nada más por delante".

Algunas personas necesitan superar la religión, como la mujer llamada Kathy cuyo caso narré en *La nueva psicología del amor*. Era una católica primitiva de la Etapa Dos que desplegaba un mayor apego a las formas antes que al espíritu de su religión. Otras personas necesitan volcarse más a la religión, como el caso de Theodore, un hombre en extremo secular cuya historia también describí en el mismo libro y quien representó otro ejemplo del bagaje que puede obstaculizar el crecimiento espiritual sin el aporte curativo de la psicoterapia.

Integración e integridad

Al contemplar el curso de la historia humana podemos discernir tanto los puntos fuertes como las limitaciones inherentes a la Era de la Fe. Pero sólo recientemente estamos comenzando a reconocer las limitaciones de la Era de la Razón, que es donde hoy nos encontramos como sociedad. Si aún estuviéramos inmersos en la Era de la Fe, supongo que como miembro del "Siglo de las Luces" atacaría la fe ciega. Hoy, sin embargo, aunque soy un gran defensor de la razón, desapruebo la razón estrecha y carente de imaginación. Cuando creemos que tenemos que saber la verdad de todo y que sólo existe una verdad —cuando el concepto de sobredeterminación es ajeno a nuestra mente— padecemos la maldición de pensar en forma alternativa. Este pensamiento limitado nos ha llevado a creer que la educación debería ser secular o religiosa, que los disturbios son causados por el colapso de los valores familiares o por el racismo opresivo, que uno tiene que ser demócrata o republicano, conservador o liberal.

La verdad es que hay lugar tanto para la fe como para la razón. Y sólo cuando seamos capaces de integrar los atributos de la fe y la razón a nuestra vida nos acercaremos a lo que constituye la integridad. Ignoro quién acuñó el término originalmente, pero unos pocos teólogos —incluyéndome a mí— están exaltando cada vez más la "Santa Conjunción". La Santa Conjunción es la palabra "y". En vez de una mentalidad alternativa, bregamos por una mentalidad copulativa. No intentamos deshacernos de la razón sino promover la "razón y más". Razón *y* misterio. Razón *y* emoción. Razón *e* intuición. Razón *y* revelación. Razón *y* sabiduría. Razón *y* amor.

De manera que imaginamos un mundo en el que un negocio puede dar ganancia y ser ético. En el que un gobierno promueva el orden político y la justicia social. En el que la medicina se practique con eficiencia tecnológica y compasión. En el que se enseñe a los niños ciencia y religión. Nuestra visión es una visión de integración. Por integración no nos referimos a tomar dos o más cosas y juntarlas en una mezcla incolora y unisexual. Cuando hablamos de integrar la ciencia y la fe no estamos hablando de retornar a una era de fe primitiva en la que se descarte la ciencia ni tampoco defendemos el statu quo, en el que se idolatra a una ciencia limitada y se relega la fe a una hora los domingos. La Santa Conjunción es la conjunción de la integridad.

Me he preguntado a menudo qué nos espera más allá de la Era de la Razón. No lo sé. Pero ojalá que sea la Era de la

Integración. En esa era, la ciencia y la religión trabajarán juntas y por lo tanto ambas serán más sofisticadas. Sin embargo, antes de poder alcanzar la Era de la Integración, tendremos que ser más sofisticados en nuestra forma de pensar. En particular, deberemos aprender a pensar de manera paradójica puesto que nos toparemos con la paradoja cada vez que la Santa Conjunción integre la razón.

Varios años atrás, tuve la oportunidad de ofrecer un conjunto de diez recomendaciones a directores estatales de instrucción pública que se habían reunido para abordar la compleja cuestión de la enseñanza de valores en las escuelas públicas. Una de mis recomendaciones fue que el budismo Zen debía enseñarse en quinto grado. No fue una ironía. El Zen constituye la escuela de instrucción ideal para la paradoja. Sin mis veinte años de dedicación superficial al budismo Zen creo que jamás habría estado preparado para deglutir las inconcebibles paradojas que yacen en el corazón de la doctrina cristiana. Los diez años de edad es el momento en que los niños son capaces de habérselas con la paradoja y es un período crítico que no ha de desperdiciarse. Pero dudo de que los directores hayan tomado esta recomendación con seriedad.

No será fácil que las personas aprendan a pensar paradójicamente en esta Era de la Razón. De hecho, la palabra "paradoja" suele ser traducida de su raíz griega como "contrario a la razón". Pero la paradoja no es en realidad irracional. Parece serlo por nuestra tendencia a pensar en palabras, y en particular en sustantivos. Los sustantivos son categorías y el lenguaje divide en compartimientos. "Gato" es la categoría para ciertos animales terrestres peludos y con bigotes. "Pez" es la categoría para criaturas acuáticas con escamas. En consecuencia, una criatura que encaja en la categoría de gato no puede encajar en la categoría de pez, salvo que sea un "bagre", pero en ese caso sabemos que un bagre pertenece en verdad al compartimiento de pez.* "Vida" y "muerte"

---

* En inglés, la palabra "catfish", cuya traducción española es "bagre" está compuesta por dos palabras, cat: "gato" y fish: "pez". (N. de la T.)

son dos compartimientos opuestos. Incluso los verbos se dividen en categorías. "Encontrar" es lo contrario de "perder". ¿Qué hemos de hacer entonces con alguien que nos enseña la paradoja: "Aquel que salve su vida la perderá y aquel que pierda su vida la encontrará"?

La gracia y *serendipity*

Por más que nos esforcemos, la realidad es que los seres humanos jamás podremos obrar milagros. Este hecho, esta falta de control, es uno de los motivos por el que los individuos seculares suelen hacer la vista gorda a lo milagroso en la vida. No logran ver la gracia —y por ende la prueba— de Dios y el amor de Dios.

En mi identidad primaria como científico, deseo y me gustan las pruebas. Puesto que soy una persona tan lógica como mística, espero que siempre que sea posible las pruebas estadísticas me convenzan de las cosas. Pero desde los veinte años y a medida que voy madurando, me ha impresionado más y más la frecuencia de hechos estadísticamente muy improbables. En su misma improbabilidad, he reconocido poco a poco la mano de Dios. Ateniéndome a estos acontecimientos en mi propia vida y en las vidas de pacientes (muchos narrados en *La nueva psicología del amor* y en libros subsiguientes), sé que la gracia es real. Hay un esquema en estos hechos altamente improbables: casi todos producen un resultado beneficioso. He hallado un sinónimo de la gracia: *serendipity*.

El Diccionario Webster define *serendipity* como "el don de hallar cosas valiosas o agradables no buscadas". Esta definición contiene ciertos elementos que pueden intrigarnos. Uno es el hecho de considerar *serendipity* como un don, lo cual implica que algunas personas lo poseen en tanto que otras no lo poseen, que algunas personas tienen esa suerte y otras no la tienen. Una de mis tesis importantes es que la gracia, manifestada en parte por "cosas valiosas o agradables no buscadas", es accesible a todos. Pero mientras que algunas personas la aprovechan, otras no lo hacen.

Una de las razones por las cuales nos resistimos a la gracia es porque no tenemos plena conciencia de su presencia. No encontramos cosas valiosas no buscadas porque no apreciamos el valor del don cuando nos es dado. En otras palabras, los hechos que llamamos *serendipity* se nos dan a todos nosotros, pero no solemos reconocer su naturaleza; consideramos esos hechos completamente irrelevantes y en consecuencia no los aprovechamos.

Las señales de la gracia y/o *serendipity* como las he descripto parecen tener las siguientes características:

• Sirven para promover —prestar apoyo, proteger y fomentar— la vida humana y el crecimiento espiritual.

• El mecanismo de su acción se comprende de manera incompleta (como en el caso de los sueños) o resulta totalmente oscuro (como en el caso de los fenómenos paranormales) de acuerdo con los principios de las leyes naturales según los interpreta el pensamiento científico actual.

• Su aparición es frecuente, habitual, común y esencialmente universal en la humanidad.

• Aunque potencialmente influidos por la conciencia humana, el origen de esos fenómenos está fuera de la voluntad consciente y más allá de la toma de decisiones consciente.

En otras palabras, me he convencido de que su carácter común indica que estos fenómenos son parte de un solo fenómeno o manifestaciones de él: una vigorosa fuerza cuyo origen se encuentra fuera de la conciencia humana y promueve el crecimiento espiritual de los seres humanos. Nosotros, que somos propiamente escépticos y tenemos espíritu científico, tal vez nos inclinemos a descartar esta fuerza puesto que no podemos palparla ni tenemos un medio apropiado para medirla. Pero existe. Es real.

Nuestra comprensión de esto se ve limitada, nuevamente, por nuestra dificultad para enfrentar la paradoja. Deseamos identificar las cosas de un modo racional. La paradoja de la gracia es que, por un lado, se gana. Ya he mencionado una serie de motivos por los cuales el que seamos o no bendecidos por la gracia es una cuestión que depende de nuestra elección. Por otro lado, por más que nos esforcemos por obtener la gracia, ésta puede eludirnos. En otras palabras, no nos acercamos a la gracia sino que la gracia viene a nosotros. La paradoja de que tanto elegimos la gracia como somos elegidos por la gracia es la esencia del fenómeno *serendipity*, que hemos definido como "el don de encontrar cosas valiosas y agradables no buscadas". Buda alcanzó la iluminación sólo cuando dejó de buscarla, cuando permitió que la iluminación viniera a él. ¿Pero quién puede dudar de que la iluminación le llegó precisamente porque había dedicado por lo menos dieciséis años de su vida a buscarla, dieciséis años preparándose? Buda debía tanto buscar la iluminación como no buscarla.

Me han preguntado a menudo si he tenido experiencias de gracia recientes desde que escribí *La nueva psicología del amor* hace veinte años. De hecho, se suceden una y otra vez. Y aunque no es el ejemplo más reciente, hay uno que me resulta en particular memorable. Hace unos ocho años, me dirigía a Minneapolis a dictar una conferencia. El tiempo de vuelo era por entonces muy precioso para mí porque lo aprovechaba para escribir. De manera que siempre llevaba conmigo un anotador amarillo. Como soy muy tímido, no me gusta conversar con la persona a mi lado, en especial si está borracho. Así que aun cuando no estoy escribiendo, doy a entender que me gusta proteger mi intimidad.

Esa mañana en particular, cuando abordé el avión en Hartford, mi compañero de asiento, que estaba bastante sobrio, era un hombre de unos cuarenta años. Le transmití mis habituales mensajes no verbales de que no deseaba hablar con él y me alegré cuando él me dirigió mensajes no verbales por igual intensos de que tampoco quería entablar conversación conmigo. De modo que permanecimos sentados en silencio, yo con mi anotador amarillo y él leyendo una novela, durante el vuelo de una hora a Buffalo. Luego descendimos juntos y callados del avión y compartimos la misma sala de espera en Buffalo durante la hora que duró la escala. Después regresamos al avión en silencio. No fue hasta que estuvimos a .

cuarenta y cinco minutos al este de Buffalo y al oeste de Minneapolis que intercambiamos las primeras palabras. De repente, este hombre alzó la vista de la novela que estaba leyendo y dijo: "Odio molestarlo, ¿pero por casualidad tiene usted idea de qué significa la palabra *serendipity*?".

Le respondí que hasta donde yo sabía, era la única persona que había dedicado al tema una importante porción de un libro y que tal vez fuera *serendipity* que en el preciso momento en que él deseaba conocer el significado de la palabra resultara estar sentado en el espacio exterior junto a una autoridad en la materia. (¡Piense en la improbabilidad de este hecho! También tenga en cuenta que he definido la gracia en términos de acontecimientos que no sólo son estadísticamente muy improbables sino que producen consecuencias beneficiosas.)

Cuando ocurren este tipo de cosas, a veces hasta yo tengo que guardar mi anotador amarillo. Nos pusimos a conversar. El hombre me preguntó de qué trataba el libro que tenía algo que ver con *serendipity*. Le expliqué que era una especie de integración de la psicología y la religión. "Bueno, la religión ya no me convence", declaró mi compañero de asiento y me contó que había nacido y crecido en Iowa, que había nacido en la Iglesia Metodista y había sido confortado por ella durante décadas. Tal vez porque le parecí el tipo de persona con quien podía hablar y por cierto una persona a quien nunca tendría que volver a ver, procedió a confesarme: "No estoy seguro de seguir creyendo en esa historia de la Virgen y el nacimiento. Para ser honesto, incluso tengo dudas acerca de la resurrección. Me siento un poco mal al respecto, porque creo que tendré que abandonar la Iglesia".

En respuesta, comencé a hablarle acerca de cuán saludables eran el escepticismo y las dudas. Le conté que en *La nueva psicología del amor* había escrito: "La senda a la santidad reside en cuestionarlo todo". Y le expliqué que ese cuestionamiento era necesario para que alguien pudiera pasar de una religión heredada a una religión completamente madura y personal. Cuando nos despedimos en el aeropuerto de Minneapolis, mi compañero de asiento manifestó: "No tengo

274

la menor idea de qué significa todo esto, pero quizá no deba abandonar la Iglesia después de todo".

La revelación

Creo que la influencia curativa radical de la gracia se nos manifiesta no sólo a través de esas circunstancias tan improbables sino también a través de la revelación. Siempre que sucede algo que va más allá de la coincidencia, las posibilidades de que la mano de Dios esté en juego son muy altas. ¿Pero acaso es cierto que Dios nos habla o se nos revela en forma directa? La respuesta es sí.

La manera más común es por medio de su "voz suave y queda". Recordará usted la historia de una amiga mía —una mujer de treinta años— que salió a correr una mañana cuando se estaba preparando para partir rumbo al trabajo. No había planeado correr, pero no pudo librarse de esa voz suave y queda que la urgía a hacerlo. Como resultado de obedecer a esa voz y de la influencia curativa de esa experiencia, cuando me lo contó unos días después, exclamó con alegría: "¡Pensar que el Creador de todo el universo se tomaría el tiempo de salir a correr conmigo!".

Mi encuentro más claro y reciente con la voz suave y queda de Dios ocurrió a principios del otoño de 1995, después de que hube terminado el primer borrador de mi novela *In Heaven as on Earth* y que fue aceptado para su publicación. Era el momento de reescribirlo y tenía un problema. En el primer borrador, me había utilizado a mí mismo como personaje principal y estaba seguro de que debía modificar eso en el segundo borrador. Para reescribir, necesitaba salir de mí mismo y mejorar el desarrollo del personaje. Sin embargo, nunca había sido muy bueno para salir de mí mismo. Además, la naturaleza del argumento exigía que el personaje principal fuera un hombre muy parecido a mí, en particular, un intelectual con capacitación psiquiátrica y un teólogo aficionado. Era sin duda un problema y no tenía la menor idea de cómo resolverlo.

Una tarde en que estaba trabajando en otra cosa y había relegado el problema a segundo plano, una voz suave y queda me dijo: "Lee el Libro de Daniel". Agité un poco la cabeza. Sabía que el Libro de Daniel estaba en el Antiguo Testamento. Y como casi todo estudiante, sabía que Daniel era un profeta que por algún motivo había sido arrojado al foso de los leones y había logrado sobrevivir en virtud de la gracia de Dios. Fuera de eso, no sabía nada más. Nunca había leído el Libro de Daniel. Jamás había tenido la intención de hacerlo y no se me ocurría por qué la voz me decía que debía leerlo. Sacudí la cabeza y retomé el dictado de cartas.

A la tarde siguiente, mientras buscaba unos papeles en la oficina de mi esposa, la voz regresó. "Lee el Libro de Daniel", repitió. En esta oportunidad, no sacudí la cabeza. Conociendo algo de la capacidad de persistencia del Espíritu Santo, reconocí que Dios podría estar instándome hacia algo, hacía qué y por qué, sólo él lo sabía. De todas maneras, yo no tenía ningún apuro.

Al mediodía del día siguiente, mientras daba mi paseo diario, la voz retornó con más insistencia: "*¿Cuándo* vas a leer el Libro de Daniel, Scotty?", preguntó. Así que no bien regresé, como no tenía nada más urgente que hacer, tomé una de nuestras Biblias y leí el Libro de Daniel. Aprendí muchas cosas. Pero lo más útil para mí en ese momento fue tomar conciencia de que existían paralelos impresionantes entre Daniel y yo. Aunque mucho más valiente, devoto y noble, él también fue sin duda un intelectual. Como intérprete de sueños, se convirtió en algo similar a un psiquiatra y más tarde, como profeta, en una especie de teólogo. Mi vida había evolucionado de la misma manera y enseguida comprendí que tenía la solución a mi problema: de allí en más el personaje principal de mi novela sería un Daniel, no Scotty. Y tanto las similitudes como las diferencias entre nosotros me permitieron salir de mí mismo en un montón de formas pequeñas para crear un personaje creíble.

Este ejemplo de cómo Dios fomenta mi desarrollo es en especial notable porque no sólo soy un pupilo deficiente en general sino un estudiante particularmente pobre de la Biblia.

En lo que concierne al Nuevo Testamento, nunca he logrado terminar el Apocalipsis y las Cartas me han costado un triunfo. En cuanto al Antiguo Testamento, no lo he leído mucho. Y al igual que el Libro de Daniel, nunca me interesó demasiado hacerlo. ¿Cómo interpretar esta clase de fenómeno? Muchos que han escrito acerca de la creatividad sin mencionar a Dios han ofrecido ejemplos de cómo la solución de un problema difícil puede revelársele de pronto a alguien cuando no está pensando activamente en él. Pero en esos ejemplos, la solución es reconocida y aceptada de inmediato y no se experimenta como algo que proviene del exterior de uno mismo. Sin embargo, yo recibí no sólo una solución a mi problema sino el don de un sendero hacia esa solución. El don no tenía sentido para mí; no lo relacionaba con mi problema. Se trataba de un sendero que yo no habría seguido comúnmente. No lo acepté con agrado. De hecho, mi primera reacción fue rechazar el don porque parecía tan ajeno a mi yo.

Comparado con otros problemas, el mío no era enorme. ¿Estoy sugiriendo que Dios se tomaría la molestia de ayudarme con un problema menor? Sí, es exactamente lo que estoy sugiriendo. Por qué Dios habría de interesarse tanto en mí, no lo sé. Pero millones de personas han dado cuenta de experiencias como la que he descrito. Y para mí, estas experiencia de gracia y revelación constituyen evidencia no sólo de la existencia de Dios sino del hecho de que él promueve nuestro desarrollo en forma constante.

Experimentar su "voz suave y queda" es un fenómeno extraño. No se trata de una voz masculina grandiosa y resonante que procede del cielo. Como dice la Biblia, la voz es de hecho "suave" y "queda", tan suave y queda que a duras penas es una voz. Parece originarse en nuestro interior y para muchos puede resultar indistinguible de un pensamiento. Sólo que no se trata de nuestro pensamiento.

No es de extrañar que las personas se confundan tanto a la hora de discernir revelaciones. La semejanza entre esta "voz" y un pensamiento ordinario exige precaución. Haríamos mal en atribuir todos o la mayoría de nuestros pensamientos a la palabra de Dios. Eso puede conducir con rapidez a la locura.

Pero existen algunas pautas para el discernimiento. En primer lugar, es importante que se tome usted tiempo (a menos que se encuentre en una situación de emergencia) para "verificar con la realidad" si lo que oye podría ser la voz del Espíritu Santo o su propio pensamiento. Y tendrá ese tiempo. De hecho, si usted no le presta atención a la voz en un principio, casi siempre se repetirá, como me ocurrió a mí con la lectura del Libro de Daniel. En segundo lugar, esta voz del Espíritu Santo (o del Consuelo, como la llamó Jesús) es siempre constructiva, nunca destructiva. Lo urgirá a hacer algo diferente, algo que tal vez parezca un poco arriesgado, pero no será un riesgo de importancia. Si oye usted una voz que le dice que se suicide, que estafe o robe o que despilfarre los ahorros de su vida en un yate, búsquese un psiquiatra.

Por otra parte, la voz parecerá con frecuencia un poquito "rara". Eso es lo que la distingue de su propio pensamiento. Posee una cualidad ajena, como si proviniera de otro lado (lo cual es cierto). Esto es inevitable. El Espíritu Santo no necesita hablarnos para decirnos algo que ya sabemos o para instarnos de maneras innecesarias. Nos llega con algo nuevo e inesperado, para abrirnos y así, por definición, para quebrar con suavidad nuestras fronteras y barreras existentes. Por lo tanto, la reacción habitual al oír por primera vez la voz del Espíritu Santo es sacudir la cabeza.

Otras de las formas en que Dios nos habla —en que intenta fomentar nuestro desarrollo— es a través de algunos de nuestros sueños, en particular aquellos que Jung denominó los "sueños grandes". Cuando ejercía la psicoterapia, algunos de mis pacientes, conscientes del hecho de que los sueños podían contener respuestas a sus problemas, trataban con avidez de buscar esas respuestas y registraban de manera deliberada, mecánica y con muchos esfuerzos cada uno de sus sueños en todos sus detalles. Pero no había suficiente tiempo en la terapia para analizar la gran mayoría de los sueños; además, descubrí que ese voluminoso material onírico podía impedir trabajar en sectores más fructíferos del análisis. Esos pacientes tuvieron que aprender a dejar de andar tras sus sueños y permitir que los sueños vinieran a ellos, a dejar que su inconsciente decidiera cuáles sueños debían entrar en la conciencia. Esta enseñanza misma podía resultar muy difícil pues exigía que el paciente renunciara a cierto control y entrara en una relación más pasiva con su propia mente. Pero en cuanto el paciente aprendía a no realizar esfuerzos conscientes para atrapar sueños, el material onírico recordado disminuía en relación con la cantidad pero aumentaba espectacularmente en relación con la calidad. El resultado podía ser una oportunidad para que los sueños del paciente —esos dones del inconsciente ahora ya no buscados— facilitaran el proceso de curación.

También tuve pacientes que entraban en psicoterapia sin tener el menor conocimiento o la menor comprensión del inmenso valor que podían tener los sueños para ellos. Por ende, apartaban de su conciencia todo el material onírico pues lo consideraban inútil y carente de importancia. Estos pacientes tuvieron que aprender a recordar sus sueños y luego a apreciar y percibir los tesoros que ellos contienen. Para emplear los sueños con eficacia debemos trabajar para adquirir conciencia de su valor y beneficiarnos cuando acuden a nosotros. Y a veces también debemos trabajar para no buscarlos o esperarlos. Debemos dejar que sean verdaderos dones. A eso se refería Jung con un "sueño grande". Es aquel que por poco nos grita: "¡Recuérdame!".

¿Por qué tantas personas son inmunes a la prueba —a esa voz suave y queda y a nuestros sueños, entre otras cosas— de la gracia y la revelación? Creo que existen dos motivos básicos. Uno es que los individuos se sienten amenazados por el cambio. La mayoría con una mentalidad fundamentalista o secular no estará abierta a una prueba que podría poner en duda sus creencias. El otro es que existe algo en particular atemorizante en reconocer verdaderamente a Dios por primera vez. Con el destronamiento del yo personal que entraña el colocar a Dios al mando de nuestra vida, se produce una obvia pérdida de control, tal como me sucedió cuando me reconcilié con mi "sueño grande", en el que Dios tomaba el volante de mi vida.

Para muchas personas seculares, el rechazo de cualquier

prueba de Dios no es una mera clase de fenómeno neutral o pasivo. En estos días, por ejemplo, es muy común hablar de adictos y de otros individuos que rechazan la prueba masiva de su problema como "negadores". Esa negación constituye un proceso psicológico ferozmente activo. En este sentido, creo que podemos considerar a algunas personas seculares como adictas a su secularismo. O a los fundamentalistas como adictos a su simplismo. Ninguna prueba desafiante cambiará su forma de pensar. No es que no tengan el mismo acceso a Dios que tiene todo el mundo, sino que han elegido evitarlo y negarlo.

El yo y el alma

En muchos aspectos, la aceptación de cualquier prueba de Dios implica una batalla entre el yo y el alma. He definido el alma como "un espíritu humano creado por Dios, nutrido por Dios, único, desarrollable e inmortal". Cada uno de estos calificativos es crucial. De particular importancia es que el alma es "nutrida por Dios", con lo cual me refiero no sólo a que Dios nos creó en el momento de nuestra concepción sino que Dios, a través de la gracia, continúa nutriéndonos durante toda la vida. Creo que no tendría sentido que él hiciera esto si no deseara algo de nosotros: el desarrollo de nuestra alma. ¿Pero en qué se diferencian el alma y el yo?

He descripto el yo como la parte gobernante de nuestra personalidad. El desarrollo del yo —la maduración de este gobernante— está muy vinculado al desarrollo de nuestra conciencia. Cuando las personas hablan del "yo" de alguien, suelen referirse a la imagen y a la percepción que ese alguien tiene de sí mismo y a su voluntad. Esto abarca no sólo algunas características de la personalidad (por lo general las más negativas y defensivas) sino también lo que pensamos acerca de la vida y lo que valoramos de ella. Como el alma, el yo puede crecer, cambiar o desarrollarse, pero eso no significa que lo hará.

Una de las más grandes diferencias entre el alma y el yo es

que el yo está más cerca de la superficie de quienes somos o de quienes creemos ser, en tanto el alma va más profundo, al corazón de nuestro ser, tan profundo que tal vez no seamos conscientes de ella. Ése fue el caso de cuando tomé la decisión de abandonar Exeter, la escuela preparatoria a la que había asistido durante dos años y medio. Narré los detalles de esta historia en un capítulo anterior, como lo he hecho a menudo en otras partes, porque marcó el comienzo de mi encuentro con mi alma.

Todos poseemos un sentido de nuestro propio "yo", un sentido de identidad. Este "yo" suele denominarse el yo o el ser. Mi yo deseaba complacer a mis padres, que yo sacara el pecho y siguiera el ejemplo de mi hermano y me graduara en Exeter. Yo había querido ir a Exeter. Deseaba tener éxito allí. Por cierto, no quería ser un desertor. Pero si yo no deseaba desertar, ¿entonces *quién* lo estaba haciendo? Poco a poco me torné incapaz de hacer lo que creía que quería hacer o renuente a hacerlo, aunque en ese entonces no entendía por qué. Sin duda, algo estaba sucediendo en mi interior que difería de lo que mi educación de hombre blanco, anglosajón y protestante me había enseñado a desear.

La mayoría de los psiquiatras dirían que mi yo estaba en conflicto. Algunos afirmarían más específicamente que mi yo estaba en conflicto con el ser, implicando que el ser es en cierta medida más grande y profundo que el yo. Puedo vivir con la segunda explicación, pero me parece que no responde las preguntas cruciales. ¿Qué es este "verdadero ser"? ¿Por qué no se lo define? ¿Podría ser el alma, y en ese caso, por qué no se lo define como tal? ¿Y cuál podría ser la definición del alma?

Los psiquiatras seculares responderían que el verdadero ser —todo el ser— constituye un conglomerado de componentes psíquicos: el id, el yo y el superyó; lo consciente y lo inconsciente; el temperamento genéticamente determinado y el aprendizaje acumulado a través de la experiencia. ¡Para no estar en conflicto con tantas partes diferentes! Estas partes son reales y pueden en efecto estar en conflicto. Es más, la psicoterapia efectiva puede llevarse a cabo empleando este modelo de "conglomerado". El problema era que yo no me sentía un conglomerado ambulante en Exeter. Y cosa extraña, cuanto más crecía en edad y más reconocía la realidad de estas distintas partes mías, menos me sentía como un conglomerado. Sentía que algo más profundo estaba ocurriendo, algo muy importante que de alguna manera me hacía más grande que mí mismo. Había llegado a reconocer que tenía un alma.

Es importante tener presente que las almas y los yoes, al ser fenómenos diferentes, operan naturalmente en distintos niveles. Si bien pienso que la distinción entre el alma y el yo es válida e importante, esto no quiere decir que no exista una interacción entre ambos. Creo fervientemente que la conversión —el cambio y el crecimiento— en el alma modificará en forma contundente algunas maneras en las que funciona el yo, y lo hará para mejor. Del mismo modo, también creo que el aprendizaje del yo alentará el desarrollo del alma. Pero cómo exactamente interactúan el yo y el alma sigue siendo un misterio.

Gran parte de los individuos seculares reconocen la unicidad de las personas pero no ven ninguna necesidad de establecer una distinción "mística" entre el alma y el yo. "Como cada uno posee un complemento genético único además de su propio conjunto único de experiencias de vida", es muy posible que afirmen que "naturalmente, el yo de cada uno es diferente". Por el contrario, yo tengo la impresión de que existe una relativa igualdad entre los yoes, en tanto que las almas humanas son únicas. No obstante, mientras que puedo decir mucho acerca del yo, puedo decir muy poco acerca del alma. Aunque los yoes pueden ser descriptos en términos generales y casi banales, las palabras no logran captar en forma adecuada la unicidad del alma de cada individuo. El alma es el verdadero espíritu de cada uno y, al igual que Dios, es un espíritu demasiado escurridizo para poder apresar.

El carácter único del alma se evidencia sobre todo cuando alguien elige con seriedad un camino de crecimiento psicoespiritual por el resto de su vida. Es como si la psicopatología del yo fuera como el barro, y cuanto más se lo remueve, más brillará en toda su gloria el alma debajo de él, en un diseño distintivo de glorioso color imposible de hallar en ningún otro lugar de la Tierra. Y aunque estoy seguro de que Dios crea el alma humana de manera diferente cada vez, esto no significa que no haya preguntas incontestables. No obstante, por más misterioso que sea, el proceso de la creación del alma es individualizado. La unicidad de las personas individuales es indiscutible (excepto a riesgo de la propia alma) y no puede ser explicada por medio de la psicología ni la biología. La tendencia secular a negar el alma es también una negación del corazón. Hay una cualidad de autosatisfacción en el secularismo; se piensa así: "Como Dios no existe, descartaré cualquier prueba que aluda a Dios". No resulta sorprendente, por lo tanto, que aquellos individuos desconectados del sentido de su propia alma sean también prestos a descartar el corazón humano. Cuando existe una falta de integración entre los sentimientos y el pensamiento —una desconfianza de los sentimientos— el resultado suele ser la negación del propio corazón.

El caso de Theodore en *La nueva psicología del amor* constituyó un ejemplo. Durante el curso de su tratamiento, le pedí que escuchara el disco de Neil Diamond para la película *Jonathan Livingston Seagull*. Se trataba de una pieza musical profundamente espiritual y yo había tenido la esperanza de que alentara un poco a Theodore en la dirección del crecimiento espiritual. Pero no la soportó. La describió como "sentimental y nauseabunda", palabras, creo, que revelaban el rechazo de su propio corazón en ese entonces.

Admito que no todos sentirán lo mismo ni reaccionarán con tanta intensidad ante canciones que a mí me resultan conmovedoras. Pero si alguien está en contacto con su propio corazón, al menos hará algo de lugar para el sentimentalismo, tendrá un rincón emotivo para las cosas que más le importan. Los individuos de orientación espiritual consideran el cuerpo, la mente y el corazón como partes integrales de todo su ser. No les avergüenza ser "blandos de corazón"; por el contrario, se preocupan más cuando las circunstancias les exigen ser insensibles.

He escrito que este divorcio entre la cabeza y el corazón,

entre el intelecto y la emoción, es una condición espiritual común entre los sofisticados hombres y mujeres del siglo xx. He conocido muchas personas, por ejemplo, que eran cristianas de corazón y a la vez ateos intelectuales; en ocasiones sucede al revés. Es una verdadera pena. En el caso de estos primeros individuos —muchos de los cuales son generosos, gentiles, honestos y consagrados a sus semejantes—, suelen estar abrumados por la angustia, encontrar poco significado en la existencia y al mismo tiempo negar las voces alegres o reconfortantes de su corazón, rotulando los mensajes del corazón como sentimentales, irreales o infantiles. Puesto que carecen de fe en su naturaleza más íntima, sufren de modo innecesario.

La curación más profunda no ocurre en la mente sino en el corazón o el alma. Y si el corazón está "endurecido", ninguna palabra podrá penetrarlo. A la inversa, cuando uno ha experimentado lo que los concisos judíos del Antiguo Testamento denominaban la circuncisión del corazón, la realidad de la presencia curativa de Dios en nuestra vida —y en el resto del mundo— se torna menos difícil de aceptar.

Kenosis

Cuando escribí en *La nueva psicología del amor* que el propósito del crecimiento era que nos volviéramos más conscientes y que a su vez evolucionáramos, sugerí que este camino evolutivo en la vida humana conduce directamente a Dios. Dios quiere que aprendamos y nos desarrollemos en esta vida y creo que de hecho nos nutre para que lo hagamos. Pero cuando procedí a afirmar que en última instancia Dios desea que evolucionemos para convertirnos en Dios —para que seamos como él— esa aseveración originó mucha indigestión teológica. Parecía ser un concepto potencialmente satánico. Después de todo, ¿acaso Satanás no pensó que podía ser como Dios o tan bueno como Dios?

Pude haber prevenido gran parte de esta indigestión si hubiera escrito acerca de la gran paradoja involucrada. La

284

paradoja es que no podemos convertirnos en Dios excepto aniquilándonos, excepto a través de la humildad del vacío. Existe una palabra importante en teología para este empeño: kenosis, que es el proceso en el cual el ser se vacía de sí mismo. Es la esencia del mensaje de los grandes maestros espirituales como Buda y Cristo a través de la historia humana. Necesitamos cercenar nuestro yo. La paradoja de "Aquel que pierda su vida por mí la encontrará" puede parafrasearse como "Aquel que esté dispuesto a perder su yo encontrará su alma".

La imagen utilizada en el cristianismo para el objetivo del proceso de la kenosis es la de un recipiente vacío. Debemos retener lo bastante de nuestro yo —la parte gobernante de nuestra personalidad— para que sea un recipiente útil. De lo contrario, no tendríamos identidad. Más allá de eso, sin embargo, el propósito del crecimiento espiritual es deshacernos suficientemente de nuestro yo para vaciarnos lo bastante con el fin de llenarnos del espíritu de Dios, de nuestra verdadera alma. Las palabras de San Pablo demuestran que esto es posible: "Vivo ahora no con mi propia vida sino con la vida de Jesucristo viviendo en mí".

De modo que hemos retomado la cuestión crucial del vacío. Hemos de recordar que hablé de él como la clave para el desaprender y el reaprender que debemos realizar durante toda la vida si deseamos crecer y convertirnos en individuos sanos y humanos. Es necesario recordar también que gran parte de este desaprender se asemeja a morir. En el pasado, las monjas y los monjes practicaban en forma rutinaria la mortificación. La palabra deriva del latín, *mortis*, "muerte" y significa "la disciplina de morir todos los días". Aunque tal vez hayan exagerado con la autoflagelación y el uso del cilicio, de todos modos comprendían algo. A través de la mortificación, intentaban practicar la kenosis.

Me he referido asimismo al hecho de que no sólo los individuos sino también los grupos necesitan experimentar este proceso kenósico de autovaciamiento para volverse y permanecer sanos. Señalé que hemos denominado "vacío" a la etapa crucial del proceso de la organización de la comunidad. Ahora es tiempo de describir todas las etapas de crecimiento que suelen ocurrir cuando los grupos intentan deliberadamente conformar comunidades.

La seudocomunidad

Para eludir el dolor de desaprender y cambiar, cuando los grupos se reúnen para constituir una comunidad primero intentan fingir que ya son una comunidad. El engaño básico es que todos los miembros son iguales, una farsa sustentada por la práctica de un conjunto de reglas implícitas que todos conocen: los buenos modales. En esta etapa, los miembros son exquisitamente corteses unos con otros con el fin de evitar cualquier desavenencia en su afán por negar sus diferencias individuales. Pero la realidad es que las personas, con sus almas únicas y sus yoes, son todas distintas, y por eso es que llamamos seudocomunidad a este simulacro de igualdad.

El caos

Una vez que se permite (o como en el proceso de la organización de la comunidad, se fomenta) que afloren las diferencias individuales, el grupo se aboca a intentar borrar esas diferencias. El método primario empleado es "la curación", "la reparación" o "la conversión". Pero a las personas no les gusta que se las cure o se las componga con facilidad, de modo que en un lapso breve, las víctimas voltean y empiezan a tratar de curar a los sanadores autoelegidos y de convertir a los convertidores autoelegidos. Es un caos glorioso. Es también ruidoso, controvertido e improductivo. Nadie escucha a nadie.

El vacío

Existen tres maneras de salir del caos. Una es volver a una seudocomunidad todavía más profunda. Otra es organizar el caos creando comités y subcomités; pero esa organización nunca es naturalmente ni en sí misma una "comunidad". La tercera manera, les decimos a los grupos, es "en el vacío y a través de él". Si una cantidad suficiente de los miembros del grupo nos escucha, lo que luego se inicia es un proceso muy doloroso y gradual en el que los miembros se vacían de las barreras que les impiden la comunicación. Las barreras más comunes incluyen las expectativas, los preconceptos, los prejuicios, la rigidez de la ideología o la teología y las necesidades de curar, convertir, reparar o solucionar. Cuando el grupo ingresa en esta etapa de vaciamiento —la etapa más crítica de su aprendizaje— se asemeja mucho a un organismo desorientado. De hecho, la sensación es como la de morir. Es tiempo de kenosis. Pero si el grupo logra permanecer allí unido —como sorprendentemente sucede casi siempre cuando el liderazgo es adecuado— este trabajo de kenosis o de morir tendrá éxito y de él emergerá la renovación.

La comunidad

Cuando el grupo ha muerto de un modo completo y se encuentra abierto y vacío, ingresa en comunidad. Esta etapa final se caracteriza por una suave quietud. Es una especie de paz, a menudo precedida y seguida de una abundancia de expresiones individuales sobre experiencias y emociones personales, lágrimas de tristeza y lágrimas de alegría. Es el momento en que comienza a manifestarse una cantidad extraordinaria de curación y conversión, ahora que nadie intenta convertir ni curar deliberadamente. La verdadera comunidad nace a partir de aquí.

No todos los grupos que se convierten en una comunidad siguen de manera rigurosa este paradigma. Las comunidades que se crean temporariamente en respuesta a una crisis, por ejemplo, tal vez omitan una o más etapas por el momento. Y aunque he hablado con entusiasmo de las virtudes de la comunidad cuando por fin se trascienden las barreras de la comunicación, esto de ninguna manera significa que todo será fácil de allí en más. Una vez que se alcanza la comunidad, según los objetivos y las tareas del grupo, mantenerla se convertirá en un desafío constante. Pero la experiencia de haber crecido a partir del vacío deja una impronta duradera. Y la respuesta emocional más común al espíritu de la verdadera comunidad es la alegría y el amor.

La plegaria y la fe

Todos rezan. Las personas seculares más recalcitrantes rezan en momentos de agonía o de éxtasis, incluso si no son conscientes de ello. Durante un orgasmo, gritarán instintivamente: "¡Oh, Dios!" o bien "¡Oh, Cristo!". De manera análoga, cuando están en cama agobiadas por la gripe y con todo el cuerpo dolorido, es posible que giman: "Ay, Dios". O sus pensamientos se volverán hacia Dios en momentos de terror, un fenómeno que ha llevado al famoso dicho: "No existen ateos en las trincheras". Una de las diferencias entre los individuos seculares y los creyentes religiosos o espirituales es que nosotros (los segundos) pensamos de tanto en tanto en Dios durante el noventa y nueve coma cinco por ciento del tiempo en que no estamos en agonía ni en éxtasis.

¿Pero qué es la plegaria? Una y otra vez debo señalar a las personas que existen muchas cosas en la vida, como la conciencia, la comunidad, el amor y el alma —todas las cuales tienen algo que ver con Dios— que son demasiado amplias para ser sometidas a una única definición adecuada. La gente ha estado rezando por milenios y sería lógico creer que los teólogos deberían haber dado con una definición apropiada de la plegaria, pero no lo han hecho.

La mayoría de la gente considera la oración como un mero "hablar con Dios". Esta definición no es tan mala en la medida en que comprendamos que existen incontables formas de hablar con Dios. Por esto, dicha plegaria puede dividirse en muchos tipos: la plegaria de grupo y la plegaria individual; la plegaria formal y la informal; las plegarias de alabanza y de adoración y de gratitud; las plegarias de arrepentimiento y perdón; las plegarias de petición por otros o por uno mismo; etcétera, etcétera. También clasificaría la meditación como una plegaria y, nuevamente, hay muchas clases de meditación. Aunque no todas ellas podrían definirse como autovaciadoras, creo que las mejores formas de meditación son aquellas en que nos callamos y vaciamos deliberadamente con el fin de poder escuchar a Dios o estar atentos a él. Esto no quiere decir que Dios responderá. De hecho, no es común que tengamos experiencias espirituales cuando rezamos, pero muchos de nosotros sentimos que una vida activa de plegaria incrementa las posibilidades de tener —y de identificar— experiencias espirituales en otros momentos.

Luego está el asunto de pensar y su relación con la plegaria. Pensar bien puede fusionarse, y lo hace, con la oración. Si bien no es del todo adecuada, mi definición favorita de la plegaria —una que ni siquiera menciona a Dios— es la de Matthew Fox. Como mencioné antes, Fox define la oración como "una respuesta radical a los misterios de la vida". Durante la mayor parte del tiempo que dedico a la plegaria no estoy tanto hablando con Dios o escuchando a Dios como pensando, pero haciéndolo con Dios en mi mente. Antes de poder responder radicalmente a los misterios de la vida, primero debo reflexionar sobre ellos, sobre los misterios de mi propia vida y toda la gama de respuestas potenciales a ellos. "Dios, me pregunto cómo ves esto... a través de tus ojos", medito. Este tipo de oración suele denominarse oración contemplativa. Y por lo general es silenciosa. Uno de los motivos por los que me gusta tanto la definición de Fox es su implicación de que la plegaria necesita en última instancia ser traducida en acción, aunque en mi caso no puedo actuar bien salvo a partir de la contemplación.

Hay una gran virtud en la plegaria cotidiana. Aunque soy cristiano, creo que todas las otras grandes religiones poseen una pizca de verdad de la que el cristianismo tal vez carezca y, por lo tanto, algunas formas de hacerlo mejor. Lo poco que he leído de teología islámica parece contener la palabra "recordar" con una frecuencia inusitada. No creo que sea casual que los musulmanes levanten torres en sus ciudades y llamen a sus creyentes cinco veces al día para recordarles que deben rezar y, a través de la oración, recordar a Dios. El creyente musulmán común realiza como rutina diaria lo que sólo hacen los monjes y las monjas cristianos muy contemplativos.

Si bien existe una gran virtud tanto en la plegaria pública como en la formal, prefiero en general la oración privada y personal. Bien o mal, sospecho que cuanto más personales son nuestras oraciones, más le gustan a Dios. Pero la plegaria es una calle de dos manos. Para que nuestras oraciones sean personales (excepto en momentos de agonía o de éxtasis), debemos albergar una mínima creencia de que existe una Persona al otro lado que escuchará y tal vez responderá. Esto nos lleva al tema de la fe y su relación con la plegaria. ¿Por qué una "Persona" al otro lado? Cuando estaba en la universidad, mi cita favorita era una observación de Voltaire: "Dios creó al hombre a su imagen y luego el hombre fue y le devolvió el cumplido". Voltaire se refería a nuestra tendencia a antropomorfizar a Dios como un hombre o una mujer con características corporales. Me parecía que Dios tenía que ser infinitamente más diferente de lo que podemos imaginar que es. Y lo es. Sin embargo, en los años desde la universidad, también he llegado a entender que el medio más profundo que poseemos para siquiera comenzar a comprender la naturaleza de Dios es proyectar en él lo mejor de nuestra naturaleza humana. En otras palabras, Dios es, entre otras cosas y por sobre todas las cosas, *humanitario*.

He aprendido otras cosas desde mis días universitarios. En ese entonces, creía que la fe precedía a la oración y que sólo aquellas personas con una gran fe rezaban mucho. Hace unos años, sin embargo, descubrí un antiguo lema cristiano, tan antiguo que estaba en latín: "*Lex orandi, lex credendi*", que traducido significa, "La regla de la oración precede a la regla de la fe". En otras palabras, tenía las cosas invertidas. La verdad más profunda es que si uno reza mucho, entonces y sólo entonces, crecerá en la fe.

¿Por qué crecer en la fe? Otra vez, en mi juventud, pensaba al revés. Creía que si entendía mejor el mundo, podría tener más fe en Dios. Pero luego me topé con un dicho de uno de los santos: "No busques comprender para tener fe; busca la fe para comprender".

Con mi conocimiento gradual y creciente de estas piezas de "ciencia" logré ser útil a una mujer maravillosa e inicialmente secular, Annie, quien acudió a mí a causa de su preocupación excesiva. Identificamos que al menos una raíz importante de su problema era su falta de fe en Dios y, con inmensa lentitud, conseguí enseñarle a rezar. Al cabo de varios años de citas ocasionales, vino a verme un día y anunció:

—Doctor Peck, soy un desastre en este tema. Todavía no sé rezar. La mayor parte del tiempo mi única plegaria —creo que proviene de algún lugar de la Biblia— es "creo en ti, Señor; ayuda a mi falta de fe". Es tan patético.

—Annie —contesté—, ésa es una de las oraciones más sofisticadas que jamás he escuchado.

Aunque el crecimiento en la fe de esta mujer fue muy gradual (como es típico de la transición de la Etapa Tres a la Etapa Cuatro), en ocasiones la evolución de la fe puede ser muy rápida, como si a uno le hubieran abierto los ojos de golpe. De hecho, la experiencia puede ser atemorizante. El público de mis conferencias solía estar conformado básicamente por personas que se hallaban en la transición entre la Etapa Tres y la Etapa Cuatro o que ya se encontraban bien arraigadas en la Etapa Cuatro. Les preguntaba a menudo: "¿Para cuántos de ustedes aquí el viaje ha sido tan veloz que se preguntaron si no estarían enloqueciendo?". La mayoría levantaba la mano con expresión comprensiva. Yo agregaba: "Ése es un buen motivo para la existencia de directores espirituales buenos; ellos pueden decirles si están o no enloqueciendo". De tanto en tanto, las "explosiones" de fe repentinas pueden ser consecuencia de una enfermedad mental. No pocas veces, sin embargo, lo que esas personas necesitan en ese momento es una ayuda sofisticada (que muchos psiquiatras o psicoterapeutas seculares no son capaces de proporcionar).

He hablado de alcanzar la fe. ¿Y su opuesto... la pérdida de la fe? Se trata de un fenómeno muy real que se da de forma rutinaria en aquellos individuos en proceso de dejar la Etapa Dos e ingresar en la Etapa Tres. Esto también puede resultar aterrador y constituye la causa de la reciente creación de una pequeña organización, Fundamentalistas Anónimos, un grupo de autoayuda para personas que deben enfrentar las inmensas angustias asociadas con el abandono de una fe muy inequívoca, rígida y doctrinaria. La pérdida de la fe puede ser también particularmente dolorosa para aquellos que poseen una identidad religiosa formal o profesional. Muchos clérigos han ingresado en el ministerio cuando estaban en la Etapa Dos para luego evolucionar a la Etapa Tres y encontrarse en la situación de tener que subir al púlpito todos los domingos y hablar de un Dios en el que ya no están seguros de creer. Estos individuos también necesitan una ayuda sofisticada que sólo puede ser provista por alguien que comprenda las etapas de lo que Fowler denomina "el desarrollo de la fe".

Es importante comentar también un fenómeno que podría denominarse la puesta a prueba de la fe, que puede ocurrirle a cualquier persona religiosa en un momento de crisis. Con frecuencia, la crisis se supera y la fe perdura. Pero existe otro tipo de puesta a prueba que es de hecho más predecible y más probable que les suceda a personas muy desarrolladas espiritualmente que han estado un largo tiempo en la Etapa Cuatro. Para este fenómeno, San Juan de la Cruz, en el siglo XVI, acuñó la frase "la noche oscura del alma".

La noche oscura del alma es un punto en el que Dios parece estar del todo ausente y a menudo por un prolongado período de tiempo. Para la persona en esa condición, la voz suave y queda que ha llegado a distinguir como perteneciente a Dios parece haberse desvanecido o detenido por completo. Los sueños que otrora proporcionaron revelaciones parecen haberse agotado. No se trata de una crisis o siquiera de aflicción; es sólo una sensación profunda de que Dios, antaño presente y activo en su vida, se ha ido de vacaciones y se ha tornado por entero inaccesible, quizá para siempre.

¿Es posible que Dios se torne deliberadamente inaccesible? Es concebible, si pensamos que es en verdad apropiado que una fe madura necesite ser puesta a prueba. En *What Return Can I Make?* *(Gifts for the Journey)*, utilicé la analogía de un niño, tal vez de dos años, que no tendrá inconvenientes en creer en la presencia y los cuidados de su mamá cuando ella está en la habitación con él pero que cuando no puede verla, entrará en pánico y comenzará a pensar que ella ya no existe. Pero como la fe en su madre es puesta a prueba a lo largo de varios años, el niño aprenderá poco a poco que ella tiene otros asuntos que atender. Así, tomará conciencia gradual de que es probable que su mamá esté al final del pasillo haciendo su cama, que no ha desaparecido ni lo ha abandonado, que todavía lo ama y se preocupa por él sólo que de una manera diferente de aquella en la que él había confiado en un principio.

Por cierto, para cuando han llegado a la noche oscura del alma, la mayoría de los creyentes permanecen creyentes. Siguen rezando y alabando al Dios al parecer ausente, como hizo Job de una manera general. El lema de estos individuos podría ser el de Jesús en la cruz cuando exclamó: "¿Dios mío, Dios mío, por qué me has abandonado?". Pero seguía siendo Dios a quien Jesús llamaba, a quien rezaba. También puede ayudarles saber que unos cuantos de los santos designados que no fueron mártires —que murieron en la cama— pasaron sus últimos días, meses o años en la noche oscura antes de proseguir su camino.

La teología procesal

Muchos de nosotros, tanto las personas seculares como las espirituales, cuestionamos la existencia de Dios sobre todo cuando contemplamos nuestro mundo y preguntamos por qué existen tanto dolor y sufrimiento y mal absoluto. En otras palabras, ¿por qué las cosas no son perfectas? No alcanza con responder: "Las maneras de Dios son misteriosas". No es posible ofrecer ninguna respuesta cierta. Lo que puedo hacer, no obstante, es ofrecer algunos agregados algo modernos y especulativos a la más antigua, tradicional y en mi opinión inadecuada "Teoría de Dios".

La teoría de Dios tradicional y primitiva postula un Dios omnipotente. Pero una visión tan simplista de Dios no explica el mal ni tiene en cuenta gran parte de la Biblia y del sentido común. Aunque en un principio Dios pudo haber creado todo (e incluso esto está en tela de juicio), en el tercer capítulo del Génesis, el primer libro de la Biblia, ya surgen problemas. Dios expulsa a Adán y a Eva del Jardín del Edén perfecto y les dice que de allí en más tendrán que sufrir. ¿Por qué? ¿Dios es un sádico? La respuesta, creo, es que Dios tiene que operar dentro de restricciones, aun cuando sean restricciones que él mismo creó. A mi entender, cuando se dice que "Dios nos creó a su imagen", lo que se quiere decir por sobre todo es que Dios nos dio libre albedrío. No se puede dar libre albedrío a alguien y al mismo tiempo ponerle una ametralladora en la espalda. El libre albedrío significa que somos libres y esa libertad significa que somos libres de escoger entre el bien y el mal. El momento en que Dios nos concedió el libre albedrío fue el momento en que la maldad humana —así como la bondad humana— fue liberada en el mundo. Al habernos otorgado el libre albedrío, Dios deja de ser omnipotente. Se ha restringido a sí mismo, y por mucho que le duela, en muchos aspectos tiene que dejarnos ser.

El Génesis 3 sugiere que esta decisión restrictiva de dejarnos ser se vincula también con la existencia de la muerte (y por implicación, de la enfermedad y la vejez). ¡Cómo nos hemos angustiado por estas "maldiciones"! Sin embargo, mientras tengamos presente que la muerte del cuerpo no implica necesariamente la muerte del alma, no estoy seguro de que la vejez, la enfermedad y la muerte sean maldiciones. Yo mismo las maldigo de tanto en tanto, pero en mis momentos más racionales, las considero una parte integral del orden natural de las cosas, un orden que el propio Dios estableció. No quiero dar a entender que Dios es del todo indefenso. Lo que sí quiero implicar es que Dios no es tan omnipotente como para no tener que operar dentro de las restricciones de este orden natural de enfermedades, vejez, muerte y deterioro físico. Y dentro de las restricciones más terribles de permitir la maldad humana, incluso en una escala masiva como el Holocausto.

La noción de que Dios no es meramente omnipotente sino que debe operar dentro de ciertas restricciones no constituye la única adición moderna a la primitiva Teoría de Dios. Una adición por igual importante ha llegado a denominarse, a lo largo de los últimos cincuenta años, "teología procesal", la cual pone en tela de juicio el concepto tradicional de un Dios que es un ser estático e inalterable. Sugiere que, como todos los seres vivientes, Dios está "en proceso": viviendo, sufriendo y creciendo junto a nosotros, sólo que uno o dos pasos por delante de nosotros. Mientras que el origen de la teología procesal se atribuye a Alfred North Whitehead en este siglo, ya se encontraba de hecho incorporada en la teología mormona hace más de un siglo. Los mormones han tenido un dicho desde hace tiempo: "Como el hombre es, Dios era. Como Dios es, el hombre será".

En mi novela *In Heaven as on Earth* propuse una especie de anexo a la teología procesal, sugiriendo que la creación (incluyendo la creación de las almas humanas y de otro tipo) podría ser un experimento en curso. En la medida en que Dios es un creador, ¿por qué no habría de ser un experimentador igual que los científicos humanos, si bien un poco más imaginativo, sofisticado y artístico? Los científicos solemos sentirnos cómodos con el hecho de que muchos, o la mayoría, de nuestros experimentos "fracasan". Es decir, son pruebas. Siempre hay lugar para el perfeccionamiento. ¿No podríamos considerar un alma muy imperfecta, incluso mala, como un "experimento fallido"? También sabemos que tenemos tanto que aprender de los experimentos fallidos como de los exitosos. Ellos son los que nos envían de vuelta al tablero de dibujo; tal vez lo hagan con Dios también. Una vez que dejamos de pensar en Dios como omnisciente, omnipotente e inalterable, tiene sentido que empecemos a pensar en él como en un ser en proceso y a considerar con seriedad la esencia de la teología procesal.

En *Un mundo por nacer* relaté cómo me topé por primera vez con el concepto de la teología procesal. El momento aconteció quince años atrás; estaba yo sentado en mi consultorio con una paciente de treinta y cinco años. Era una persona muy atractiva, quizás unos cuatro kilos por encima del peso estándar para una mujer de su edad y altura. La noche anterior, en una alegre fiesta en un restaurante, estaba tan distendida que había pedido y se había comido un postre helado. Ahora se lamentaba: "¿Cómo pude ser tan estúpida? ¡Rompí mi dieta después de sólo seis días! Ahora tendré que empezar todo de nuevo. Me odio por ser tan indisciplinada. ¡Santo Dios, un postre helado! Con caramelo. Pesado, azucarado. No pude elegir nada que tuviera más calorías. Uno de estos días...".

Mientras ella continuaba quejándose, mi mente se apartó un poco y me puse a pensar en lo mucho que mi paciente representaba a esa amplia categoría de mujeres físicamente atractivas que malgastan enormes cantidades de energía obsesionándose con su peso, incluso por las más mínimas desviaciones en él. ¿Qué les ocurría? En medio de esta reflexión, de pronto la interrumpí y manifesté:

—¿Qué le hace pensar que Dios no tiene que hacer dieta?

—La mujer me miró como si hubiera enloquecido.

—¿Por qué dice eso? —preguntó.

Me rasqué la cabeza y contesté:

—No lo sé.

Pero debía pensar por qué lo había dicho y mientras lo hacía, comprendí algo. Mi paciente estaba operando bajo la fantasía de que si hacía las dietas suficientes o descubría la dieta perfecta o recibía la psicoterapia suficiente alcanzaría un estado en el que podría comer todo lo que quisiera sin subir un gramo, o bien, si subía ese gramo, podría perderlo al instante y sin esfuerzo. Una fantasía en verdad extraña.

—Tal vez Dios engorda dos kilos —expliqué— y después tiene que bajarlos. Sólo que él no hace un mundo de eso; tal vez por eso es Dios.

La ilusión según la cual operaba mi paciente era una noción estática de la perfección. Se trata de la noción muy común pero destructiva de que la perfección es un estado inalterable. Y es tan común porque es muy lógica. Si algo es perfecto y se modifica, sólo puede convertirse en algo diferente de lo que era. Y si se convierte en algo diferente, entonces la lógica sostiene que se ha tornado imperfecto. Pero si algo es perfecto de verdad, no puede, por definición, volverse imperfecto. Por lo tanto, la perfección ha de ser inalterable. Y entonces pensamos: "Dios es como Dios era y como siempre será". Pero ya no pienso de esa manera. Y a duras penas es lo que la Biblia sugiere. Y tampoco es en forma creciente lo que los teólogos están comenzando a pensar. ¡Gracias a Dios! Si hay algo que caracteriza la vida es el cambio. Lo que más distingue lo animado de lo inanimado es la "irritabilidad". Algo animado se mueve cuando uno lo aguijonea. No se queda sentado. Está vivo. Va para un lado y para otro. Crece, muere, se deteriora, renace. Cambia. Toda vida está en proceso. Y puesto que yo escojo tener un Dios vivo, creo que mi Dios también está en proceso, aprendiendo y creciendo y tal vez hasta riendo y bailando.

Este nuevo concepto de la teología procesal posee una importancia tan crítica no sólo porque agrega un gran fragmento al rompecabezas de la imperfección —incluso de la maldad— en el mundo sino porque también implica que es bueno que las personas se encuentren en un estado de cambio. Lo mismo es válido para nuestras organizaciones y nuestra sociedad, para toda la vida en sí. Cuanto más sanos seamos, más "en proceso" estaremos. Cuanto más vitales y más vivaces seamos, más cambiaremos. Y cuanto más cerca nos hallemos de la perfección, más rápido cambiaremos. Y mientras cambiamos, es dable esperar que nosotros mismos, las organizaciones a las que pertenecemos e incluso nuestra sociedad estemos en mudanza y agitación continuas. Sabremos, no sólo en nuestras mentes sino en nuestros corazones, que si permitimos que Dios entre en nosotros, aceptaremos con agrado más mudanzas y más agitaciones. Un individuo que ha desarrollado una relación consciente con Dios probablemente se abocará a desarrollar esa relación —a menudo con angustia y esfuerzo— para el resto de su vida siempre cambiante.

Cuando nos consideremos a nosotros mismos o a nuestras organizaciones entidades cómodas, complacientes o en particular estables sabremos que sin duda nos hallamos en un estado —o al menos en una fase— de deterioro. Y si nos vemos a nosotros mismos o a nuestras organizaciones sufriendo, luchando, buscando soluciones nuevas aquí y allá, revisando y reviviendo sin cesar, tenderemos no sólo a otorgarnos a nosotros mismos y a ellas el beneficio de la duda sino a sospechar que tal vez estemos frente a un fenómeno en particular divino.

Retornando a la pregunta de por qué las cosas no son perfectas, es por los mismos motivos por los que ni siquiera la utopía sería estable o estática. Evolucionaría. La utopía no debe considerarse como un estado que alcanzamos, puesto que no bien lo alcancemos, proseguiremos andando. No será un estado carente del sufrimiento, el estrés y la tensión que necesariamente acompañan al cambio o al desarrollo. En contra de las nociones populares, la utopía no significa que todo será dulzura y luz. Más bien, será una sociedad moviéndose con máxima vitalidad hacia máxima vitalidad. En otras palabras, en tanto haya una función para que Dios desempeñe y espacio para la gracia, no será imposible alcanzar la utopía. Pero será imposible alcanzarla si nos aferramos a nuestra visión tradicional de la perfección, definida como estática por nuestra limitada comprensión humana. La utopía siempre estará en el futuro, porque no es un estado alcanzable sino un estado de conversión. De hecho, podríamos pensar en nuestros días más optimistas que la utopía ya ha comenzado, si bien apenas.

La gloria

Al final, todas las cosas conducen a Dios. Todas las cosas. Podría seguir y seguir, pero siento que estoy en la misma situación que San Juan cuando escribió de Jesús al final de su Evangelio:

> Jesús hizo muchas otras cosas. Si se escribieran una por una, creo que no habría lugar en el mundo para tantos libros. Amén.

Yo también podría hablar de todo tipo de otras cosas inexplicables sin recurrir a Dios. Acerca de personas especiales.

Sobre Jesús, que fue tan extraordinario que nadie pudo haberlo inventado. Pero Jesús es una llamada de atención para algunos que han sido abusados por los abusadores de Jesús. De modo que tomemos a otro ser humano inexplicable, Abraham Lincoln, y vea usted si puede ubicarlo en una categoría sin recurrir a la divinidad.

O podría hablar de experiencias místicas, de cambios repentinos de percepción, cuando sin estar bajo los efectos de las drogas ni la enfermedad, en ocasiones nos deslizamos dentro y fuera de lo que parece ser otro universo. Podría hablar de demonios y ángeles. Podría escribir un elogio extático acerca de Dios y la naturaleza: el Dios de las montañas y los ríos, el Dios de los amaneceres y los atardeceres, de los bosques y las tormentas. O de la música y las melodías eternas. O del romance y el sexo, donde Dios nos ofreció deliberadamente un dejo de sí mismo y de su poder, más sutil que la dinamita y sin embargo tan potencialmente peligroso. O de lo que se trasluce cuando un grupo entra en comunidad o cuando un exorcismo se ha completado con éxito: cuando Dios parece haber ingresado en una habitación de otro modo ordinaria y todo cuanto los presentes pueden hacer es derramar lágrimas de dicha y gratitud.

Dios es demasiado inmenso para estar limitado a un capítulo o a un libro o incluso a una Biblia. Sin embargo, existe una palabra para nuestra experiencia humana siempre que por casualidad —al parecer por accidente— penetramos conscientemente en esa inmensidad o participamos en ella. Es la experiencia de la gloria.

¡Y cómo la anhelamos! A ciegas, a menudo con engaños y no pocas veces destructivamente, perseguimos la gloria más que a ninguna otra cosa. La felicidad "fugaz", incluso el éxtasis sexual, no pueden comparársele. Pese a todos los escollos en esta búsqueda, resulta ser una de las muchas "pruebas" indirectas de la existencia de Dios. Como señaló C. S. Lewis en su gran sermón, "La importancia de la gloria", Dios, en toda su bondad, nunca nos habría creado con un apetito por algo irreal o imposible de obtener. Padecemos hambre sólo porque hay comida. Tenemos sed porque hay bebida. No gritaríamos con deseo sexual si no existiera la posibilidad de la satisfacción sexual. Lo mismo se aplica a la gloria. La ansiamos como no ansiamos otra cosa precisamente porque existe un Dios que nos urge a fusionarnos con él.

Pero no nos equivoquemos: la verdadera gloria es un atributo exclusivo de Dios. Puesto que la gloria es el objeto más potente de todos nuestros deseos, nuestro deseo de ella es el más sujeto a la perversión. Hay un nombre para esta perversión: idolatría, que es la adoración de ídolos falsos o sustitutos baratos de Dios. Como lo sugiere uno de los nombres para el diablo, las variedades de la idolatría son "Legión": dinero, sexo, novedad, poder político, seguridad, posesiones, etcétera, etcétera. Todos son dioses falsos. La verdadera gloria es nuestra sólo en la medida en que nos sometemos al Dios verdadero. ¿Pero quién... qué es... dónde está el Dios verdadero?

La cocreación

En *Denial of the Soul* manifesté que con muchas salvedades, el suicidio, incluyendo la eutanasia, suele no ser una acción de coraje sino de la más cuestionable arrogancia. El motivo de esta afirmación al parecer dura es que no somos nuestros propios creadores y, por ende, no poseemos el derecho moral de ser nuestros propios destructores.

La humanidad no tiene el poder de hacer que el Sol salga o se ponga. Podemos predecir y responder al clima, pero no determinar cómo será día tras día. No sé cómo crear un lirio o una rosa; sólo puedo cuidar uno. De igual manera sucede conmigo mismo. Presumiblemente más complicado aún que una flor, ni siquiera podría haber imaginado mi existencia. Pero en gran parte, puedo elegir nutrirme a mí mismo con honestidad o no hacerlo. En otras palabras, aunque no puedo ser mi propio creador, puedo desempeñar el rol de cocreador.

En años recientes, el concepto de "cocreador" y la responsabilidad que entraña se han tornado bastante populares en la teología. Pero no he leído que esta responsabilidad se extienda a su último extremo. El hecho es que los seres huma-

300

nos somos libres de elegir nuestra propia visión de Dios y ninguna decisión que tomemos puede ser tan poderosa en nuestra vida personal o en nuestro rol como agentes de la sociedad. De manera que llegamos al crescendo de la paradoja. Por un lado, Dios es sin duda alguna nuestro creador. Por el otro, al escoger el tipo de Dios en quien creemos, en cierta forma estamos creando a Dios, no sólo para nosotros mismos sino para otros que verán a Dios reflejado en nuestras creencias, nuestras acciones y nuestro propio espíritu.

Pero tengamos presente que no podemos *conocer* a Dios en el sentido científico tradicional. Una historia jasídica que aprendí de Erich Fromm ilustra este punto. Es la historia de un buen hombre judío —llamémoslo Mordecai— que un día rezó: "Oh, Dios, permíteme conocer tu verdadero nombre como lo conocen los ángeles". El Señor escuchó su plegaria y se la concedió, permitiendo que Mordecai conociera su verdadero nombre. En ese instante, Mordecai se arrastró debajo de la cama y presa de un terror animal, gritó: "Oh, Dios, permíteme olvidar tu verdadero nombre". Y Dios nuestro Señor escuchó esa súplica y también se la concedió. Algo similar planteó San Pablo cuando dijo: "Es aterrador caer en las manos del Dios viviente". Sin embargo...

Al final, todas las cosas conducen a Dios...

Permítanme pasar ahora de la ciencia de Dios más o menos abstracta y prosaica a la poesía y concluir esta síntesis de mi pensamiento en un tono muy diferente dirigiéndome en forma personal al Único inescrutable e indefinible.

CAPÍTULO VIII

La "poesía" de Dios

Querido Dios,
amado Señor:

¿Recuerdas a ese periodista?
El que fingía ser religioso.
Y después de que le hube hablado de Ti durante días,
concluyó comentando,
"Es evidente, Scotty,
que nunca te comunicaste de veras
con tus padres.
Debiste de haber sido un niño muy solitario.
Me pregunto si
eso no tendrá mucho que ver
con tu fe en Dios".

Desde luego, supe
en ese momento, que habíamos perdido.

"¿Te refieres a
que Dios
es mi compañero imaginario?",
respondí retóricamente.

"De hecho, no creo
haber sido un niño en particular solitario",
proseguí.
"Todos los niños son solitarios.
Mis padres eran atentos
y podía hablarles de cosas triviales.
Tenía al menos unos pocos amigos
—más que la mayoría—
y tengo más aún a medida que envejezco."

"¿Pero es Dios mi compañero imaginario?
Oh, sí. Claro que sí.
Sin embargo, como he intentado decirte,
ése es apenas uno de los miles
de motivos de mi fe."

Naturalmente, no produjo ningún efecto.

Pero el hecho es
que has estado junto a mí
en esta imaginación
por más tiempo del que puedo recordar,
y ha sido un maravilloso viaje juntos,
¿no es cierto, Señor?

Ahora que soy viejo
no puedo estar seguro
de que estemos cerca del final
o meramente preparándonos
para despegar.

Pero de esto estoy seguro:
no hay un solo momento del que pueda declarar
que hayas estado ausente de mí.
Repara en mis palabras.
Me creaste para ser preciso con las palabras.
No quise decir
que siempre he sentido tu presencia
o he sido consciente de Ti.

Francamente, la mayor parte del tiempo
ni siquiera me he molestado en pensar en Ti.

Has sido tan bueno conmigo.

Oh, hubo algunos años malos al principio.
El año en cuarto grado en la escuela nueva
y dos años después
cuando tenía diez y no podía entender
por qué todos mis compañeros de pronto
se volvían de nuevo contra mí.
¿Cómo iba a entender,
ignorante de que Tú me habías creado un líder que,
sin intención,
amenazaba al mandamás?
(Pasaron treinta años antes
de que comprendiera lo que había sucedido,
antes de que comprendiera que yo era
un líder.)
Pero esos
fueron menos de dos años
de doce. El resto
fueron mágicos.

¿Qué puedo decir?
Había una fábrica de hielo
detrás de nuestra casa de verano.
Y un huerto donde pastaban las ovejas
del vecino, y en septiembre
las nubes blancas surcaban el cielo,
y yo sabía que mis padres me amaban.

Y sabía
que Tú morabas detrás de todo,
como la fábrica de hielo... profundo, profundo,
antiguo, fresco en el verano y sobre todo,
proveyendo.
Es una paradoja.

A la vez
estaba agradecido y te daba por
sentado. Como la fábrica de hielo,
simplemente estabas ahí.

A los trece fui a un internado.
Era un sitio sin amor. Todo
estaba mal.
Decían que estaba bien.
Me llevó treinta meses
pensar por mí mismo. Me fui,
todavía no un adulto,
pero un hombre que sabía que su alma
te pertenecía a Ti y nunca más
a la moda.

Sí, fueron años duros.
Los más duros. También fue cuando
recuerdo por primera vez hablar de Ti.
Vagamente recuerdo argumentar tu existencia
con mis amigos adolescentes.
¿O era tu no existencia?
No importa. Lo que importa
es que pensaba sobre Ti.

Los quince fueron el último año malo.
Ha habido malos momentos desde entonces
—incluso algunos pocos de tragedia—,
pero no años malos.
Algunos años hasta parecieron como si
Tú me hubieras otorgado una especie
de gran vacación.

No puedo imaginar
nada
que yo pueda haber hecho nunca
para merecer
esa bondad.

¿Fue a los cinco...
o a los diez o a los quince que
decidí por primera vez decir
la verdad
cuando pude haberme salvado
con una mentira?
No lo recuerdo.
Por cierto, ya en la universidad, la franqueza
era un hábito en mí
(algunos han dicho una compulsión).
No quiero decir que nunca retuve
una verdad de tanto en tanto;
sólo que me resulta doloroso
amar de esa manera.

Pero trato de no retener
ni siquiera una pizca
de mí mismo,
Y si hay un secreto
de toda mi buena fortuna, supongo que
es ése.
Pero no es obra mía.

Fuiste Tú quien plantó en mí la semilla,
esta sed abrasadora de lo real.
Además,
como Tú conoces la realidad
de mi corazón, ¿con qué fin
trataría yo de engañar
salvo para aislarme de Ti?
Y eso es lo último
que jamás desearía.

¿Recuerdas
ese libro que me pidieron que elogiara,
el que se titulaba *Intuición*?
Nunca te mencionaba.
Eso podría haber sido perdonable,

sólo que no trazaba ninguna distinción
entre la intuición y la revelación.
Sentí que no podía bendecir un libro
que te omitía.
¿Pero estaba siendo justo?

Tal vez el autor tenía razón y yo estaba equivocado.
Tal vez Tú no existías.
De modo que me senté a meditar al respecto.
Primero, pensé en cuánto de mi propio trabajo
se basaba en Ti. Tenía mucho invertido
en Ti. ¿Podía renunciar a eso?
Si la realidad fuera así,
¿podía negarte?
Sí.
Entonces era completamente libre
de contemplar tu no existencia.

Empecé por lo habitual:
hambre e inundaciones, sequías y destrucción;
pobreza, codicia, guerra y tortura;
odio, mentira y manipulación;
enfermedad, mental y física;
y todas las cosas injustas.
Pero no sirvió de nada.
No había ningún mal del que pudiera culparte,
que requiriera de ti para ser explicado.
Llorar, sí, pero
culparte, no.

Luego estaba la bondad humana.
Como hicieron otros, podía especular
sobre cómo el altruismo había sido engendrado en nosotros
por su utilidad en la lucha por la existencia. Oh, sí,
conocía la sociobiología y otras
nociones modernas.
Y mientras que podía escoger

ver tu mano en estos asuntos,
también podía escoger
no verla.

Lo mismo con la belleza.
Árboles y flores, valles y montañas,
arroyos, ríos, lagos, océanos
y toda clase de aguas y climas
proclaman a los gritos
tu creación.
Sin embargo, de ser necesario, podía cerrar mis oídos.
Nada me obliga
a encontrar tu presencia en la salida o la puesta del Sol,
en la luz de las estrellas o de la Luna o en todo lo
verde.
Maravilloso, muy maravilloso,
pero no puedo insistir en tu concepción.
No está más allá de mí imaginar
un maravilloso accidente.

No, puedo manejar estas cosas grandes.
Son las cosas pequeñas,
este asunto de la revelación,
lo que me supera:
el sueño ocasional,
más exquisito por mucho que
mi capacidad de interpretación;
la voz queda que uno pensaría
que es de mi cerebro vigilante
salvo que en las pocas ocasiones en que me habla
me enseña con una sabiduría
más allá de cualquier cerebro;
y esas coincidencias
que podrían ser meramente divertidas
si pudieran ser entendidas como tales.

No puedo explicar estas "pequeñas" cosas
excepto discernir que en ellas

te has revelado a Ti mismo...
Y no puedo explicar por qué
excepto que Tú me amas...
Y eso no puedo explicarlo
excepto que Tú nos amas a todos.

Nada de esto ha estado bajo mi control.

Nunca has operado según mis proyectos.
Sí, mi querido,
hablo de ti como si
fueras mi compañero imaginario,
pero sólo como si lo fueras.
Si de veras fueras imaginario,
entonces obedecerías a mi imaginación,
brotando en forma y tiempo
de acuerdo con mi deseo.
Pero no es así como funciona,
¿verdad? Y soy yo quien debe esforzarse
por ser obediente.

No, mi compañero,
me haces una extraña compañía,
vienes a mí
siempre que Tú lo deseas y cómo y
de la forma
en que Tú deseas,
del todo impredecible.

Me dicen que los hindúes
poseen un concepto que llaman
"el Dios del Vacío".
Si se refieren
a tu silencio cuando yo deseo tu voz,
a tu ausencia aparente
cuando yo anhelo tu presencia,
a tu falta de predicción,
a tu carácter indefinible,

al hecho de que eres mucho más efímero
que mi imaginación,
entonces creo que entiendo
a qué se refieren.

Pero Tú no eres un vacío.
Aunque es más probable
que vengas a mí cuando yo estoy vacío,
a nosotros cuando estamos vacíos,
Tú no eres de por sí un vacío
sin forma.
Como nosotros,
más que nosotros,
eres capaz de vaciarte a Ti mismo,
de hacerte a Ti mismo a un lado
por el bien del amor.
Pero no eres un vacío.
Antes bien te llamaría
un Dios de Abundancia.

No estoy preparado
para conocer tu verdadero nombre
ni tampoco para verte aún
cara a cara.
Pero por más misterioso que seas,
no eres un código,
y hay cosas que puedo contarle al mundo,
con júbilo, acerca de quién exactamente
eres Tú.

Más importante,
eres una Persona.

¿Por qué tenemos tantas dificultades con esto,
deseando neutralizarte
en alguna "fuerza" abstracta?
Lo sé. Yo mismo lo hice. Deseaba
ser sofisticado. Quería estar seguro de que

las personas sabían que Tú no eras
mi compañero imaginario,
una mera proyección celestial de mí mismo
como el proverbial anciano sabio
con una larga barba blanca.
¿Cuántos años pasaron
antes de que por fin pudiera hablar con el corazón,
para admitir públicamente
tu condición de Persona?

Soy tan lento.

No tienes una larga barba blanca.
Ni siquiera tienes un cuerpo,
como solemos considerar
los cuerpos.
Pero posees una personalidad,
una personalidad definida más allá de la nuestra,
una personalidad vital más allá de nuestra imaginación.
¿Y cómo podría ser esto posible
si no fueras una Persona?

Así que hablaré de tu personalidad,
de tu espíritu inaprensible,
y mi idioma será el de la emoción,
no el de los genes ni el de las barbas ni el del protoplasma,
aunque a veces supongo que eres
el protoplasma supremo.

Lo obvio
es que Tú eres
un Dios de Amor.
Intentando ser científico
en mi obra publicada, he
rehuido de la emoción del amor
y de toda su capacidad para el autoengaño.
"El budín se prueba comiendo",
como habría dicho mi abuelo, o

311

"del dicho al hecho hay gran trecho".
Y yo he insistido en las así llamadas
definiciones operacionales del amor.
Que ha sido para bien,
salvo que puede haber opacado el hecho de
que no podemos ser amorosos a menos que lo deseemos,
y que detrás del deseo yace
una emoción:
la menos simple y exigente
emoción que existe.

El verdadero amor exige
que suframos, que yo permita
que mi amada me rompa el corazón, pedazo por pedazo,
y a pesar de ello seguir adelante,
continuar amando con un corazón
que siempre es más grande que el resultado.

En la víspera de su ejecución
a causa de haber conspirado, por amor, para asesinar
a Hitler, el mártir cristiano, Dietrich Bonhoeffer,
escribió: "Sólo un Dios sufriente servirá".
Tú, querido Dios, no me has llamado a una
complejidad tan agonizante. No obstante,
me has permitido experimentarla
cuando he sido llamado a intervenir
en las vidas de otros. Al pensar
en cómo Tú has intervenido en mi propia vida
con inagotable bondad de juicio,
percibo la pavorosa energía
requerida, y sé que Tú has meditado
sobre mí con una devoción
que apenas logro comprender.
Sólo puedo suponer
que sufres mucho por todos nosotros,
y no estoy seguro de haberme convertido en adulto
hasta que comencé
a sentir pena por Ti.

Pero Tú,
huelga decir,
eres un Dios paradójico,
y lo que me asombra más que
tu continuo sufrimiento es tu
alegría persistente. Eres un
Dios festivo,
y una de las cosas que conozco de Ti
es tu sentido del humor,
aunque más no sea porque es evidente
que te encanta confundirme.
No bien pienso
que he logrado entender tu creación,
al instante me preguntas,
"¿pero qué hay de esto, Scotty?".
Esta profanación de mi certidumbre
es tan habitual
que me he visto forzado a concluir
que has de hallar cierto
deleite en ella.

Ante
todas las penurias del mundo
a veces me siento tentado a perder la esperanza.
Y esto es lo que me resulta más extraño
acerca de Ti: puedo sentir tu sufrimiento,
pero nunca he percibido en Ti
ni un segundo de desesperanza. A diferencia de mí,
tu deleite en tu creación parece constante.
Eres, para mí, un Dios increíblemente alegre,
y rezo para que algún día pueda yo aprender
tu secreto.

Eres también
un Dios sexual.
A veces te percibo como masculino, otras como femenino,
pero nunca como neutro.

313

De hecho, el sexo es uno de tus trucos,
infinitamente confundidor, pero
entre otras cosas, el más glorioso
juego que se nos permite a los seres humanos,
tan glorioso que no puedo explicar el placer
salvo postularlo como un don
ofrecido deliberadamente para darnos
un dejo de ti
y de tu naturaleza juguetona.

Solía hablar de esto
en una conferencia. En la que
era más posible que el público
llorara de pasión
excepto por aquellos
que se iban, simplemente
incapaces de soportar
tu intimidad.

Sin embargo eres un Dios
de restricción.
Habiéndonos dado, a tu imagen
libre albedrío, jamás dictas,
nunca amenazas ni castigas.
Desconozco las fronteras
de tu poder, pero a veces me pregunto
si Tú sólo puedes crear,
si has abandonado hace ya tiempo y para siempre
la capacidad de destruir
nada.

Nos das nuestro "espacio",
sin forzar nada,
y ni una vez he sido
violado por Ti. Eres el
más gentil de los Seres.

Amas la variedad.
Te deleitas en la variedad.
Me siento en una pradera
en una tarde de verano,
y desde un único punto observo
cientos de plantas diferentes,
una docena de especies de insectos alados,
y si pudiera ver
dentro de la tierra,
observaría colonias de bacterias
y sociedades enteras de virus
entremezclándose.

Pero lo que más me impresiona
es la variedad de seres humanos,
cada uno con limitaciones únicas,
cada uno con dones únicos.
De entre ellos me has dado
tantos amigos, todos diferentes,
y toda mi vida ha transcurrido
en una red de intercambio,
a menudo no he intercambiado bien.
Perdóname, Señor,
por todos aquellos a quienes he fallado.

Te agradezco por mis amigos
y más especialmente,
por mi mejor amiga.
Treinta y siete años atrás,
cuando Lily y yo nos casamos,
yo no sabía quién era ella.
Ni ella quién era yo.
Ni los dos mucho acerca de nosotros mismos.
Ni nada en absoluto sobre el matrimonio.
El aprendizaje sería con frecuencia doloroso,
aunque sin él
no habría habido nada.
De alguna manera salimos adelante,

y estaría mal no reconocer ninguno
de nuestros méritos. Pero dime algo:
tan inocente en aquellos días,
¿cómo supe
en mi ignorancia ciega
que Lily —más diferente de
lo que yo podía imaginar—
era la mujer para mí?
No puedo explicarlo
a menos que Tú estuvieras, invisible, a mi lado,
guiándome mientras yo, como Jacob,
era ajeno. Y yo,
como Jacob, también debo exclamar ahora:
"Yahveh estaba realmente en este lugar y
yo no lo sabía".

Al final,
todas las cosas conducen a Ti.

Ahora somos viejos,
viejos prematuros al cabo de vidas penosas,
y es tiempo de espera,
de cuidar nuestros cuerpos doloridos
lo mejor posible para lo que sea que Tú
nos tienes reservado
aquí, aunque sea pequeño.

Como los viejos,
miramos hacia atrás,
enfrentando los fracasos y disfrutando de
los éxitos de nuestro pasado.
Podemos explicar los fracasos. Los éxitos
resultan más misteriosos. De nuevo,
reconocemos algunos méritos nuestros, pero de nuevo
sabemos que Tú nos has ayudado
en todo cuanto hemos logrado.

Este mirar atrás es parte del despego. Más que nada
miramos hacia adelante.
Por mucho que he disfrutado de este mundo
siempre me he sentido en parte
ajeno, como si no
perteneciera del todo aquí. Diez años atrás,
al cabo de un curso de cinco días que él dirigió,
Jim —un hombre muy extraordinario— comentó,
"Scotty, no tengo ni idea
de qué planeta somos
pero parece que
del mismo".
Un año después, casi el mismo día,
cuando cruzaba una calle en Francia,
un auto atropelló a Jim por detrás.
Murió al instante. Mi reacción
fue en parte de dolor pero en gran parte de
envidia.

En ese tiempo leí un libro de
ciencia ficción. Era una historia
de extraterrestres que disfrazados de humanos,
colonizaban la Tierra. En un punto
a unos pocos de ellos se les dio
la oportunidad de regresar
a su planeta original. Arrojé
el libro sobre mi cama,
y dije sollozando:
"Señor, quiero ir a casa.
Por favor, llévame a casa".

Ahora,
una década después,
no me siento tan desesperado
puesto que se vuelve cada vez más evidente
que no pasará mucho tiempo antes
de que se cumpla mi deseo.

¡Vuelvo a casa, Señor!
No es mi deseo
menospreciar a este mundo.
Cuanto más viejo soy más entiendo
lo precioso que es para Ti.
Lo has puesto frente a nosotros
con un fin. Lo desplegaste
como un rompecabezas cuya
caja se ha perdido. Pero los fragmentos
son tan coloridos que nosotros, niños, no podemos evitar
recogerlos y comenzar a jugar.
Con esmero, encajamos una pieza
con otra.

El rompecabezas es inmenso.
Finalmente nos damos cuenta
de que nunca comenzaremos a tener tiempo suficiente
para terminarlo. Ése puede ser
un momento de desesperanza, que nos tiente
a descartarte, eres tanto más grande que nosotros.
Pero si estamos alertas, hay otras
lecciones que aprender. De hecho,
el rompecabezas es tan enorme que resulta asombroso
que siquiera podamos encajar una pieza
con otra. Parece casi
pura suerte, salvo que sucede con tanta frecuencia
que sentimos que nuestras manos y ojos han sido guiados
por un instinto inexplicable. ¿Quién
no ha tenido esa experiencia? Entonces
esas pocas piezas encajadas
nos ofrecen diminutos vislumbres del todo
y es hermoso... deliberadamente seductor. Por fin,
hallamos en esos pocos fragmentos unidos
misteriosos mensajes ocasionales. Una vez entrelacé
piezas que conformaron un aviso extraño.
Era en francés y rezaba:
Aimez-vous les Uns les Autres.

Que cada uno interprete esto como desee.
Yo he escogido, por medio de tu gracia,
considerarlo algo más
que un juego infantil. Y un día cercano
imagino que incluso veré
el dibujo de la caja o,
más adentrado en tu misterio,
se me entregará otro rompecabezas o bien,
como a un aprendiz temeroso,
incluso una brocha.
Mientras tanto
gracias por hacerme saber
que Tú eres
el nombre del juego.

AGRADECIMIENTOS

Al igual que en mis libros anteriores, es imposible agradecer a los cientos de personas que me apoyaron para que escribiera éste. Y como siempre, debo agradecer a las mismas personas clave que permanecen a mi lado año tras año, libro tras libro: Gail Puterbaugh, Susan Poitras, Valerie Duffy; mi agente, Jonathan Dolger; mis editores "superiores", Fred Hills y Burton Beals; y a quien ha permanecido junto a mí más tiempo que nadie, una mujer en crecimiento constante y mi esposa de treinta y siete años, Lily.

Pero éste no es mi libro habitual y hay una persona a quien debo destacar para un agradecimiento muy especial. Dado que he estado inmerso durante tanto tiempo en gran parte del tema de este libro, he necesitado una clase muy especial de ayuda editorial para evitar que los árboles no me dejaran ver el bosque. La persona adecuada para este trabajo debía ser alguien de una sofisticación particular en las diversas áreas de la psicología, la teología y la revisión de textos. De hecho, tuve que esperar casi todo un año para que *serendipity* depositara a esta persona "adecuada" en la puerta de mi casa. Esa persona fue Fannie LeFlore. Fue un placer trabajar con alguien con ese tacto, humor, humanidad y feroz inteligencia. Gracias, Fannie. No lo habría logrado sin ti.

ÍNDICE